Ullstein Sachbuch

ÜBER DAS BUCH:

Über die bloße Skizzierung der Grundlagen des Judentums geht dieses Buch weit hinaus. Peter Landesmann beleuchtet sowohl den religions- als auch den geistesgeschichtlichen Aspekt. Er verweist dabei auf die Wurzeln der abendländischen Kultur im Judentum, erzählt von jüdischen Legenden und Lehren. Darüber hinaus setzt sich der Autor mit dem Phänomen des Antisemitismus auseinander, das er abseits jeglicher Vernunft ansiedelt. »Es gibt eine dritte Position zwischen Orthodoxie und Säkularismus, auf welche Peter Landesmann in dem vorliegenden Buch aufmerksam macht: das progressive Judentum, das auch unter dem Namen Liberales oder Reform-Judentum bekannt ist.« (Schalom Ben-Chorin)

DER AUTOR:

Peter Landesmann, geboren 1929 in Wien, ist ein engagiertes Mitglied der jüdischen Gemeinde und Vizepräsident der »Liga der Freunde des Judentums«. Er ist Verfasser zahlreicher Beiträge in deutschsprachigen Tages- und Wochenzeitungen.

Weitere Veröffentlichung:
Die Juden und ihr Glaube (1987).

Peter Landesmann

Die Juden und ihre Widersacher

Mit 57 Abbildungen

Ullstein Sachbuch

Ullstein Sachbuch
Ullstein Buch Nr. 34888
im Verlag Ullstein GmbH,
Frankfurt/M–Berlin

Ungekürzte Ausgabe

Umschlagentwurf:
Volker Noth Grafik-Design
Unter Verwendung einer
Abbildung vom Archiv für
Kunst und Geschichte, Berlin
(Jüdische Buchmalerei, Spanien,
14. Jahrhundert)

Printed in Germany 1992
Druck und Verarbeitung:
Clausen & Bosse, Leck
ISBN 3 548 34888 2

Juni 1992

Vom selben Autor
in der Reihe
der Ullstein Bücher:

Die Juden und ihr Glaube (34660)

Die Deutsche Bibliothek –
CIP-Einheitsaufnahme

Landesmann, Peter:
Die Juden und ihre Widersacher/
Peter Landesmann.
– Ungekürzte Ausg. –
Frankfurt/M; Berlin: Ullstein, 1992
(Ullstein-Buch; Nr. 34888:
Ullstein-Sachbuch)
ISBN 3-548-34888-2
NE: GT

Allen Menschen, die guten Willens sind

INHALT

GELEITWORT

Der durch sein Buch »Die Juden und ihr Glaube« bekannt gewordene Autor legt eine neue Arbeit vor, um auf konkrete und aktuelle Fragen im Zusammenhang mit diesem Thema weiter einzugehen. Sein Hauptanliegen ist es, die Kenntnis des Judentums und seine Geschichte zu vertiefen sowie Mißverständnisse zu beseitigen. Der im Judentum verwurzelte, der christlichen Welt gegenüber sehr aufgeschlossene und sympathische Autor tut dies wieder leicht faßlich und gleichzeitig mit verläßlicher Sachkompetenz.
Es ist ihm ein besonderes Anliegen, die geschichtlichen und geistesgeschichtlichen Zusammenhänge aufzuzeigen, die bestehen zwischen den Büchern des Alten Testamentes, dem Talmud und dem dadurch zu Grunde gelegten, für die abendländische Gedankenwelt charakteristischen Welt- und Menschenbild. Es ist immer noch wenig bekannt, wie sehr das Christentum mit den grundlegenden religiösen Vorstellungen von einem Gott, von den Propheten und dem Messias (Jesus Christus) in der jüdischen Geisteswelt beheimatet ist.
Das II. Vatikanische Konzil der katholischen Kirche hat vor über 20 Jahren in einem eigenen Dokument darauf hingewiesen, daß das Volk des Neuen Bundes (die Christen) mit dem »Stamme Abrahams [d. h. den Israeliten] geistig verbunden ist. (...) Deshalb kann die Kirche [d. h. die katholische Kirche] auch nicht vergessen, daß sie durch jenes Volk [d. h. Israel] ... die Offenbarung des

Alten Testamentes empfangen hat.« Diese religionsgeschichtlichen und geistesgeschichtlichen Zusammenhänge sind im allgemeinen wenig bewußt.

Beim II. Vaticanum hat die katholische Kirche zudem öffentlich die zahlreichen Verfolgungen beklagt, die Juden im Verlauf der Geschichte besonders durch Christen zu erleiden hatten. Es ist bedauerlich, daß die Konzilstexte noch nicht die ihnen gebührende öffentliche Verbreitung gefunden haben.

Daran schließt der Autor eine Abhandlung über den in der Aversion gegen das Fremde und die Fremden wurzelnden Antisemitismus an. Er versucht dabei, die oft kaum bewußten Mißverständnisse aufzuzeigen.

Mit Nachdruck möchte ich auch meinerseits auf den Unterschied zwischen Antijudaismus und Antisemitismus hinweisen. Die mit religiösen Motiven begründete Ablehnung der Juden ist bereits im vorchristlichen Altertum bekannt. Die mittelalterlichen Christen begründeten ihre zum Teil gehässige Ablehnung besonders mit dem Vorwurf: Die Juden haben Jesus Christus verurteilt und gekreuzigt. Die »Mitschuld« einer kleinen Gruppe von Juden wurde zu Unrecht auf das ganze Volk übertragen. Dazu kam der wirtschaftliche Konkurrenzneid. Der rassisch begründete Antisemitismus des 19. Jahrhunderts erreichte seinen Höhepunkt im Massenmord durch den Nationalsozialismus.

In einem Schlußkapitel faßt der Autor die landläufigen Vorwürfe gegen das Judentum in »sieben Sünden« zusammen, die das Verhältnis Juden–Christen belasten und die mit eingeflossen sind in die »dunkelsten Kapitel der Glaubensverfolgungen« bis zum Holocaust. Es ist mir eine persönliche Genugtuung, daß der Autor am Schluß auf den Beitrag der Wiener Diözesansynode (1969–1971) hinweist, um mitzuhelfen, alte Mißverständnisse aufzulösen und zu überwinden: »Es widerspricht der Lehre Christi« – so der Text der Wiener Diözesansynode –, »die den Juden durch Jahrhunderte von Christen und Nichtchristen zugefügten Leiden und Demütigungen als Folge einer Verstoßung durch Gott zu deuten. Daher müssen sich alle Christen von antijüdischen Affekten freihalten und etwaigen antisemitischen Diskriminierungen seitens anderer entgegentreten. (...) Die Kirche von Wien erwartet von den Katholiken, daß sie nichts unversucht lassen, um die zwischen ihnen und den Juden bestehende und durch traditionelle Mißverständnisse genährte Entfremdung zu überwinden.« (Handbuch der Wiener Diözesansynode Nr. 836)

Es gibt eine umfangreiche Fachliteratur zum Thema Altes und Neues Testament, zum Thema alttestamentliche und neutestamentliche Zeitgeschichte und damit zur Frage des Judentums. Aber es gibt nur wenige allgemeinverständliche Darstellungen zu diesem immer wichtigen und aktuellen Thema. Das hier vorgestellte Opus gehört zu diesen wenigen Büchern.

Wien, im Mai 1989 Franz Kardinal König

Wiener
Alterzbischof
mit „Toleranz-Preis"
in 1991 ausgez.

stimmung zu [illegible] und [illegible] [illegible] (1999) [illegible] oder [illegible] Papst [illegible] – [illegible] von Christen und [illegible] Lesern und Dogmatikern [illegible] Verständigung [illegible] zu [illegible] – [illegible] [illegible] und [illegible] [illegible] Diskriminierungen, [illegible] Die Kirche und [illegible] [illegible], daß sie nichts unversucht lassen [illegible] und den linken [illegible] durch [illegible] [illegible] »Handbuch« der Werte. Dies [illegible].

[illegible] Alter und Neues [illegible] Theologie [illegible] und [illegible] Zeitgeschichte und [illegible] [illegible] Darstellungen [illegible] wichtigen und aktuellen Thema. [illegible]

[illegible] im Mai 1998 [illegible]

DIE DRITTE POSITION

Heutige Juden, die der Tradition ihres Volkes und Glaubens entfremdet sind, suchen oft einen Weg zurück zu den Quellen des Judentums.

In Israel, aber auch weithin in Europa, bietet sich ihnen nur ein orthodoxes Gesetzesjudentum an, das ihnen letzthin unzugänglich bleibt. Eine Fülle von Gesetz und Brauch verstellt dem Außenstehenden die Region des Geistes des Judentums.

Es gibt aber eine dritte Position zwischen Orthodoxie und Säkularismus, auf welche Peter Landesmann in dem vorliegenden Buch aufmerksam macht: das Progressive Judentum, das auch unter dem Namen Liberales oder Reform-Judentum bekannt ist.

Während für die Orthodoxie das Judentum als eine statische Größe erscheint, an welcher nichts verändert werden kann, erkennt das Progressive Judentum Bleibendes und Vergängliches im Judentum, »geprägte Form, die lebend sich entwickelt«. (Goethe)

Unwandelbar sind die fundamentalen Wahrheiten des Glaubens: der jüdische Monotheismus, die prophetische Ethik und die messianische Erwartung des Reiches Gottes für diese Erde.

Alles aber, was der Phänomenologie des Glaubens angehört, Gesetz und Brauch, Liturgie und Stellung der Frau, sind dem Wandel von Zeit und Ort unterworfen.

Das Reformjudentum hat im letzten halben Jahrhundert eine tiefgehende Wandlung durchgemacht. Waren

die klassischen Reformer im 19. Jahrhundert in Deutschland und Amerika anti-zionistisch eingestellt, so haben Holocaust und Errichtung des Staates Israel zu einer Reform der Reform geführt.
Jüdisches Volkstum und die Verbindung mit Land und Staat Israel prägten das neue Antlitz des Progressiven Judentums.
Durch das Buch von Peter Landesmann soll suchenden Juden ein Weg erschlossen werden, der sie in das Vaterhaus Israels zurückführen kann, ihnen neue Erkenntnisse und Kräfte vermittelnd, die ein erfülltes jüdisches Leben ermöglichen.

Jerusalem, im Frühling 1989 Schalom Ben-Chorin

VORWORT

Schon wieder ein Buch über das Judentum! – wird sich der Leser denken. Gibt es nach den vielen Publikationen zu diesem Thema noch etwas, was nicht schon berichtet, beschrieben oder diskutiert worden wäre? In aller Bescheidenheit: Ja, das gibt es!

In meinem vor zwei Jahren erschienenen Buch »Die Juden und ihr Glaube« habe ich versucht, bei aller gebotenen Knappheit möglichst umfassend die Grundlagen des Judentums darzulegen. Nun soll eine Antwort auf folgende Fragen gesucht werden:

Was ist das spezifisch »Jüdische«?

Welche Bedeutung hat das Judentum für die abendländische Kultur?

Welcher Schuld bezichtigt man die Juden?

Kann Antisemitismus widerlegt und überwunden werden?

Diese vier Fragen sind eng miteinander verflochten. Das jüdische Erbteil der abendländischen Kultur ist eine der Ursachen der eigenartigen Haßliebe zwischen Juden und Christen, einer Haßliebe, wie sie in solcher Intensität nur in einer Familie auftritt. Die jüdische Eigenart, die jüdischen Wurzeln des Christentums und der Antisemitismus sind in ihrem wechselseitigen Einfluß zugleich Ursache und Wirkung. In diesem Kräftespiel droht das Jüdische unterzugehen; der Jude, der Verfolgungen müde, versucht das jüdische Erbteil abzuschütteln, indem er sich entweder seiner Umgebung

unter Aufgabe seiner Eigenart anpaßt oder, infolge einer Überreaktion, vor allem im nationalen Sinn Jude sein will und so gleichfalls in die Gefahr gerät, das Jüdische zu verlieren.
Das Jüdische soll hier weder definiert noch beschrieben werden. Dieser Begriff verschließt sich jedem Zugriff durch den Verstand oder durch die Logik. Man kann ihn nur durch die Darstellung der jüdischen Gedanken- und Gefühlswelt, wie sie aus den bis zur Neuzeit das jüdische Leben bestimmenden Büchern des Altertums hervorgeht, begreiflich machen. Zum leichteren Verständnis des Stoffes habe ich im Anhang ein Glossar der im Text vorkommenden hebräischen Wörter und Begriffe erstellt.
Die Bedeutung des Wortes im Judentum und die Darlegung der jüdischen Wurzeln der abendländischen Kultur sind Inhalt der ersten beiden Kapitel dieses Buches. Das darin reichhaltig gebotene Traditionsgut wird dem Leser einen Einblick in das Jüdische gewähren. Die zwei abschließenden Kapitel behandeln die Gründe und die Argumente des weltlichen und religiösen Antisemitismus und zeigen auf, welches Unverständnis und welche Mißverständnisse diesen »Theorien« zugrunde liegen.
Das Buch möchte christlichen Lesern die Gelegenheit bieten, vieles aus der jüdischen Kultur als ihr Erbgut zu entdecken, und dem jüdischen Leser helfen, sich seines kulturellen Erbes in vermehrtem Maße bewußt zu werden. So kann es dazu beitragen, daß Juden mit Christen, im Sinne des gemeinsamen Vaters im Himmel und in Liebe einander zugetan, an der Überwindung der fast zweitausend Jahre währenden Entfremdung arbeiten.

Wien, im Mai 1989 Peter Landesmann

I. Das Wort im Judentum

Einleitung

Rabbi Mosche von Kolsin lehrte: Wenn du ein Wort sprichst, gehst du mit allen deinen Gliedern in das Wort ein. Ein Hörer fragte: Wie soll das möglich sein, daß der große Mensch in das kleine Wort hineinkommt? – Wer sich größer dünkt als das Wort, sagte der Zaddik, von dem reden wir nicht.[1]

Die Anregung, über das Wort im Judentum zu schreiben, verdanke ich Herrn Dr. Wolfgang Kraus. Er bat mich zu einem Vortrag in die Österreichische Gesellschaft für Literatur und wollte, daß ich, der Zielsetzung seiner Gesellschaft entsprechend, ein literarisches Thema wählte. So entstand die Idee zu dieser Abhandlung.

Wenn auch im Folgenden vordergründig die Auffassung des Judentums über das Wort dargelegt wird, so ist dies nicht mein eigentliches Anliegen. Ich will vielmehr dem Leser die Denkweise der jüdischen Schriftgelehrten näherbringen und damit zugleich auch die ihnen eigene Art der Religiosität beleuchten. Schalom ben Chorin bezeichnet die Behandlung religiöser Fragen durch jüdische Schriftgelehrte als assoziativ. Damit soll das völlige Fehlen eines Systems angedeutet werden. Wenn im Talmud ein bestimmtes Thema behandelt wird, dann kommt mit schwindelerregender Geschwindigkeit ein zweites, dann vielleicht sogar ein drittes oder viertes zur Sprache, wobei es sein kann, daß keines der behandelten Probleme zu einem Abschluß gebracht wird. Oft sind konkrete Fälle Ausgangspunkt der Erörterung, und die hierbei getroffenen Entscheidungen dienen dann anderen Gelehrten als Richtschnur für ähnlich gelagerte Fälle.

Systemlos zu denken ist in der abendländischen Welt ein schwerer Verstoß gegen unseren an logische Systeme gewöhnten Verstand. Die jüdischen Schriftgelehrten erreichten aber durch ihre »Systemlosigkeit« eine beachtliche Freiheit, die sie auch zu nutzen verstanden. Sie konnten so, ohne dem logischen Denken Gewalt anzutun, der Erörterung bestimmter Probleme, zum Beispiel solcher, die die »letzten Dinge« betrafen, aus dem Wege gehen sowie Widersprüche unaufgelöst lassen. Damit vermittelten sie den Gläubigen das Gefühl, Religion sei nicht Philosophie, sondern rage auch in Bereiche hinein, die außerhalb unseres logischen Denkvermögens liegen und denen man sich nur unter Beachtung einer gewissen religiösen Scheu nähern dürfe. Daß manche religiösen Bereiche von einer theoretisierenden und mit den Waffen der Logik ausgerüsteten Untersuchungsmethode verschont bleiben, ist ja für die Verinnerlichung des Glaubens eher nützlich als schädlich.

Die religiöse Scheu ist auch zum Verständnis der in dieser Abhandlung angeführten Legenden hilfreich. Wenn jüdische Gelehrte über eine, fast könnte man sagen, zweite Gottesperson, die Schechina, sprechen, dann fügen sie hinzu: »als ob dies überhaupt möglich wäre«. Dieser Satz klingt mehr oder weniger in allen jüdischen

Legenden mit. Man sollte jüdische Legenden eigentlich so goutieren wie ein Mischgetränk. Dieser Vergleich ist, wie noch ausgeführt werden wird, durchaus im Sinne der Tradition. So ein Getränk bestünde aus ein wenig vordergründiger Realität, ein wenig hintergründiger Realität, Humor, Poesie, Wissen und einigen Tropfen eines ganz speziellen Gewürzes. Pur findet sich dieses Gewürz in der Frage des Zenlehrers an seine Schüler: »Wenn das Klatschen mit zwei Händen den uns bekannten Ton ergibt, wie hört sich das Klatschen mit einer Hand an?«

Prosit!

Das Wort als Offenbarung

»Worte sind wie Körper, ihr Sinn wie die Seele.«[2]

»Im Anfang schuf Gott Himmel und Erde, die Erde aber war wüst und wirr, Finsternis lag über der Urflut, und Gottes Geist schwebte über dem Wasser. Gott sprach: *›Es werde Licht.‹* Und es wurde Licht. Gott sah, daß das Licht gut war. Gott schied das Licht von der Finsternis, und Gott *nannte* das Licht Tag, und die Finsternis *nannte* er Nacht.«[3]
Somit erfolgte während der Schöpfung der Welt auch die Schöpfung der Worte; Gott »nannte« das Licht Tag, um dem Menschen die Möglichkeit zu geben, mittels der Sprache die erschaffene Welt zu erkennen. Es gilt heute allgemein, daß wir ohne Worte weder begreifen noch denken könnten. Durch das von Gott gesprochene

Wort, »es werde Licht«, fand auch die göttliche schöpferische Kraft ihren Ausdruck.
Die mystische Auffassung des Wortes im Judentum ist folgender Ausführung zu entnehmen: Die Schöpfungsworte und ihre Buchstaben sind für ewig eingebettet in der Schöpfung, damit sie ihr Leben verleihen, wie es geschrieben steht: »Das Wort unseres Gottes bleibt in Ewigkeit.«[4] Wenn nur für einen Augenblick die Buchstaben sich lösten und zu ihrer Quelle zurückkehrten, würde alles zum absoluten Nichts werden, so wie es vor der Schöpfung war. Dabei ist zu bedenken, daß »das Wort Gottes« nur ein Gleichnis ist. So wie die Gefühle und Gedanken des Menschen der Außenwelt verborgen sind und erst durch das Wort für andere wahrnehmbar werden, so hat auch das Wort Gottes die Schöpfung bewirkt.[5]
Worte werden daher im Judentum als ein sichtbares und hörbares Zeugnis der göttlichen Absichten angesehen. In ihnen sind die Absichten Gottes zum Teil noch verborgen, sie werden dereinst in der »Kommenden Welt« völlig offenbar werden. Die Worte der Bibel sind aber schon jetzt Objekt der Forschung jüdischer Schriftgelehrter, die sich seit Generationen bemühen, den ihnen innewohnenden Sinn aufzuspüren.
Im Buche Midrasch Exodus Rabba sind Kommentare zum 2. Buch Mose gesammelt. Sie stammen vermutlich aus den ersten Jahrhunderten nach der Wende der Zeitrechnung[6]. Zu dem Torabericht über die Überquerung des Schilfmeeres wird dort eine Legende angeführt, die nicht nur für die jüdische Auffassung des Wortes, sondern auch für das jüdische religiöse Denken überhaupt bezeichnend ist:
Als Gott Mose den Auftrag gab, das Meer zu spalten, damit die Juden beim Verlassen Ägyptens dem nachja-

genden Heer des Pharaos entkommen könnten, weigerte sich Mose, dies zu tun. Er berief sich auf zwei Bibelverse: »Ich bin es, der dem Meer die Düne als Grenze gesetzt hat«[7], und »Wer verschloß das Meer mit Toren«[8], in denen Gott bestätigt, dem Meer Grenzen zugeteilt zu haben. Durch das Spalten des Meeres würde das Meer neue Grenzen erhalten, die die in den beiden angeführten Bibelversen bezeugten Grenzen außer Kraft setzen würden. An die Bestimmungen der Heiligen Schrift habe sich nach jüdischer Auffassung auch Gott zu halten. Er wäre ansonsten ein Gott der Willkür und nicht ein Gott des Rechts. Der Midrasch legt weiter dar, daß Gott Mose erklärte, er habe von Anfang an mit dem Meer einen Vertrag geschlossen, wonach er es spalten werde; dieser Vertrag sei in der Heiligen Schrift festgehalten, und zwar im folgenden Toravers: »Und das Meer kehrt gegen Morgen zurück zu seinem normalen Zustand.«[9] »Zu seinem normalen Zustand« ist wegen der Ähnlichkeit der hebräischen Wörter auch als »zu seiner Bedingung« (Vertrag) zu deuten (zu seiner Bedingung: *letinao*, zu seinem normalen Zustand: *leetano*). Deshalb heißt es, entsprechend der in dieser Legende Gottes Wort zugeschriebenen Bedeutung, auch: »Und das Meer kehrte zurück zu seiner Bedingung (Vertrag).« Mose nahm diese Erklärung zur Kenntnis und spaltete das Meer.

Ist es nicht eigentümlich, daß, wie diese Legende zeigt, das Volk des Buches eigenmächtig und respektlos mit einem heiligen Text umgeht und Wortverbindungen nach Belieben ändert? In der Wortverbindung *leetano* wird nämlich ein Buchstabe der Wortverbindung *letinao* an eine andere Stelle gesetzt und zusätzlich ein Buchstabe in das Wort aufgenommen. Phonetisch ist dennoch ein gewisser Gleichklang gegeben.

Vor der Beantwortung der gestellten Frage soll noch ein zweites Beispiel angeführt werden. Die Tora, die fünf Bücher, die nach der Tradition von Mose auf Gottes Geheiß geschrieben worden sind, und – wie dies auch aus der oben erwähnten Erzählung hervorgeht – sogar die gesamte jüdische Bibel, sollen von Anfang an, das heißt, schon vor der eigentlichen Schöpfung der Welt, bei Gott gewesen sein. Dies wird u. a. aus dem Buch der Sprichwörter, das ein Buch der jüdischen und somit auch der christlichen Bibel ist, abgeleitet. Es heißt dort: »Als er den Himmel baute, war ich dabei, als er den Erdkreis abmaß über den Wassern, als er droben die Wolken befestigte und Quellen strömen ließ aus dem Urmeer, als er dem Meer seine Satzung gab und die Wasser nicht seinen Befehl übertreten durften, als er die Fundamente der Erde abmaß, da war ich als geliebtes Kind bei ihm.«[10]
Die Anfangsworte des Zitats, »ich war dabei«, die der Einheitsübersetzung entnommen sind, müßten, wenn man den Text wörtlich übersetzt, statt dessen »ich war ihm vertraut« heißen. Das Wort »vertraut«, hebräisch *amon*, wird mit einem zweiten, ähnlichen Wort, mit ähnlicher Wortwurzel, aber anderen Vokalen in Verbindung gebracht. Dieses zweite Wort heißt Erzieher *(omen)*. Im vierten Buch der Tora steht: »Wie der Erzieher den Säugling trägt.«[11] Durch diese Wortähnlichkeit werden diese zwei Sätze miteinander in Zusammenhang gebracht und auf die Heilige Schrift bezogen, die demnach von Anfang an von Gott als Säugling an der Brust getragen worden ist.[12] Im gleichen Sinne, nämlich als Beweis dafür, daß die Heilige Schrift schon von Ewigkeit her besteht, wird auch der Spruch des Propheten Jesaja gedeutet: »... seit dies alles geschieht, bin ich dabei«[13], sowie der Bibelvers: »Der Herr hat mich ge-

schaffen am Anfang seiner Wege vor seinen Werken in der Urzeit.«[14]
Fragen wir also nochmals: Sind mit dem heiligen Charakter der Schrift – deren jedes Wort nach orthodoxer Ansicht von Gott selber stammt – solche Eingriffe der Menschen vereinbar?
Die Antwort der jüdischen Gelehrten auf diese Frage könnte etwa folgendermaßen lauten: Die Heilige Schrift verpflichtet den Menschen durch zumindest sechs Textstellen, Gott zu suchen.[15] Dies hat man als Auftrag verstanden, nach Gottes Willen zu forschen, und diesem Auftrag konnte man am besten nachkommen, indem man dem im heiligen Text verborgenen Sinn nachging und scheinbare Widersprüche beseitigte. Dies hielt man um so mehr für notwendig, als der Psalmvers lautet: »Eines hat Gott gesagt – zweierlei habe ich gehört.«[16] Juda Halevi (1075–1171) hat in diesem Zusammenhang geschrieben: »Das, was in der Tora eindeutig erscheint, ist unklar, um so mehr das, was schon unklar ist.«
Die Vieldeutigkeit der Schrift ist bedingt durch das System der semitischen Sprachen. Die meisten hebräischen Wörter sind von einer Wortwurzel (Radikale), die aus drei Konsonanten besteht, abgeleitet. Diese Wortwurzel, die die Grundbedeutung aller von ihr abgeleiteten Worte trägt, wird nach bestimmten Bildungsgesetzen mit anderen Konsonanten und Vokalen aufgefüllt. So wäre z. B. die Grundbedeutung der Wortwurzel »ktb« zu umschreiben mit: »alles, was mit Schreiben zusammenhängt«. Davon abgeleitete konkrete Wörter sind *katab* = er schrieb, *ketubba* = Heiratsvertrag, *miktab* = Brief.
Im Prinzip ist die hebräische Schrift ein Konsonantenalphabet aus 22 Zeichen. Die Vokale werden nicht durch-

gehend wiedergegeben. Durch Zusatzzeichen kann die eindeutige Lesung der Vokale sichergestellt werden.
Die Vielfalt der Bedeutungsmöglichkeiten einzelner Wortwurzeln sei anhand der Wurzel »schll« demonstriert. So kann z. B. *schahal* herausziehen, zusammenheften, rauben, plündern, verderben, negieren, opponieren und zurückweisen bedeuten.
Die Methode, ein Wort der Bibel durch eine andere Bibelstelle, wo dasselbe Wort vorkommt, zu interpretieren, haben nicht nur die Bibelgelehrten des Altertums und des Mittelalters angewandt. Noch heute steht dem modernen Sprachwissenschaftler kein anderes Schriftmaterial aus der Zeit der Niederschrift der älteren biblischen Bücher zur Verfügung. Sie können allerdings Texte aus anderen semitischen Sprachen heranziehen und dadurch gewisse zusätzliche Anhaltspunkte für das Verständnis einzelner hebräischer Wortwurzeln erhalten. Nicht zuletzt deshalb weichen auch einzelne Textstellen in diversen Bibelübersetzungen voneinander ab. Martin Buber (1878–1965) hat deshalb eine wörtliche Übersetzung der Bibel für undurchführbar gehalten und seine mit Franz Rosenzweig (1886–1929) gemeinsam erarbeitete deutsche Fassung der Bibel nicht als Übersetzung, sondern als »Verdeutschung« bezeichnet.
Die Weisen Israels leiteten ihre Autorität zur Deutung der Schriftworte aus dem Vers des biblischen Buches Kohelet ab: »Worte der Gelehrten sind wie Ochsenstekken.«[17] So wie der Ochse durch den Stecken auf die richtige Fährte gelenkt wird, so benötigt auch der in der Schrift wenig bewanderte Jude eine Auslegung der Lehre. Einen weiteren Hinweis auf ihren Auftrag sahen die Gelehrten in einem Satz im fünften Buch Mose: »... und lehre sie den Kindern Israels ein Zeichen in ihrem Munde.«[18]

Wortwörtlich übersetzt heißt es: »Lege es in ihrem Munde.« Das Wort »lege es« *(sima)* ist, obwohl anders geschrieben, annähernd gleichlautend mit dem Wort für Andeutung *(siman)*, und der Begriff Andeutung impliziert die Notwendigkeit einer Auslegung. Aus diesem Toravers, »lege es in ihrem Munde«, wird, wie aus vielen anderen auch, auf das Vorhandensein einer mündlichen Lehre, neben der auf die heiligen Bücher zurückgehenden schriftlichen, geschlossen. Mose soll diese mündliche Lehre am Berg Sinai von Gott erhalten haben, sie wurde von Generation zu Generation mündlich weitergegeben, bis sie im Talmud ihren schriftlichen Niederschlag fand.

Die Überlieferung außerhalb der Heiligen Schrift ist auch für die katholische Kirche, so wie dies neuerlich wieder im Schlußdokument des 2. Vatikanischen Konzils bekräftigt worden ist, bei der Auslegung der Lehre maßgebend. Von der jüdischen Orthodoxie wird den Werken der großen anerkannten Bibelgelehrten des Mittelalters, etwa des Raschi (1040–1105), basierend auf der Annahme, daß sich bei ihrer Niederschrift göttlicher Einfluß geltend gemacht habe, ein absoluter Wahrheitsgehalt zuerkannt. Diese Auffassung ist schon im Midrasch zu finden, wo es heißt: »Und nicht nur die Prophetie allein haben alle Propheten vom Sinai (gemeint ist die Offenbarung) erhalten, sondern auch die Weisen, die in jedem Zeitalter wirken, ein jeder hat das seinige vom Sinai erhalten.«[19]

Bezeichnend für das Selbstverständnis der Weisen ist eine Erzählung, die im Talmud sogar zweimals aufgezeichnet ist:

Zwei Weise in einer Gelehrtenschule stritten über die richtige Auslegung eines Lehrsatzes. Der eine wurde von der Mehrheit der Anwesenden unterstützt, der andere aber rief himmlische Mächte herbei, die durch ihre Intervention – es neigten sich beispielsweise auf sein Geheiß die Mauern des Gebäudes – die Richtigkeit seiner Auffassung unterstützten. Als der erste Weise, dessen Ansicht bei der Mehrheit der anwesenden Gelehrten Unterstützung fand, trotzdem fortfuhr, seine Meinung aufrechtzuerhalten, erscholl eine himmlische Stimme, die die Auffassung des zweiten Gelehrten als die einzig richtige verkündete. Dennoch ließ der doch offenbar Unterlegene nicht locker. Er wies die göttliche Entscheidung zurück, indem er auf den Toravers »Das Wort ist ganz nah bei dir... Es ist nicht im Himmel«[20] verwies: Die Lehre – so meinte er – ist demnach den Menschen übergeben, und der Mensch allein hat sie auszulegen. Für die Auslegung aber ist die Mehrheitsmeinung der Gelehrten maßgebend. Es heißt: »Folge nicht der Mehrheit zum Bösen.«[21] Damit ist aber auch gesagt, daß der Mehrheit beim Guten zu folgen sei, und gibt es etwas Besseres als die Lehre? Im Talmud wird dazu noch vermerkt, daß Gott, als er von diesem Vorfall erfuhr, schmunzelte und sagte: »Meine Kinder haben mich besiegt.«[22]

Für das von den Gelehrten angewandte Verfahren, durch Wortvergleiche der Vieldeutigkeit der göttlichen Weisung in der Schrift beizukommen, gibt bereits die Bibel selber mehrere Beispiele. So erscheint dem Propheten Jeremias bei seiner Berufung ein Mandelzweig[23]. Das Wort Mandelzweig *(schaqed)* hat im Hebräischen dieselbe Wortwurzel und wird so ähnlich ausgesprochen wie das Wort »ich wache« *(schoqed)*.

Gott weist den Propheten durch diese Erscheinung auf die Worte »Ich wache über mein Wort« hin. – Dem Propheten Amos wird eine göttliche Vision zuteil; er sieht einen Korb voll reifem Obst. Das hebräische Wort für reifes Obst ist *kajiz*, das hebräische Wort für Ende ist *kez*. Der Unterschied in der Schreibweise der beiden Wörter besteht in hebräischer Schreibung lediglich aus dem Weglassen des mittleren Buchstabens des erstgenannten Wortes: Gott will mit dieser Erscheinung auf das nahende Ende des Volkes Israel hinweisen, indem er sagt: »Mein Volk Israel ist reif für das Ende.«[24]

Dem Leser, der sich mit moderner Lyrik und Textanalyse beschäftigt, ist die Mehrfachbedeutung eines Wortes geläufig. Dabei ist es nicht so besonders wichtig, ob der Poet dieses Kunstmittel bewußt oder unbewußt eingesetzt hat. Wichtig ist nur, daß die Interpretation dem Geist des Gedichtes entspricht. So sind auch die Worterklärungen der Bibelinterpreten, die in der Tradition des jüdischen Geistes lebten, zu sehen, selbst dann, wenn das eine oder andere auf unser durch die griechisch-römische Antike maßgeblich beeinflußtes abendländisches Denken befremdend wirken mag. Im Talmud steht, allerdings aus dem Zusammenhang gerissen: »Wer einen Schriftvers wörtlich übersetzt, ist ein Lügner.«[25]

Es wird nun eher verständlich, daß aus der Ähnlichkeit der hebräischen Worte »Wer?« und »Meer« nachstehende Legende entstanden ist:

Als Mose und Aaron zum Pharao gingen, um ihn im Namen des Herrn aufzufordern: »Laß mein Volk ziehen«, antwortete dieser: »Wer ist der Herr?«[26] Das Fragewort »wer« – *»mij?«* wird durch die hebräischen Buchstaben für »m« und »j« wiedergegeben. Bei Lesung in umgekehrter Reihenfolge könnte der Vokal »a« eingeschoben werden und das Wort *»jam«* – Meer – ergeben. Aus diesem Zusammenhang ergibt sich, daß der Pharao diese Gotteslästerung später durch seinen Tod im Meer sühnen mußte[27].

Die Kinder Israels nach der Überquerung des Meeres. Das ihnen nachjagende ägyptische Heer wird das Opfer des auf Mose Stabzeichen hin zurückflutenden Meeres. Schedelsche Weltchronik. Holzschnitt nach Entwürfen von M. Wolgemut und W. Pleydenwurff. Nürnberg 1492 (Österreichische Nationalbibliothek, Wien).

Eine andere Art der Wortauslegung soll durch ein weiteres Beispiel demonstriert werden: Im fünften Buch Mose[28] steht der Satz: »Das sind die Worte, die Mose vor ganz Israel gesprochen hat.« Worte heißen auf hebräisch *debarim*, Bienen *deborim*. Diese Ähnlichkeit gibt Anlaß für folgende Überlegung: »So wie der Honig süß, aber der Stachel bitter ist, sind die Worte der Tora, wenn man sie befolgt, süß, wenn man sie nicht befolgt, bitter.«[29] Die Worte der Tora werden in den heiligen Büchern wiederholt mit Wasser, Wein, Honig, Milch und Öl gleichgesetzt. So wird die Frage Ijobs verständlich: »Darf nicht das Ohr die Worte prüfen, wie mit dem Gaumen man die Speise schmeckt?«[30] Es gibt also nicht nur eine geistige, sondern sogar eine sinnliche Beziehung zum Wort.
Eine weitere Facette gewinnt die Bedeutung des Wortes im Judentum durch den Einfluß des Hellenismus. Im

Johannesevangelium heißt es: »Im Anfang war das Wort, und das Wort war bei Gott, und das Wort war Gott.«[31] Der Ausdruck »Wort« im deutschen Johannestext ist eine Übersetzung des griechischen Wortes *logos.* Für den griechischen Philosophen Heraklit (um 540–500 v. Chr.) bedeutete dieses Wort das rationale Maß, das Gesetz oder die Ordnung der Natur. Der der Natur zugeordnete Begriff wurde dann bei dem jüdischen Philosophen Philo von Alexandrien (13 v. Chr. –45 n. Chr.) in die moralische Sphäre gehoben. *Logos* umfaßt bei Philo die Begriffe Tora und Weisheit als Vermittler zwischen Gott und der Welt. Es wird durch diese Funktion zum kraftvollen, aktiven und belebenden Prinzip des Universums. Diese Kraft ist göttlichen Ursprungs sowie ein Zeichen von Gottes Güte.

Die Ideen Philos sind insofern in der jüdischen Gedankenwelt beheimatet, als das »Wort« in der hebräischen Sprache vom Wort »sprechen« abgeleitet ist und daher ein aktives Prinzip ausdrückt. Schon der Prophet Deuterojesaja sieht es ebenfalls als Instrument Gottes: »So ist es auch mit dem Wort, das meinen Mund verläßt. Es kehrt nicht leer zu mir zurück, sondern bewirkt, was ich will, und erreicht all das, wozu ich es ausgesandt habe.«[32] Gottes Wort als Mittler bei der Schöpfung scheint schon im Psalm 33.6 auf: »Durch das Wort des Herrn wurden die Himmel geschaffen.« Und auch Vers 12 im Psalm 68 bringt es in dieser Bedeutung: »Der Herr entsendet sein Wort, groß ist der Siegesbotinnen Schar.«

Der Logosbegriff kam auch der Tendenz zustatten, das Wort Gottes, das als ein zu anthropomorpher Ausdruck angesehen wurde, durch einen anderen, nicht aus dem menschlichen Bereich stammenden Ausdruck zu ersetzen. Deshalb auch wurde bei der aramäischen Bibel-

übersetzung – diese Sprache war in der hellenistischen Zeit die Umgangssprache der Juden des Nahen und des Mittleren Ostens – das Wort *memra* für »Wort« verwendet, was eher mit »Verkündung« zu übersetzen wäre.
Namhafte Bibelwissenschaftler haben diese komplexe Bedeutung des Wortes im Judentum folgendermaßen gesehen: August Wünsche (1839–1913) etwa schreibt: »Das Schriftwort ist vieldeutig, es gelte, den in ihm verborgenen spirituellen und mystischen Sinn zu erfahren.« Franz Rosenzweig (1886–1929) weist darauf hin, daß der heilige Augustin, in Weiterführung der jüdischen Tradition, im Wort die Grundlage der Sakramente gesehen habe, während die Protestanten das Wort als das wichtigste Sakrament angesehen hätten, das erst die anderen zu Sakramenten mache[33]. Um die Bedeutung des Wortes auszudrücken, hat er folgenden poetischen Satz geprägt: »Jenseits des Wortes leuchtet das Schweigen.«[34]
Leo Baeck (1873–1956), deutscher Rabbiner und Theologe, Präsident der Weltunion der progressiven Juden ab 1948, fand, daß die Bibel und das Judentum wortarm seien. »Sie sind oft, wie die Heilige Schrift es von Moses sagt, ›schweren Mundes und schwerer Zunge‹.« Kein Scharfsinn, keine Belesenheit, keine Formel führen an die Schrift heran, nur Ehrfurcht und Liebe[35].
Im Judentum gibt es sogar über wesentliche Glaubenssätze divergierende Auffassungen. Dies deshalb, weil die Religion den Begriff des Juden folgendermaßen definiert: Jude ist, wer entweder von einer jüdischen Mutter geboren worden oder zum Judentum übergetreten ist. Um Jude zu sein, ist man daher nicht an bestimmte Glaubenssätze gebunden.* Es gibt auch keine Autorität, die eine jüdische Glaubenslehre für alle Juden als verbindlich erklären könnte. Es wäre daher erstaunlich,

wenn es nicht auch über das Wort gegenteilige Meinungen gäbe. Tatsächlich enthält das biblische Buch Kohelet, vielleicht nicht zuletzt unter dem Einfluß hellenistischen Gedankengutes, folgende Verse: »Gott ist im Himmel, du bist auf der Erde, also mach wenig Worte.«[36] »Es gibt viele Worte, die nur den Windhauch vermehren. Was nützt das den Menschen?«[37] Kohelets pessimistische Weltansicht äußert sich also auch in seinem Ausspruch über die Vergeblichkeit der Worte. Aber selbst jene Gelehrten, die die Bedeutung des Wortes hochhalten, warnen davor, sie als Götzen zu betrachten. Sie verweisen auf den Propheten Jeremia: »Vertraut nicht auf die trügerischen Worte: Der Tempel des Herrn, der Tempel des Herrn, der Tempel des Herrn ist hier! Denn nur wenn ihr euer Verhalten und euer Tun von Grund auf bessert, wenn ihr gerecht entscheidet im Rechtstreit, wenn ihr die Fremden, die Waisen und Witwen nicht unterdrückt, unschuldiges Blut an diesem Ort nicht vergießt und nicht anderen Göttern nachlauft zu eurem eigenen Schaden, dann will ich bei euch wohnen hier an diesem Ort, in dem Land, das ich euren Vätern gegeben habe für ewige Zeiten. Freilich, ihr vertraut auf trügerische Worte, die nichts nützen.«[38] Das Wort darf und soll demnach in keiner Weise als Selbstzweck betrachtet werden, sondern steht jeweils mit Gott oder mit den Menschen in einer unauflösbaren Beziehung.

Es gibt aber nicht nur über die Bedeutung des Wortes unterschiedliche, einander oft widersprechende Auffassungen, sondern es gibt sogar sowohl in der Bibel als auch in der Auslegung der Schrift selbst Widersprüche. »Wahrheit« hatte ja vor dem Einbruch der griechischen

* Diese Auffassung entspricht nicht der orthodoxen Glaubensrichtung.

Philosophie in das Gebiet Palästinas eine andere Bedeutung. Sehr vieles wurde symbolisch verstanden und die Klärung von Widersprüchen mit Sätzen wie: »Diese und jene sind Worte des lebendigen Gottes«, oder: »Diese Frage wird erst beim Kommen des Messias eine Lösung erfahren« für spätere Zeiten aufgehoben. In diesem Sinne wird der Prophetenspruch: »Blinde führe ich auf Wegen, die sie nicht kennen, auf unbekannten Pfaden lasse ich sie wandern. Die Finsternis vor ihren Augen mache ich zu Licht«[39] durch eine wahrscheinlich im 5.–7. Jahrhundert niedergeschriebene Lehre (Pesiqta des Rab Kahana) wie folgt ausgelegt: Die Blinden in der Finsternis sind die Gelehrten, die gewisse Stellen der Schrift erst dann sehen, wenn sie in der »Kommenden Welt« – angedeutet durch »Wege, die sie nicht kennen« und »unbekannte Pfade« – das Licht erblicken[40].
Es muß dabei berücksichtigt werden, daß wir unser Wissen über die jüdische Religion aus der Zeit vor der Zerstörung des zweiten Tempels im Jahr 70 n. Chr. hauptsächlich der Überlieferung einer einzigen religiösen Gruppe der damaligen Zeit, nämlich der Pharisäer, verdanken. Die Angehörigen dieser Gruppe, die später nur durch eine falsche Interpretation der Evangelien in Mißkredit gerieten, sind die geistigen Ahnen des heutigen orthodoxen Judentums. Das Reformjudentum, das gegenwärtig vor allem in den Vereinigten Staaten weit verbreitet ist, sieht nur wenige Gesetze der überlieferten Religion als verbindlich an, da es den meisten Gesetzen lediglich einen symbolischen, ja sogar bloß zeitbezogenen Charakter zugesteht. Das konservative Judentum nimmt hierbei eine Position der Mitte ein. Es ist daher die jüdische Auffassung vom Wort als Lehre davon abhängig, von welchem dieser unterschiedlichen Lager sie vertreten wird.

Unabhängig davon, ob nun Juden alle, die meisten oder nur einen kleineren Teil der überlieferten Gesetze für sich als verbindlich ansahen, wurde der Auftrag zur Überlieferung der Lehre von Generation zu Generation hoch geachtet. Im heiligsten Gebet der Juden, im »Höre Israel«, das als das monotheistische Credo gilt und im fünften Buch Mose[41] verzeichnet ist, steht folgendes: »Diese Worte, auf die ich dich heute verpflichte, sollen auf deinem Herzen geschrieben stehen. Du sollst sie deinen Söhnen wiederholen. Du sollst von ihnen reden, wenn du zu Hause sitzt und wenn du auf der Straße gehst, wenn du dich schlafen legst und wenn du aufstehst.«

Dank der Verwirklichung dieses Auftrages ist das hebräische Wort, so wie es in den ältesten schriftlichen Dokumenten steht, für jeden, der Hebräisch kann, nicht nur lesbar, sondern auch verständlich. Wenn wir zum Vergleich bedeutend jüngere Sprachen wie Englisch, Französisch oder Deutsch hernehmen und an die vielen, heute nur Gelehrten verständlichen Zwischenstufen in der Entwicklung dieser Sprachen denken, dann ist diese kulturelle Leistung nicht hoch genug zu würdigen.

Um die heiligste Schrift, die Tora, möglichst unverändert von alters her zu überliefern, wurde angeordnet, daß eine neue Torarolle unbrauchbar sei, wenn auch nur ein einziges Wort falsch geschrieben worden wäre. Es ist sogar verboten, Worte, die trotz dieses strengen Gebotes dennoch in offensichtlich falscher Schreibweise überliefert worden sind, richtigzustellen. Gewisse Buchstaben in manchen Wörtern sind kleiner oder größer geschrieben als die anderen. Auch diese müssen getreulich in diesem kleineren oder größeren Schriftgrad kopiert werden. Solchen Buchstaben wird oft eine besondere Bedeutung unterlegt. So ist der Buchstabe *HE*, der unserem Buchstaben H entspricht, im Wort »als sie erschaffen wurden«[42] (hebr. *behibaram*) kleiner als andere. Dies gab zu folgenden Überlegungen Anlaß: Der Buchstabe *HE* wird wie das H ohne Zuhilfenahme der Zunge nur durch das Ausatmen der Luft durch den Mund artikuliert. Deshalb soll nach Ansicht eines Gelehrten dieser Buchstabe im Wort »schaffen« an folgenden Psalmvers erinnern: »Durch das Wort des Herrn wurden die Himmel geschaffen, ihr ganzes Heer durch den Hauch seines Mundes.«[43] Die Schöpfung sei daher ohne Arbeit und Mühe erfolgt[44].

Warum – wirft ein anderer Gelehrter die Frage auf – heißt es dann: »... er ruhte am siebenten Tag, nachdem er sein ganzes Werk vollbracht hatte?«[45] Wozu hat der Ewige dann der Ruhe bedurft? Die Antwort: Gott schuf an diesem siebenten Tag durch sein vorbildhaftes Ruhen die Ruhe, die Rast und die Stille[46].

Der hebräische Buchstabe *HE* gab durch seine Form den Gelehrten auch einen Hinweis auf die Auferstehung. Unten ist der Buchstabe nicht begrenzt. Damit wird ausgedrückt, daß wir alle sterben müssen und unter die Erde kommen. Aber seitlich links ist ein Spalt offen. Das ist die Buße, die uns die Möglichkeit der Rettung zeigt; diese Rettung bedeutet im Sinne der aufwärts gerichteten Zacke der oberen Begrenzung die Auferstehung[47].

Einen Hinweis auf eine für die jüdische Religion grundlegende Maxime sah man in der Form eines anderen Buchstabens. Es handelt sich um den Buchstaben *BET*, mit dem das Wort »im Anfang« beginnt und mit dem die Schöpfungserzählung eingeleitet wird[48]. Der Buchstabe *BET* ist nur nach vorne in Richtung der von rechts nach links gehenden Schreibrichtung offen. Diese Öffnung

Der Hebräische Buchstabe »He«

Der Hebräische Buchstabe »Bet«

will die kommende Schöpfung der Welt andeuten. Alle anderen Seiten sind geschlossen. Es wird dadurch – folgerte man – über die Welt ausgesagt: Der Mensch soll nicht danach forschen, was oben ist, was unten ist, was vorher war und was nachher sein wird. In diesem Sinn wird auch der Toravers verstanden: »Was verborgen ist, steht dem Herrn, unserem Gott, zu. Was offenbar ist, gilt uns und unseren Kindern.«[49] Dementsprechend sind die Aussagen in den biblischen Büchern und im Talmud über den Messias, über die »Kommende Welt«, über Hölle und Fegefeuer, Verdammnis und Erlösung sowie über die Auferstehung äußerst dünn gesät. Die Religion beschäftigt sich primär mit dem richtigen, gottgewollten Verhalten in dieser Welt und weniger mit dem richtigen Glauben an Dinge, die nicht von dieser Welt sind. Das zentrale Anliegen des Christentums ist hingegen die Erlösung durch Jesus Christus. Bei Gegenüberstellung beider Religionen müssen solche grundlegenden Unterschiede berücksichtigt werden, da auch andere, bei oberflächlicher Betrachtung parallele Begriffe, wie Priester–Rabbiner oder Kirche–Synagoge, dem Wesen nach völlig Unterschiedliches bedeuten.

Gematria heißt die Lehre, die, ausgehend von den Buchstaben, eine neue Interpretation des Wortes unternimmt. Sie hat auch die jüdische Mystik maßgebend beeinflußt. Die hebräischen Buchstaben haben – wie die lateinischen – jeweils einen Zahlenwert, und diese doppelte Bedeutung wird zur Grundlage der Wortdeutung. Eigene Zahlenzeichen gibt es in der hebräischen Schrift nicht. Also erhalten, in der Reihenfolge des hebräischen Alphabets, die zweiundzwanzig Buchstaben die Zahlenwerte eins bis zehn, danach die Zehnerwerte bis 100 und schließlich die drei letzten der Buchstabenreihe die Werte 200, 300 und 400. Die Zahl, die durch ein Wort ausgedrückt wird, ergibt sich aus der Summe der Buchstabenwerte.

Die Gematria kommt bei Sätzen der Heiligen Schrift zu neuen Aussagen, indem sie entweder ein Wort durch ein anderes Wort, das den gleichen Zahlenwert hat, ersetzt oder nach gewissen, recht komplizierten Regeln Buchstaben vertauscht. Im Talmud[50] wird die Frage aufgeworfen: Woher weiß man, daß man Worte dem Zahlenwerte nach deuten soll? Die Antwort wird mit folgendem Toravers gegeben: »Als Abraham hörte, sein Bruder sei gefangen, musterte er seine ausgebildete Mannschaft, 318 Mann, die alle in sein Haus geboren waren.«[51] Die Zahl 318 entspricht dem Wort »Elieser«, und Elieser war der Verwalter Abrahams. Für den Talmud ist damit naheliegend, daß Abraham gemeinsam mit dem Mann, der nach dem Bericht der Tora für ihn die Aufträge besorgte, seinem Verwandten zu Hilfe eilte.

Dem Buch »Der göttliche Bauplan der Welt«[52] des Rabbi Weinreb verdanke ich folgenden Hinweis über die Anwendung der Gematria: Als Gott beschloß, die Sintflut über die Welt zu bringen, gab er Noah den Auftrag, eine Arche zu bauen[53]. Die Arche sollte 300 Ellen lang, fünfzig Ellen breit und dreißig Ellen hoch sein. Mit Hilfe dieser Arche, hebräisch *teba*, gelangten Noah und seine Familie von der vorsintflutlichen Welt zu der Welt nach der Sintflut.

Die drei Buchstaben, deren Zahlenwerte dem von Gott vorgegebenen Maß der Arche entsprechen, können richtig gereiht das hebräische Wort *laschon* ergeben, das zu Deutsch *Sprache* bedeutet. Mit Hilfe der Sprache können also Welten überbrückt werden. Weinreb sieht keinesfalls einen Zufall in diesem Hinweis. Bedeutet ja das hebräische Wort für Arche, *teba*, auch »geschriebenes Wort«. Und das Wort *teba* kommt noch einmal in der Tora vor; *teba* wird auch das Kästchen genannt, in das das Kleinkind Mose gelegt und dann auf dem Nil ausgesetzt wird, um den Nachstellungen der Schergen des Pharao zu entgehen[54]. Die Tochter des Pharao nimmt das Kind auf, und so kommt Mose mit Hilfe der *teba* von der hebräischen Welt in die Welt des ägyptischen Herrschers. (sh. Abb. 3)
Die Funktion des Wortes ist es daher, Welten miteinander zu verbinden und auch innerhalb unserer Welt verbindendes Element zu sein. Wie sieht das Judentum das Wort als Brücke? Dieser Frage wollen wir nun nachgehen.

Das Wort als Brücke von Gott zur Welt

»Er verkündet Jakob sein Wort, Israel seine Gesetze und Rechte«, sagt der Psalmist[55] und verweist damit auf die Offenbarung am Berg Sinai. Nach einer Erzählung der jüdischen Überlieferung[56] befahl Gott Mose, deshalb diesen Berg zu verlassen und zum jüdischen Volk hinunterzugehen, damit dem Volk keine Zweifel darüber aufkämen, daß die Worte, die es vom Berge Sinai her vernahm, wirklich Gottes Worte seien und nicht von

Mose stammten. Mit dieser Offenbarung wurde Israel zum auserwählten Volk. Diese Auserwähltheit war aber nur mit mehr Pflichten und mit mehr Leid verbunden. Die Juden müssen nach orthodoxer Auffassung 613 Gebote und Verbote befolgen, um ebenso der »Kommenden Welt« teilhaftig zu werden wie der Nichtjude, der bloß die sieben noachitischen Gebote zu befolgen hat. Auf die Leiden des jüdischen Volkes als Sühne für die Sünden der Welt bezieht sich mehrfach der Prophet Deuterojesaja in seinen Aussagen über den leidenden Knecht Gottes[57].

Jüdische Gelehrte verwiesen – ohne daß sie in der nichtjüdischen Welt Gehör fanden – immer wieder auf den Umstand, daß die Auserwähltheit mit keinem Privileg verbunden sei. Sie führten auch den Prophet Amos[58] ins Treffen, der im achten vorchristlichen Jahrhundert wirkte und das folgende Wort Gottes niederschrieb: »Seid ihr für mich mehr als die Kuschiter, Ihr Israeliten? Wohl habe ich Israel aus Ägypten herausgeführt, aber ebenso die Philister aus Kaftor und die Aramäer aus Kir.« Hier werden die Juden und ihre Feinde als gleichrangig angesehen. Dieselbe Ansicht wird durch Jesaja verkündet: »An jenem Tag wird Israel als drittes dem Bund von Ägypten und Assur beitreten, zum Segen für die ganze Erde. Denn der Herr der Heere wird sie segnen und sagen: Gesegnet ist Ägypten, mein Volk, und Assur, das Werk meiner Hände, und Israel, mein Erbbesitz.«[59] Das Christentum betrachtet sich als Nachfolger des Judentums und bezieht in diesem Sinne die Worte »das auserwählte Volk« auch auf sich.

Den Auserwähltheitsglauben des jüdischen Volkes stützt auch die Meinung der Gelehrten, daß Gott die Tora einzig und allein in hebräischer Sprache verfaßt hat. Dies war in hellenistischer Zeit nicht selbstverständlich, da der Großteil der Juden nicht mehr Hebräisch, sondern Aramäisch oder Griechisch sprach. Den Beweis dafür, daß Gott die Tora in hebräischer Sprache verfaßt hat, sieht ein rabbinischer Gelehrter in dem, was Adam über seine Frau sagt[60], da dieser Satz nur auf hebräisch sinnvoll ist. In der deutschen Übersetzung heißt es: »Frau soll sie heißen, denn vom Mann ist sie genommen.« Im Hebräischen heißt Mann *isch* und Frau *ischa*, entsprechend der femininen Form der Wortes *isch*, und nur so ist dieser Vers sinnvoll: Ischa soll sie heißen, denn von Isch ist sie genommen[61]. Luther hat in seiner Bibelübersetzung für *ischa* das Wort »Männin« verwendet.

Der Bau der Arche Noahs. Schedelsche Weltchronik. Holzschnitt nach Entwürfen von M. Wolgemut und W. Pleydenwurff. Nürnberg 1942 (Österreichische Nationalbibliothek, Wien).

Das hebräische Wort als Wort der Offenbarung wurde als heilig betrachtet. In diesem Sinne legten die Weisen die Worte[62] »er darf das Wort nicht brechen« als »er darf das Wort nicht entweihen« aus. Die beiden Wörter haben im Hebräischen eine Ähnlichkeit (*jachal* und *chalal*)[63]. Noch heute gibt es eine Richtung innerhalb des Judentums, die aus diesem Grund für die Alltagssprache Jiddisch statt Hebräisch verwendet. Vom Wort *chalal* stammt auch der Ausruf *chalila*, zu Deutsch: »Es sei gebannt.« Unter Juden ein gängiger Ausdruck. Er gilt als eine Art Schreckensruf nach einem Ausspruch, der besser ungesagt geblieben wäre. Damit glaubt man, die unheilvolle Wirkung der ausgesprochenen Worte bannen zu können.

Auch Gott soll nicht mit dem Wort entweiht werden. Deshalb verwendet die Bibel statt der Worte »Gott zu fluchen« oder »Gott zu lästern« die euphemistischen Ausdrücke »Gott zu segnen« oder »sich zu lästern«[64].*

Die Vermeidung blasphemischer oder beleidigender Wörter zeigt sich auch in dem jiddischen Ausdruck des »bösen Auges«. Es wird *git oig* – gutes Auge – genannt. Man würde das böse Auge, falls man es so bezeichnete, herausfordern, seine unheilbringende Wirkung zu entfalten.

Den heiligen Worten Gottes werden in der Tora verschiedene Eigenschaften zugesprochen. Eine der häufigsten ist »wahr« im Sinne von echt, wie dies aus dem Psalmvers hervorgeht: »Das Wesen deines Wortes ist Wahrheit.«[65] Eine alte Legende besagt, Gottes Siegel sei die Wahrhaftigkeit. Das hebräische Wort für wahr ist *emet*. Rabbiner sahen in diesem Wort eine Parallele

---

* Die Einheitsübersetzung gebraucht nicht die euphemistischen Ausdrücke.

zum hebräischen Alphabet, das als einer der »Grundpfeiler der Welt« angesehen wird. Die drei Buchstaben des Wortes *emet* nehmen in diesem Wort denselben Platz ein wie im Alphabet, und zwar die erste, die mittlere und die letzte Stelle. Deshalb entspricht dieses Wort dem Bibelvers: »Ich bin der Erste, [und] ich bin der Letzte.«[66] So wie durch diesen Spruch wird daher auch durch das Wort *emet* die Wesenhaftigkeit Gottes ausgedrückt[67].

Das Wort Gottes verleiht Leben gemäß dem Toravers: »Denn der Mensch lebt nicht vom Brot allein, sondern von allem, was der Mund des Herrn spricht.«[68] Es ist »wie Feuer« und »wie ein Hammer, der Felsen zerschmettert«[69], es ist »im Feuer geläutert«[70] und wie »Feuerglut«[71]. Zweimal wird im 5. Buch Mose[72] betont, daß die Worte Gottes heute dem Menschen vorgelegt sind und er sich daher heute auf sie verpflichtet. Ein alter Kommentar hebt daher die Aktualität der Worte Gottes hervor. Der Jude soll wissen, daß die Worte der Tora ihm nie als altbekannt vorkommen dürfen. Wiederholt ist deshalb die Gewichtigkeit des Wortes »heute« betont worden, das bei der neuerlichen Darlegung der Offenbarung am Sinai im 5. Buch Mose Kapitel 29 nicht weniger als sechsmal vorkommt. Der große Bibelkommentator Raschi (1040–1105) hat die Meinung vertreten, »heute« bedeute, daß der Tag, an dem der Gottesbund geschlossen worden ist, immer der heutige Tag sei, und daß dieses Ereignis jeden Tag eine solche Wirkung ausüben solle, als hätte man an diesem Tag das erste Mal die Worte Gottes gehört. Man solle daher den Worten Gottes jeden Tag etwas Neues abgewinnen.

Anzumerken ist, daß das Judentum – wahrscheinlich durch hellenistische Einflüsse – bestrebt war, die Reli-

gion zu entmystifizieren. Schon bei Josephus Flavius (ca. 30–100), dann im Werk Numeri Rabba und später bei Moses Maimonides (1135–1204) ist ganz deutlich das Bestreben erkennbar, die Wunder auf rationelle Ursachen zurückzuführen. Franz Rosenzweig nimmt hierauf im oben zitierten Werk »Stern der Erlösung«, S. 168, folgendermaßen Bezug: »Was der Mensch in seinem Herzen als seine eigene Menschensprache vernimmt, ist das, was aus Gottes Munde kommt.«[73]
Die Bibel fordert wiederholt den Menschen auf, sein Verhalten nach dem großen und unerreichbaren Vorbild Gottes zu richten. Es heißt nicht nur: »Wer auf das Wort des Herrn achtet, findet Glück...«[74], sondern auch: »Es ist dir gesagt worden, Mensch... was der Herr von dir erwartet... in Ehrfurcht den Weg gehen mit deinem Gott«[75], oder: »...du sollst auf seinen Wegen gehen.«[76]
Im Talmud[77] wird die Frage aufgeworfen, wie diese Worte denn verstanden werden sollen. Wie soll denn der Mensch dem Weg Gottes folgen? Denn es heißt ja: »Der Herr, dein Gott, ist verzehrendes Feuer.«[78] Du sollst vielmehr, meint dazu der Talmud, den Eigenschaften Gottes nachwandeln, so wie dies Abraham getan hat, als er sogar sein Einvernehmen mit der Erscheinung Gottes abbrach, um Wanderer zu bewirten. Die Tora berichtet darüber: »Der Herr erschien Abraham bei den Eichen von Mamre... Er blickte auf und sah vor sich drei Männer stehen. Als er sie sah, lief er ihnen... entgegen...«[79] Und damit stellt er die Gotteseigenschaft der tätigen Liebe zu den Menschen höher als die Auszeichnung, die ihm durch die Erscheinung Gottes widerfahren ist. Auch aus einem andern Bibelvers entnimmt ein Weiser des Talmud[80], daß Gott anzurufen nichts anderes bedeute, als Taten zu setzen, die der Got-

teseigenschaft *chesed* entsprechen. Dieses hebräische Wort drückt die Inhalte Huld, Liebe, tätige Liebe, Gnade und Herzensgüte aus. Der Bibelvers lautet: »Abraham aber pflanzte eine Tamariske in Beerscheba und rief dort den Herrn an ...«[81]

Wie ist diese Textstelle zu verstehen – war doch der Baum als Kultstätte schärfstens verpönt, da die nichtjüdischen Einwohner des Landes dort ihre Götzen anbeteten? Die Erklärung findet der Weise im hebräischen Wort für Tamariske, *eschel*, dessen Wurzel aus drei hebräischen Buchstaben, *alef*, *schin* und *lamed*, besteht. Diese drei Buchstaben sollen jeweils Abkürzungen der Wörter für Essen *(achila)*, Trinken *(schtia)* und Schlafen *(lina)* sein. Die Bedeutung des Toraverses ist demnach, daß Abraham eine Gastwirtschaft errichtete, um der Gotteseigenschaft *chesed* zu folgen. Moses Maimonides[82] sah in der tätigen Liebe in Nachahmung Gottes den Sinn des Gottesbundes mit Israel.

Die ethischen Normen sind im Judentum daher nicht nur durch Gottes Worte dekretiert und somit in die Religion eingebunden, sondern geboten ist auch das richtige Verhalten durch ein Nachahmen Gottes. Ein Midrasch erklärt folgende Toraverse: »Mose schrie zum Herrn: Was soll ich mit diesem Volk anfangen? Es fehlt nur wenig, und sie steinigen mich! Der Herr antwortete Mose: Geh am Volk vorbei ...«[83] Was soll hier das Wort »vorbei«* bedeuten? Die Antwort: Es bedeutet soviel wie: Ähnle mir (lt. August Wünsche: »Gehe dem Volke mit dem Beispiele voran, welches du an mir wahrnimmst.«), so wie ich das Böse mit Gutem bezahle, so tue es auch, wie es heißt: »Ich habe mich gegen den Herrn versün-

* Das hebräische Wort *lifnej* kann mit anderer Vokalisation als *lepanaj* gelesen werden, was »nach meinem Gesicht« bedeutet.

digt ... Er wird mich hinausführen ins Licht, ich werde seine Heilstatt erleben.«[84]

Aber nicht nur das richtige Tun ist dem Menschen vorgeschrieben. Er hat auch seine Gefühle zu beherrschen und zu lenken, denn so wie man Gott liebt, hat man den Mitmenschen zu lieben. In den Zehn Geboten heißt es: »begehre nicht«. Nicht nur die Tat, sich am Eigentum anderer zu vergreifen, ist also verboten, sondern auch schon die Absicht. Die Absicht allein aber zählt nicht als Sünde. So steht es im Talmud: »Die böse Absicht rechnet der Heilige, gepriesen sei er, nicht als Tat.«[85]

Der Mensch kann nur schlecht seine Gefühle lenken und vermag allein durch sein Tun – das seinem Willen untersteht – die gebotenen Gefühle zum Ausdruck zu bringen. Diese Überlegungen erlauben ein besseres Verständnis des folgenden Bibelverses: »Das Wort des Herrn erging an Sacharja: So spricht der Herr der Heere: Haltet gerechtes Gericht, jeder *zeige* seinem Bruder gegenüber Güte und Erbarmen; unterdrückt nicht die Witwen und Waisen, die Fremden und Armen, und plant in eurem Herzen nichts Böses gegeneinander!«[86]

Es ist daher nicht nur geboten, dem Bruder, der Witwe, den Waisen und den Fremden gegenüber Güte und Erbarmen zu fühlen, sondern diese Gefühle zu zeigen, also in entsprechende Taten umzusetzen. Immer wieder ergibt sich aus der Bibel, daß die jüdische Religion keine kontemplative Religion ist, sondern viel eher eine Religion des Tuns. Stellvertretend für die entsprechenden zahlreichen Bibelstellen sei aus dem 5. Buch Mose folgender Vers zitiert: »In deinem Mund und in deinem Herzen ist das Wort, *es zu tun.*«[87]

Deshalb ist für die jüdischen Weisen die Auslegung der Worte Gottes so wichtig gewesen. Sie wollten damit die

Richtlinien gottgewollten Tuns ergründen, und so klang auch die Drohung des Propheten Amos für die Ohren Judas und Israels so furchterregend, als er folgendes verkündete: »Seht, es kommen Tage – Spruch Gottes, des Herrn – da schicke ich den Hunger ins Land, nicht den Hunger nach Brot, nicht Durst nach Wasser, sondern nach einem Wort des Herrn. Dann wanken die Menschen von Meer zu Meer, sie ziehen von Norden nach Osten, um das Wort des Herrn zu suchen, doch sie finden es nicht.«[88] Die Angst vor einer »Gottesfinsternis«, wie sie im Pslamvers 143,7 so schön zum Ausdruck kommt: »Herr, ... verbirg dein Antlitz nicht vor mir, damit ich nicht werde wie Menschen, die längst begraben sind«, findet sich an mehreren Stellen der Heiligen Schrift wieder[89]; und Jesaja spricht von einem »verborgenen Gott«[90]. Die Schoa ist nach einem theologischen Erklärungsversuch auf eine solche Eklipse Gottes zurückzuführen.

Das Wort als Brücke von Mensch zu Mensch

Immer wieder findet sich in der Bibel die Ermahnung, wahr zu sprechen: »Verlogene Worte haßt der Gerechte.«[91] Es wird aber nicht nur dem Sprecher zur Pflicht gemacht, die Wahrheit zu sagen, auch derjenige, an den die Worte gerichtet sind, soll diese nur dann aufnehmen, wenn sie wahr sind. Denn nur »der Unerfahrene traut jedem Wort ...«[92]

Das Wort sei aber auch eine Stütze für den Nächsten: »Kummer im Herzen bedrückt den Menschen, ein gutes Wort aber heitert ihn auf.«[93] Und: »Freundliche Worte sind wie Wabenhonig, süß für den Gaumen, heilsam für den Leib.«[94] Gute Worte allein genügen nicht, wenn sie nicht befolgt werden: »Wer gute Worte mißachtet, erleidet Schaden ...«[95] Die guten Worte werden dem Sprecher als gute Tat angerechnet, denn: »Von der Frucht seiner Worte zehrt der Gute ...«[96] Als Warnung vor bösen Worten wird, ähnlich wie im oben angeführten Spruch, wieder eine köstliche Speise als Vergleich herangezogen: »Die Worte des Verleumders sind wie Lekkerbissen, sie gleiten hinab in die Kammern des Leibes.«[97] König David klagt in einem Psalm über seine Feinde, die seine guten Worte in böse Worte verwandelt haben, um ihm dadurch zu schaden: »Sie verdrehen meine Worte den ganzen Tag; auf mein Verderben geht ihr ganzes Sinnen.«[98]

Das Wort »Frieden stiften«, hebräisch *jaschlimenu* (wörtlich übersetzt: er wird uns versöhnen), wird in einer Bibelauslegung[99] mit dem Gebot der tätigen Feindesliebe in Zusammenhang gebracht. Es heißt: »Hat dein Feind Hunger, gib ihm zu essen, hat er Durst, gib ihm zu trinken; so sammelst du glühende Kohlen auf sein Haupt, und der Herr wird es dir vergelten.«[100] Das hebräische Wort für »er wird vergelten«, *jeschalem*, ist mit dem Wort für »Frieden«, *schalom*, und daher mit dem Wort für »Frieden stiften«, *jaschlimenu*, eng verwandt. Daraus wird gefolgert, daß dir, wenn du dich deiner Feinde annimmst, Gott helfen wird, den Frieden mit ihnen herzustellen.

Ist es nicht verblüffend und zugleich deprimierend, daß die angeführten Zitate, obwohl sie über 2000 Jahre alt sind, an Gültigkeit bis heute nichts eingebüßt haben und der Mensch nach wie vor dieser Ermahnung bedarf, sich »menschlich« zu verhalten? Deshalb ist die Bibel das auf der Welt am meisten gelesene Buch; ihre Aktualität ist eine bleibende. Was auch bedeutet, daß trotz aller Weisungen der Hochreligionen, die etwa dreitausend Jahre lang zuerst einem kleineren, später einem größeren Teil der Menschheit bekannt gewesen sind, im menschlichen Verhalten sich kaum etwas Grundsätzliches verändert hat.

Das Wort als Brücke von Mensch zu Gott

So wie das Wort als Mittler zwischen Gott und Menschen und zwischen den Menschen seine unersetzliche Funktion hat, fällt ihm auch als Verbindungsglied von Mensch zu Gott eine vielfältige Rolle zu. Im Midrasch[101] wird unter anderem auf einen Psalmvers verwiesen, der folgendermaßen lautet: »Du erhörst die Gebete, alles Fleisch (Menschen) kommt zu dir.«[102] Im Anschluß wird die Frage gestellt, wie es möglich sei, daß alle diese Gebete Gott erreichen, wenn doch in den vielen Synagogen zu unterschiedlichen Zeiten gebetet werde. Unter Zuhilfenahme der Ähnlichkeit der Wörter »zu dir« *(adejcha)* und Schmuck *(adij)* und der Verse aus den Büchern der Propheten Jesaja[103] und Ezechiel[104] werden Vergleiche angestellt, was zu der Feststellung führt, daß der Satz sich eigentlich auf Kränze beziehe, die aus Schmuckstücken bestehen. Der folgende Gedanke zur Schrift verdankt solchen Überlegungen seine Entstehung: »Wenn die Israeliten beten, findest du nicht, daß alle auf einmal beten, sondern jede Gemeinde betet für sich, erst diese, dann eine andere Gemeinde, und wenn alle Gemeinden ihre Gebete beendet haben, dann nimmt der Engel, der über die Gebete gesetzt ist, alle Gebete, welche in allen Gemeinden gebetet wurden, zusammen und macht daraus Kränze und setzt sie auf das Haupt Gottes.«
Hieraus ist auch die eminente Bedeutung ersichtlich,

die die Juden dem gemeinsamen Gebet beimessen. Die Juden waren, soviel wir wissen, die ersten, die das gemeinsam gesprochene Gebet in das Zentrum des Gottesdienstes stellten. Dies geschah noch zur Zeit des Jerusalemer Tempels. Da aber in diesem Tempel mit seinem großen, offen angelegten Hof, dem in der Mitte befindlichen Opferaltar und den vielen herumziehenden Menschen ein gemeinsam gesprochenes Gebet nicht möglich war, wurde in seiner Nähe eine Synagoge gebaut.

Die Pflicht zum gemeinsamen Gebet leitete man aus folgenden Toraworten ab: »Wenn ihr dem Herrn, eurem Gott, dient, wird er dein Brot und dein Wasser segnen.«[105] Es fällt auf, daß im ersten Satzteil das Wort »ihr« steht, während im weiteren von »dein Brot« und »dein Wasser« die Rede ist. Dieser Widerspruch wird von Ephrarim Salomon ben Aaron von Lunschitz (1550–1619) so erklärt: Essen und trinken tut jeder für sich, aber das Wort »dienen« heißt auch »beten«[106], und beten soll man daher in der Gemeinschaft. Durch die zentrale Stellung des Gebets im jüdischen Gottesdienst ist der Jude in der Synagoge nicht passiver Zeuge einer Kult- und Weihehandlung, sondern nimmt gleichberechtigt am Gottesdienst teil. Dies wurde dadurch möglich, daß es, zumindest seit der Einführung des synagogalen Gottesdienstes in den Jahrhunderten vor der Zeitwende kaum Juden gab, die das geschriebene Wort nicht lesen konnten.

In der Beziehung von Mensch zu Gott kommt dem Wort neben dem Gebet auch in der Buße eine tragende Rolle zu. Der Prophet Hosea verkündet in der zweiten Hälfte des 8. Jahrhunderts v. Chr.: »Kehrt um zum Herrn, nehmt Worte [der Reue] mit euch ...«[107] Das Wort für Umkehr, hebräisch *teschuba*, spielt in der Lebensfüh-

1 Gott erschafft die Welt. Miniaturmedaillons mit Darstellung des Sechstagewerkes. Paris um 1300. (Bildarchiv der Österreichischen Nationalbibliothek)

2 Mose teilt das Meer. Aus dem Gebetbuch des Rabbi von Rizin. Deutschland 1460. (Israel Museum Jerusalem. Foto: David Harris)

3 Auffindung des Knaben Mose. Aus der Wenzelsbibel, Prag 1390–1400. (Bildarchiv der Österreichischen Nationalbibliothek) Die Mutter Mose setzt das in einem Binsenkorb untergebrachte Kind am Nilufer aus, wo es später die Tochter des Pharao entdeckt. Diese läßt eine hebräische Amme holen – es ist die Mutter Mose – und übergibt ihr das Kind zur Pflege.

4 (unten links) Mose erhält das Gesetz am Berg Sinai. Emailtafel aus dem Klosterneuburger Altar. Nikolaus von Verdun, 1181. (Bildarchiv der Österreichischen Nationalbibliothek) Lateinische Inschrift in der Umrandung: »Das feurige Gesetz entflammt in würdiger Weise Mose mit seinem Feuer.« (Diese Inschrift ist erst bei der Renovierung 1833 entstanden. Vorher reimte sich der lateinische Text und hieß in deutscher Übersetzung: »Das feurige Gesetz wurde Mose in würdiger Weise im Feuer übergeben.«) Inschrift auf der Banderole: »Dein Gott ist einzig.«

5 (rechts) Habdalakerze, silberner Kerzenhalter, Frankfurt, 1. Hälfte 18. Jhdt. (Foto: David Harris)

6 Evas Schöpfung. Fries. Guimiliau (Bretagne), 1606 (Foto des Autors). Der unbekannte Künstler wollte der Ähnlichkeit Adams mit Gott, nach den Worten der Bibel: »Als Abbild Gottes schuf er ihn« (Gen. 1,27.), Ausdruck verleihen.

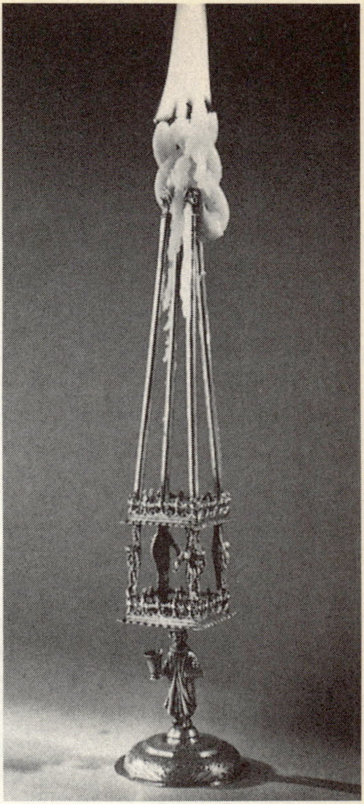

7 *Der Sturz der Engel. Pieter Bruegel. 1562 (Musée des Beaux Arts, Brüssel).*

8 *Der Sündenfall. Hugo van der Goes, um 1470. (Kunsthistorisches Museum Wien. Bildarchiv der Österreichischen Nationalbibliothek) Die vom Midrasch überlieferte Vorstellung über die Schlange hat Eingang in die Ikonographie gefunden.*

rung des religiös eingestellten Juden eine entscheidende Rolle. Sind doch die Juden die ersten gewesen, die durch die Einbindung der hohen ethischen Gebote in die Religion im Menschen die Angst vor Gottes Vergeltung aller bösen Taten geweckt haben. Um den sündigen Menschen von dieser Angst zu befreien, wurde Gott nicht nur als gerechter Richter, sondern – eingedenk der Toraworte: »Ich gewähre Gnade, wem ich will, und ich schenke Erbarmen, wem ich will«[108] – als gnadenvoller König aufgefaßt, der Richtsprüche außer Kraft setzen konnte. Als Voraussetzung zur Erlangung der göttlichen Gnade galt sowohl die Umkehr zu jenem sündenfreien Zustand des Menschen nach seiner Erschaffung als auch die aktive Buße. Unter aktiver Buße verstand man nicht nur die Reue, sondern auch die Wiedergutmachung des durch die Sünde verursachten Schadens beziehungsweise die Erlangung der Verzeihung von demjenigen, den man beleidigt hatte, oder, wenn dies wegen der Art der begangenen Sünde nicht möglich war, die Verrichtung einer guten Tat.
Die jüdische Lehre erkennt auch das Eintreten frommer gottesfürchtiger Menschen für einen Sünder, selbst nach dessen Ableben, an. Dies ist folgendem Toravers zu entnehmen: »Vergib deinem Volk Israel, das du erlöst hast.«[109] Die Worte »Volk Israel« beziehen sich auf die Lebenden, da Gott dem Urvater Abraham versprochen hat[110], daß das Volk Israel »für immer« leben werde; »das du erlöst hast« bezieht sich auf die Toten, da es eine Erlösung nur nach dem Tod geben kann. Das Wort »wegen« muß zwar in der deutschen Sprache zum Verständnis des Satzes eingefügt werden, das Hebräische läßt aber auch ohne Einfügung dieses Wortes eine entsprechende Interpretation zu. Daher lautet der Satz nach einer legitimen Umstellung folgendermaßen:

»Vergib den Toten wegen der Lebenden.« Es können somit die Lebenden für die Toten Sühne erwirken[111]. Laut den Beschreibungen der Tora hat Mose wiederholt bei Gott Vergebung für das jüdische Volk erwirkt. So auch, als Gott Israel wegen der Anbetung des Goldenen Kalbes zürnte. Mose berichtet im 5. Buch der Tora, wie Gott ihm die Steintafeln mit den eingemeißelten Worten der Zehn Gebote übergibt: »Als ich auf den Berg gestiegen war, um die Steintafeln entgegenzunehmen, die Tafeln des Bundes, den der Herr mit euch geschlossen

Die Erschaffung Adams aus einem Lehmklumpen. Schedelsche Weltchronik. Holzschnitt nach Entwürfen von M. Wolgemut und W. Pleydenwurff. Nürnberg 1492 (Österreichische Nationalbibliothek, Wien).

hatte, blieb ich vierzig Tage und vierzig Nächte auf dem Berg...«[112] Das Wort »blieb«, auf hebräisch *joscheb*, heißt nur im übertragenen Sinn so; eigentlich bedeutet es »saß«. Deshalb wunderten sich die Gelehrten, daß man dort oben auf dem Berg Horeb, der durch die Gottesgegenwart dem Himmel gleichkommt, »sitzt«. Es heißt ja: »Die Seraphim standen«[113], und: »Stehend ließen sie die Flügel hängen«[114], und ebenso: »Ich nahte einem von den Dastehenden.«[115] Und sogar Mose sagt selber: »...ich stand auf dem Berge...«[116] und: »Ich stand zwischen dem Ewigen und euch.«[117] Es sitzt dort niemand, nur der Ewige – führt die Erzählung aus. Es steht ja geschrieben: »Ich sah den Ewigen sitzend auf seinem Throne.«[118] Und hier, an dieser Stelle, sagt Mose: »Ich saß auf dem Berge.« Wie ist das möglich? fragen die Gelehrten und finden folgende Antwort: Er saß, als er das Gelübde seines Schöpfers löste. Die Lösung eines Gelübdes kann nur durch ein Gericht erfolgen, und die Richter sitzen dabei. Mose soll dabei dem Ewigen wegen dessen Gelübde (Beschluß), die Israeliten als Strafe für ihren Abfall zu töten, ein »hartes Wort« gesagt haben. Hierauf sprach Gott zu ihm: »Ich bereue das Böse, das ich meinem Volk zu tun gelobt habe.«[119] Darauf löste Mose das Gelübde Gottes, und Israel war gerettet[120].

Als die Juden während der vierzigjährigen Wüstenwanderung noch einmal gegen Gott rebellierten, wollte Gott sie neuerlich schwer bestrafen, und wieder trat Moses für sie ein.

Im Midrasch[121] steht dies folgendermaßen: Gott sprach zu Mose: »Ich will es (das Volk Israel) durch die Pest schlagen.«[122] Eigentlich heißt es nicht »die Pest«, sondern »das Wort«. (Beide Wörter werden im Hebräischen gleich geschrieben und erhalten nur eine unterschiedliche Vokalisation: *deber – dabar*). Gott sagt nämlich: Sie sollen nicht glauben, daß ich Schwerter und Lanzen brauche, um sie zu töten. So wie ich meine Welt durch das Wort erschaffen habe – wie es heißt: »Durch des Ewigen Mund ist der Himmel gemacht, durch den Hauch seines Mundes all sein Heer«[123] –, so will ich ihnen tun. Ich will ein Wort aus meinem Munde hervorgehen lassen und sie töten. Die Worte der Tora heißen daher: »Ich will es durch das Wort schlagen.« Als Mose dies hörte, fing er an, für sie um Erbarmen zu bitten: »Sie haben gehört, daß du Ewiger unter diesem Volke bist, der Auge in Auge sich sehen lässet. So wie Auge gegenüber Auge steht, stehen auch die Waagschalen einer Waage einander gegenüber. In der einen ist dein Wunsch: ›Ich will es mit dem Wort schlagen‹, im anderen ist mein Wunsch nach den Worten deiner Tora: ›Vergib doch!‹ Wir werden sehen, Ewiger, wer siegen wird, du, Ewiger, oder ich?«[124] Gott sprach zu ihm: »Bei deinem Leben! Mein Wort wird aufgehoben werden, dein Wort aber wird bestehen.« Deshalb heißt es: »Und der Ewige sprach: Ich vergebe, wie du sagst.«[125]

In dieser, wie in der zu Beginn angeführten Erzählung, in der Mose Gott an die dem Meer zugesagten Grenzen erinnert und ihn auffordert, es nicht zu spalten, klingt ein die ganze jüdische Geschichte begleitendes Motiv an: das Rechten des Menschen mit Gott. Als Gott Abraham wissen läßt, daß er den Untergang von Sodom und Gomorra wegen deren schweren Sünden beschlossen hat, sagt dieser: »Vielleicht gibt es fünfzig Gerechte in der Stadt, willst du auch sie wegraffen? ... Das kannst du doch nicht tun ... Sollte sich der Richter über die ganze Erde nicht an das Recht halten?«[126] Etwas milder äußert sich Jeremias gegenüber Gott: »Du bleibst im Recht, Herr, wenn ich mit dir streite; dennoch muß ich mit dir rechten.«[127]

Wie sehr sich diese Auffassung bis in die Gegenwart erhalten hat, zeigt sich daran, daß Rabbiner in Auschwitz vor einem ordnungsgemäß konstituierten religiösen Gericht ein Gerichtsverfahren gegen Gott führten. Gott wurde angeklagt, sein Wort gebrochen und eine Strafe über Israel verhängt zu haben, die in keinem Verhältnis zu den begangenen Sünden stehe. Es gebe keine Sünde, die durch die Vernichtung so vieler Kinder, Frauen,

Männer und Greise gesühnt werden müsse. Das Verfahren endete mit einem Schuldspruch.
Abschließend sei noch auf eine Erzählung aus einer Midraschsammlung[128] verwiesen, die vielleicht am treffendsten das Verhältnis des Juden zu seinem Gott erläutert. Sie lautet sinngemäß: Als Gott wegen der Anbetung des Goldenen Kalbes alle Israeliten töten wollte, flehte Mose um Gnade[129]. Als er Gott nicht zu besänftigen wußte, verwies Mose auf die von Gott verkündeten Zehn Gebote[130], die mit den Worten »Ich bin dein Gott« eingeleitet werden, und meinte, daß diese Worte nicht an ihn ergangen seien – Gott habe ihn ja während dieser Verkündigung zu den Israeliten gesandt –, sondern an das ganze Volk, und trotzdem habe Gott gesagt: »Ich bin *dein* Gott.« Gott habe sich dadurch als Gott jedes einzelnen zu erkennen gegeben und sei daher auch verpflichtet, als gnadenvoller Gott jedem einzelnen »die Pforte der Buße zu öffnen«. Gott merkte sich diese Belehrung und vermied es in den späteren Offenbarungen, sich als »Ich bin der Ewige, *dein* Gott« zu erkennen zu geben. Deshalb heißt es in allen weiteren Geboten: »Ich bin der Ewige, *euer* Gott.«
Das Buch *Bahir* (Glanz) ist eine der bedeutendsten Schriften der innerhalb des Judentums umstrittenen Lehre der Kabbala. Es entstand wohl im 12. Jahrhundert, geht aber möglicherweise auf eine lang zuvor existierende Überlieferung zurück. An einer Stelle dieses Buches[131] wird argumentiert, daß nicht der Mensch die Gnade Gottes benötige, sondern daß Gott es sei, der der menschlichen Gnade, im Sinn des bereits besprochenen Wortes *chesed*, bedürfe. Diese blasphemische Argumentation stützt sich auf das Wort *beesrecha* – »in deiner Hilfe«. Im Toravers heißt es nämlich: »Gott... der in den Himmel steigt *in* deiner Hilfe.«[132] Im weiteren wird

ausgeführt, daß dieser Satz eigentlich »Gott... der in den Himmel steigt *mit* deiner Hilfe« zu lauten habe. Da Gott dem Menschen den freien Willen gegeben hat, kann Gott nur dann der Gott der Menschheit bleiben, wenn die Menschen durch Taten der Nächstenliebe, eben durch *chesed*, Gott stärken. Auf *chesed* ist die Welt gegründet, so steht es in den Sprüchen der Väter[133], und der Psalm 89,2f. drückt das folgendermaßen aus: »Von den Tagen deiner Huld, Herr, will ich ewig singen, bis zum fernsten Geschlecht laut deine Treue verkünden. Denn ich bekenne: Deine Huld *(chesed)* besteht für immer und ewig; deine Treue steht fest im Himmel.«

II. Die jüdischen Wurzeln der abendländischen Gedankenwelt

Einleitung

> *»Da also das gemeinsame Erbe der Christen und Juden so reich ist, will die Heilige Synode die gegenseitige Kenntnis und Achtung fördern.«*[1]

Neue richtungsweisende Ideen können in ihrer Größe und Bedeutung nur dann richtig erkannt und gewürdigt werden, wenn man sich zugleich die Vorstellungen und Anschauungen jener Zeit vergegenwärtigt, in der diese neuen Ideen entstanden sind. Sobald sie einmal als »ewige Wahrheiten« Geltung haben, treten die Umstände ihres Entstehens in den Hintergrund.

Die Beschreibung der Schöpfung und des Sündenfalls am Anfang der Bibel enthält viele solche für ihre Entstehungszeit beispiellose gedankliche Konzepte, die uns heute kaum noch besonders bewegen, weil sie in das Allgemeinbewußtsein Eingang gefunden haben und für selbstverständlich gehalten werden. Schon auf den ersten Seiten der Heiligen Schrift erscheint Gott in einer bis dahin unvorstellbar gewesenen Art und Weise: als der alleinige, einzigartige Schöpfer, von dem Recht und Gerechtigkeit ausgehen; als der gnadenvolle Richter, der dem Menschen Liebe entgegenbringt und ihn mit seiner Fürsorge umgibt. Aber auch der Mensch wird in der Schöpfungsgeschichte in einem völlig neuen Licht gezeigt. Daß er die Stimme seines Gewissens vernimmt, führt ihn zu einem ethisch-moralischen Bewußtsein. Er verspürt Reue und übernimmt gottergeben und selbstbewußt die Aufgabe, das Leben zu bewältigen.

Diese und andere »ewige Wahrheiten« stehen an der Wiege des Judentums. Im folgenden sollen anhand der Schöpfungsgeschichte und des Berichtes der Tora über das erste Menschenpaar die wesentlichen Lehren des Judentums dargelegt werden.

Die Tora ist der erste Teil der Bibel. Sie besteht aus fünf Büchern. Das strenggläubige Judentum geht davon aus, daß Mose sie auf Gottes Geheiß geschrieben habe. Die wissenschaftliche Bibelkritik ist demgegenüber der Ansicht, daß die Endredaktion der fünf Bücher der Tora um 400 v. Chr. erfolgte, wobei die Quellen viele Jahrhunderte weit zurückreichen. In einer Zeit, da andere Völker noch dem Vielgötterglauben anhingen, sahen die Juden in Gott den alleinigen Schöpfer der Welt. Damit war der Weg zur geistigen Überwindung des Vielgötterglaubens und der Anbetung von Elementen oder Naturerscheinungen frei.

Mit dem Schöpfungsbericht nimmt die Tora ihren Anfang. Einzig durch Gott werden die Welt und ihre Lebewesen existent. Die Annahme eines gemeinsamen Ursprungs alles Erschaffenen zwingt auch zu einer neuen Sicht der Welt als einer Einheit in sich. Das findet Ausdruck im Toravers »Höre Israel, der Herr, der Gott, unser Gott, der Herr, ist einer«[2], denn so wie der Herr »eins« ist, ist seine Schöpfung »eins«. Jahrhundertelang hat auch die Wissenschaft diese Einheit zu finden und ergründen versucht und sich die Rückführung aller als gesetzmäßig erkannten Phänomene auf ein Grundgesetz zum Ziel gesetzt.

Auf die Vorstellungen von Gott, der Welt und dem Menschen in seiner Beziehung zu Gott beziehen sich meiner Meinung nach **die vier tragenden Säulen des Judentums:***
Die Vorstellung der Welt als einer Reflexion der Einheit Gottes ist die *erste* dieser *tragenden Säulen.* Daher muß hier vor allem auf den Gott des Judentums näher eingegangen werden.
Dieser allmächtige, allwissende, allgegenwärtige[3] Gott ist unabbildbar[4], weil er unvorstellbar ist. »Mit wem wollt ihr Gott vergleichen und welches Bild an seine Stelle setzen?«[5] Moses Maimonides (1135–1204) drückt es unter Berufung auf die Versstelle »...kein anderer ist außer ihm«[6] mit den folgenden Worten aus: »In seiner Wesenheit ist er nichts anderem ähnlich.«[7]
Ein derart erhabener, unfaßbarer Gott, mit dem der Gläubige dennoch in eine persönliche Beziehung treten kann, mußte zu einer ständigen Herausforderung des menschlichen Geistes werden. Wie, könnte man aber einwenden, sind dann die Stellen der Bibel zu verstehen, in denen Gott mit menschlichen Attributen versehen wird? Wenn von Gottes Hand, Finger, Augen** und Ohren die Rede ist[8], dann ist das doch mit der abstrakten Gottesidee unvereinbar. Im Midrasch wird folgender Spruch eines Weisen überliefert: »Groß ist die Kraft des Propheten, denn sie vergleichen den Bildner mit seinem Gebilde.«[9]

---

* Dieses Bild ist dem Psalmvers (Ps. 75,4) entnommen: »Die Erde mit allen, die auf ihr wohnen, mag wanken; jedoch ich selbst habe ihre Säulen auf festen Grund gestellt.«

** In der Einheitsübersetzung wird statt »war schlecht in den Augen des Herrn« der Ausdruck »mißfiel« verwendet.

Die Apostel der drei synoptischen Evangelien (Matthäus, Markus, Lukas) berichten über die Worte Jesu, der ebenfalls in Gleichnissen redet, um einfacheren Menschen die Wahrheit näherzubringen. Als seine Jünger ihn fragten, warum er in Gleichnissen rede[10], berief Jesus sich auf einen Spruch des Propheten Jesaja: »Sie sollen sehen und doch nicht sehen, hören und doch nicht hören.«[11] Gleichnisse dürfen daher nicht im wörtlichen Sinn als Aussagen über Gott verstanden werden.

Moses Maimonides meint hierzu: »Wir sagen vom Menschen, wegen der göttlichen Form, die ihm anhaftet, daß er im Bilde Gottes und in der Ähnlichkeit Gottes geschaffen ist, nicht aber weil Gott ein Körper mit Gestalt ist.«[12]

Gott ist auch ewig[13]. Ewig nicht im Sinne von zeitlos, da Gott seine Wirkung sowohl außerhalb als auch innerhalb der Zeit entfaltet. Über den Eingriff Gottes in das weltliche Geschehen gibt es im einzelnen unterschiedliche Meinungen. Im allgemeinen hat aber nach jüdischer Auffassung Gott mit der Schöpfung seine Tätigkeit nicht beendet, sondern beeinflußt und lenkt weiterhin das Geschehen auf dieser Welt. Dieses Bewußtsein aktiver Gottespräsenz kann als die *zweite tragende Säule des Judentums* angesehen werden. Jüdische Weise haben das u. a. aus dem folgenden Vers abgeleitet: »Und Gott segnete den siebenten Tag und erklärte ihn für heilig; denn an ihm ruhte Gott von all seinem Werke, das Gott geschaffen und gemacht hat.«[14]* Im Hebräischen bringt die grammatikalische Form »gemacht hat« das weitere Andauern der Tätigkeit zum Ausdruck. Es

* Wortlaut der Einheitsübersetzung: »... nachdem er sein ganzes Werk vollbracht hatte.«

könnte daher die deutsche Übersetzung des letzten Teiles des Verses so lauten: »... das Gott geschaffen hat, um es (weiterhin) zu tun.«
Der Gott der jüdischen Religion ist – im Gegensatz zu allen anderen im ersten vorchristlichen Millenium verbreiteten Gottesvorstellungen – der Inbegriff aller positiven ethischen Eigenschaften. Die vornehmste unter diesen ist seine allumfassende Liebe. Diese Vorstellung von Gott ist die *dritte tragende Säule des Judentums.*
Für den Menschen ist dieses Idealbild eine Herausforderung; er steht vor der immerwährenden Aufgabe, Gott nachzuahmen oder, mit den Worten der Bibel ausgedrückt: »auf Gottes Wegen zu wandeln.«[15] Und diese Aufforderung zur »imitatio dei« ist, meiner Auffassung nach, die *vierte tragende Säule des Judentums.*
Die Vollkommenheit Gottes findet am eindringlichsten in dem folgenden Bibelvers ihren Ausdruck: »Er heißt: Der Fels. Vollkommen ist, was er tut, denn alle seine Wege sind recht. Er ist ein unbeirrbar treuer Gott, er ist gerecht und gerade.«[16] Den Weisen Israels war immer gegenwärtig, daß die Beschreibung Gottes mit den dürftigen Mitteln der menschlichen Sprache und des Verstandes nie der wahren Wesenheit Gottes gerecht werden könne. Diese Begrenztheit der menschlichen Erkenntnis wird in den folgenden Bibelversen angesprochen: »Die Tiefen Gottes willst du finden, bis zur Vollkommenheit des Allmächtigen vordringen?«[17]; und: »Einen Verstand, der wirklich erkennt, Augen, die wirklich sehen, und Ohren, die wirklich hören, hat der Herr euch bis zum heutigen Tag nicht gegeben.«[18]
Gott ist nicht nur der Gott eines Landes, sondern der ganzen Welt. Und er ist nicht nur der Gott eines Volkes, sondern der ganzen Menschheit. Wenn auch jetzt, zur Zeit der Verkündung durch den Propheten, nur das

Volk Israel Gott kennt, so werden bis zum Anbrechen der messianischen Tage und danach alle Völker den einen Gott anbeten und zu seinem Heiligtum nach Jerusalem wandern[19]. Die Universalität Gottes wurde schon Abraham verheißen: »Durch dich sollen alle Geschlechter der Erde Segen erlangen.«[20]
Als die Beschreibung der **Schöpfung** im ersten Kapitel des ersten Buches der Tora abgefaßt wurde, sahen andere Völker zur selben Zeit – und auch noch lange nachher – in Himmelskörpern und Naturerscheinungen Götter oder zumindest mythische Wesen mit Ewigkeitsanspruch. Daß ein Höchster allein und ohne fremde Beihilfe solche im Zentrum religiöser Verehrung stehenden »Götter«, wie z. B. Sonne und Mond, erschaffen haben sollte, mußte bei den Heiden als Gotteslästerung empfunden werden. Bis in die hellenistische Zeit wurde vielfach die Bedeutung, die die Juden dem *einen* Gott beimaßen, nicht verstanden und die Weigerung der Juden, auch bei ihnen den Kult der Götter anderer Völker zuzulassen, als Fremdenfeindlichkeit und Überheblichkeit gebrandmarkt.
So ist es erklärlich, daß in den frühen jüdischen Schriften der Toravers:

»Laßt uns Menschen machen als unser Abbild, uns ähnlich«[21]

vor allem wegen des Plurals »uns« als anstößig empfunden und deshalb vielfach kommentiert wurde. Die Möglichkeit, darin die menschliche Gestalt Gottes zu sehen, wurde erst später Gegenstand von Überlegungen.
Im Midrasch[22] wird gefragt: Mit wem hat sich Gott beraten? Manche meinen, es waren die Engel. Der Herr erklärte ihnen, er wolle gerechte Menschen schaffen, wie es im Psalmvers Ps. 1,6. heißt: »Der Herr kennt den

Weg der Gerechten.« Die Fortsetzung des Verses: »Der Weg der Frevler führt in den Abgrund«, verheimlichte er ihnen aber, da sonst der Engel, der über die Gerechtigkeit zu wachen hatte, dagegen Einspruch erhoben hätte. Gott überlegte nämlich: Erschaffe ich (den Menschen), so gehen Frevler von ihm hervor; erschaffe ich ihn nicht, wie sollen Gerechte entstehen?*

gepot ſind geordnet zuenthaltung fridlicher gemainſchafft des volcks vnnd gutter burgerlicher ordnung.

Mose erhält das Gesetz. Schedelsche Weltchronik. Holzschnitt nach Entwürfen von M. Wolgemut und W. Pleydenwurff. Nürnberg 1492 (Österreichische Nationalbibliothek, Wien).
Der Text oberhalb der Abbildung: Das Gebot ist verordnet zur Erhaltung der friedlichen Gemeinschaft des Volkes und der guten bürgerlichen Ordnung. Man beachte die »Hörner« Mose, die aus einer falschen Übersetzung des hebräischen Wortes »keren« *in der Vulgata (lat. Bibelübersetzung) zurückzuführen sind. Im Vers Ex. 34,29. heißt es Mose Gesicht strahlte als er vom Berg (Sinai) zurückkehrte. Die Vulgata meinte, er habe Hörner gehabt, da das Wort* »keren« *beides bedeuten kann.*

---

* In diesem sowie in weiteren angeführten Midraschzitaten wird über Auseinandersetzungen zwischen den Engeln und Gott einerseits, sowie zwischen den Engeln und den Menschen andererseits berichtet. Diese Vorstellungen gehen vermutlich auf gnostisches Gedankengut zurück.

Eine andere Erzählung schildert den Verlauf der im Psalmvers Ps. 85,11. erwähnten Begebenheit: »Es begegnen einander Huld und Wahrheit*, Gerechtigkeit und Frieden küssen sich.« Damals riet der Engel der Huld Gott, den Menschen zu erschaffen, da er menschenfreundlich sein werde. Der Engel der Wahrheit riet ab, da es Lug und Trug geben werde. Der Engel der Gerechtigkeit** meinte, er solle erschaffen werden, denn er werde wohltätig sein. Der Engel des Friedens sprach, er solle nicht erschaffen werden, denn es werde Streit und Zank geben. Die Meinungen hielten sich in der Waage. Was tat nun Gott? Er tat, wie es im Buch Daniel steht: »[Er] stürzte die Wahrheit zu Boden.«[23] Die Engel sprachen: »Herr der Welten, was verachtest du die Ordnung und die hochgeschätzte Wahrheit.« Gott ließ sie im Sinne des Psalmverses, »Wahrheit sproß aus der Erde hervor«[24], wieder in den Himmel emporsteigen. Währenddessen erschuf Er den Menschen[25].

Es wurde auch die Frage aufgeworfen, warum der Mensch nicht als erstes, sondern als letztes von Gott erschaffen worden sei. Man beginnt ja eine Tätigkeit mit dem Wichtigsten und nicht mit dem Unwichtigsten. Der Talmud meint zu dieser Frage, das sei deshalb so, damit Häretiker nicht sagen könnten, der Mensch habe bei der Schöpfung mitgewirkt. Außerdem solle der Mensch dadurch, daß er ganz zuletzt erschaffen worden sei, Bescheidenheit lernen; werde er übermütig, solle man ihm sagen: Selbst eine Mücke ging dir bei der Schöpfung voraus. Einer anderen Meinung zufolge sei es bei der

---

* In der Einheitsübersetzung steht Treue. Das hebräische Wort *emet* bedeutet beides.

** Das hebräische Wort *zedek* bedeutet sowohl Gerechtigkeit als auch Wohltätigkeit.

Schöpfung ebenso, wie wenn ein König Gäste einlädt: Zuerst wird er einen Palast bauen, dann ihn ausschmücken und das Mahl vorbereiten. Erst dann läßt er die Gäste eintreten[26].

Eine andere Frage im Zusammenhang mit der Erschaffung Adams wird im Talmud immer wieder erörtert: Wieso und wozu schauen Menschen unterschiedlich aus?

»Wenn ein Mensch mehrere Münzen mit einem Stempel prägt, so gleichen sie alle einander, aber der Heilige prägt alle Menschen mit dem Stempel des Urmenschen, und doch gleicht nicht einer dem anderen. Dies ist deshalb, damit sich ein Mensch nicht am Eigentum eines anderen vergreifen möge oder Unzucht treibt. Wenn nämlich jemand eine schöne Wohnung hat, könnte ein anderer, wenn er ihm zum Verwechseln ähnlich sieht, dort wohnen. Oder wenn er eine schöne Frau sieht, sich als ihr Mann ausgeben. Dies gilt bei Tag, aber wie ist es im Dunkeln? Dafür hat Gott gleichfalls vorgesorgt, er gab jedem eine andere Stimme, und so kann eine Frau ihren Mann auch im Dunkel erkennen.«[27]

Des weiteren steht im Talmud: Der Mensch wurde einzig erschaffen, damit die Gottlosen nicht sagen: Der Fromme ist deshalb fromm, weil sein Urvater ein Frommer war, und ich bin deshalb gottlos, weil mein Urahne ein Gottloser war[28]. Andere sagen, dies sei wegen des Friedens; »wenn sich jetzt Familien befehden, um wieviel mehr würden sie sich befehden, wenn zwei erschaffen worden wären.«[29]

Besagt nun der oben erwähnte Toravers, wonach der Mensch in Gottes Abbild, ihm ähnlich, geschaffen wurde, daß Gott eine menschliche Gestalt besitzt? Die vorherrschende Lehre im Judentum hat dies stets verneint. Sie verstand vielmehr diesen Vers als Verpflichtung, zu einer dem Gottesvorbild möglichst ähnlichen Lebensführung.

Nach der Schöpfung gab Gott den Menschen den Auftrag:

»Seid fruchtbar und vermehrt euch, bevölkert die Erde, unterwerft sie euch und herrscht.«[30]

Der Midrasch sagt hierzu: »Es komme der, welcher in unserem Bilde und nach unserer Ähnlichkeit erschaffen ist, und herrsche über den, welcher nicht in unserem Bilde und nach unserer Ähnlichkeit geschaffen ist.« (Gemeint ist der Fromme und Vollkommene.[31])

Dann sprach Gott:

»Hiermit übergebe ich euch alle Pflanzen auf der ganzen Erde. Euch sollen sie zur Nahrung dienen.«[32]

Es fällt auf, daß bei der Beschreibung der Erschaffung der Lebewesen eine Reihenfolge eingehalten wird, die mit den naturwissenschaftlichen Erkenntnissen übereinstimmt. Es entstanden der Reihe nach Pflanzen, Bäume, Wassertiere, Vögel, Kriechtiere, Tiere des Feldes und schließlich der Mensch.

Die Funde von Menschenknochen in der Serengeti und am Rudolfsee, deren Datierung mehr als eine Million Jahre zurückreicht, erhärten die Aussage dieses Toraverses, der Urmensch habe sich nur von Pflanzen ernährt.

Sehen wir nun, wie die Tora den Sündenfall beschreibt. Es heißt im ersten Satz:

»Gott, der Herr, nahm also den Menschen und setzte ihn in den Garten von Eden, damit er ihn bebaue und hüte.«[33]

Aus diesem Vers geht hervor, daß die Vorstellung, Gott habe erst nach dem Sündenfall dem Menschen die Arbeit als Strafe auferlegt, unrichtig ist. Es heißt zwar: »Im Schweiße deines Angesichts sollst du dein Brot essen.«[34] Dies galt aber nur als temporäre Strafe, die so lange währen würde, wie der Mensch in Sünde verharrte. Aber »wenn du auf die Stimme des Herrn ... hörst«, dann »befiehlt« der Herr »dem Segen, an deiner Seite zu sein: in deinen Speichern und bei allem, was deine Hände schaffen.«[35]

Das jüdische Arbeitsethos lehnte das Streben nach einem arbeitslosen Einkommen, eine im Altertum – und nicht nur damals – für erstrebenswert gehaltene Idealvorstellung, mit Nachdruck ab. Deshalb heißt es: »Denn der Mensch ist für die Arbeit geboren ...«[36] und: »Was deine Hände erworben, kannst du genießen.«[37] Die Weisen Israels lehrten »Liebe die Arbeit« sowie: »Schön ist das Torastudium, *verbunden* mit weltlichem Tun«; weiters: »Größer ist der, der von seiner Arbeit genießt, als der Gottesfürchtige.«[38]

Eine Bibelauslegung[39] weist darauf hin, daß die Arbeit sowohl Strafe Gottes für Frevler – gemeint ist die Fronarbeit – als auch Lohn für die Gerechten sein kann[40]. Auch der schaffende Gott wurde als Vorbild für den arbeitenden Menschen gesehen; Adams erstes Werk war die Erfindung des Feuers. Im Talmud steht: »Am Ausgang des Schabbat* gab der Heilige dem Urmenschen Adam Verstand ein, etwas von dem himmlischen, er holte zwei Steine, rieb sie aneinander, wodurch das Feuer hervorkam.«[41] Im Talmud ist auch eine andere Meinung vermerkt: Gott selber hat das Feuer erschaffen[42]. Zu beachten ist, daß diese Auffassung zur griechi-

* Gemeint ist der erste Schabbat nach der Schöpfung.

schen Mythologie in diametralem Widerspruch steht, wo Prometheus *gegen* den Willen Zeus das Feuer aus dem Olymp stahl und es den Menschen gab. Dieser Gegensatz findet dann in der Auseinandersetzung zwischen der wissenschaftlichen Forschung und der christlichen Religion in der späteren europäischen Geschichte seine Fortsetzung. Noch in den zwanziger Jahren dieses Jahrhunderts wurde in den USA einem Lehrer der Prozeß gemacht, weil er im Unterricht die Darwinsche Lehre vorgetragen hatte. Adams Einvernehmen mit Gott bei der Erfindung des Feuers wurde von den jüdischen Weisen im Einklang mit dem Auftrag Gottes, die Erde zu unterwerfen[43], gesehen.

In Erinnerung an die mittelbare Erschaffung des Feuers durch Gott wird in jedem orthodoxen Haus bei Schabbatausgang eine aus drei Strängen bestehende geflochtene Kerze angezündet – die »Feuer«, im Gegensatz zum »Licht« einer einfachen Kerze, anzudeuten hat – und ein entsprechender Segensspruch aufgesagt. (sh. Abb. 5)

Ebenso wie die Arbeit hat das Judentum auch den Arbeiter in hohem Ansehen gehalten. Seinem Schutz dienen eine Reihe von Gesetzen der Bibel. Unter anderem war die Zahlung einer Abfindung bei Beendigung eines Dienstverhältnisses vorgeschrieben[44]. Die soziale Bedeutung des Schabbats als eines arbeitsfreien Tages für alle Schichten der Bevölkerung wird in der Tora besonders betont: »Dein Sklave und deine Sklavin sollen sich ausruhen wie du.«[45] Auf weitere arbeitsrechtliche Bestimmungen wird später noch eingegangen werden.

Setzen wir die biblische Erzählung fort. Der nächste Vers lautet:

»Dann gebot Gott, der Herr, dem Menschen: Von allen Bäumen des Gartens darfst du essen, doch vom Baum der Erkenntnis von Gut und Böse darfst du nicht essen.«[46]

Das Wort »gebot« in diesem Vers deutet darauf hin, daß dem Menschen schon bei seiner Erschaffung die Vernunft gegeben war, da – wie die Gelehrten ausführen – nur einem vernunftbegabten Wesen Anordnungen erteilt werden können. Aus dem Gebot Gottes wird die Weisung abgeleitet, in einem Land zu leben, das Gebot und Verbote kennt, mit anderen Worten ein Rechtssystem besitzt[47].
Dieses und sechs weitere Gebote bilden die sogenannten noachitischen Gesetze. Die sechs anderen betreffen: Das Verbot der Gotteslästerung, der Vielgötterei, des Mordes, des Raubes, des Inzests und des Essens eines Teiles eines lebenden Tieres*. Im Talmud[49] wird die Ansicht vertreten, daß sie Noah und seinen Vorfahren erteilt wurden und daher für alle Menschen gültig sind, da Noach der gemeinsame Urvater der Menschheit ist. Diese Gesetze sind den Naturgesetzen gleichzustellen, da auch dann, wenn sie von Gott nicht verkündet worden wären, der Mensch sie kraft seiner Vernunft als Gesetze erkennen würde[50].
Diese Gesetze sind für das Verständnis der Einstellung des Judentums zu anderen Religionen von ausschlaggebender Bedeutung. Das Judentum und in gewisser Hinsicht der Buddhismus sind die einzigen Religionen, die ihren Glaubensbrüdern keine Vorzugsstellung im Jenseits einräumen. Das Auserwähltheitsverständnis der orthodoxen Juden bezieht sich nämlich nur auf die grö-

---

* Dies wurde als ein Gesetz zum Schutz der Tiere aufgefaßt: »Das Leiden eines Tieres zu vermeiden ist biblisches Gesetz«, steht im Talmud[48].

ßeren Pflichten, 613 Gebote und Verbote, denen der Jude nachzukommen hat, um genauso gerechtfertigt zu sein wie ein Nichtjude, der die oben geschilderten sieben Gebote hält. So steht im Talmud, daß ein Nichtjude, der sich an die sieben noachitischen Gebote hält, dem »Hohen Priester« an Würde gleichkomme[51]. Das wird aus dem folgenden Toravers abgeleitet: »Der Mensch, der nach ihnen handelt, wird durch sie leben.«[52]* Es heißt hier »Mensch«, und deshalb bezieht sich diese Stelle der Tora auf alle Menschen. Nur die »gottvergessenen Heiden« haben keinen Anteil an der »Kommenden Welt«, alle anderen Heiden aber schon[53]. Diese Auffassung wird auch von Moses Maimonides vertreten: »Die Frommen aller Völker haben Anteil an der ›Kommenden Welt‹.«[54]

Die christliche Religion sieht nur einen Heilsweg: »Das Christentum mit Christus als Gottes Sohn ist der Weg zum Heil.« Obwohl vor allem reformierte Theologen nach einem Weg suchen, der auch den Juden einen eigenen Heilsweg ermöglicht, hat nun auch die katholische Kirche im 2. Vatikanum eine Öffnung zu den nichtchristlichen Religionen vollzogen. In der Abschlußerklärung (2. Artikel) heißt es über diese Religionen: »Die katholische Kirche lehnt nichts von alledem ab, was in diesen Religionen wahr und heilig ist. Mit aufrichtigem Ernst betrachtet sie jene Handlungen und Lebensweisen, jene Vorschriften und Lehren, die wohl einen Strahl jener Wahrheit erkennen lassen, die alle Menschen erleuchtet.«

Um die Wende der Zeitrechnung entnahmen die Weisen der Bibel die oben erwähnten 613 Gebote und Ver-

* In der Einheitsübersetzung: »Wer sie einhält, wird durch sie leben.«

bote. Eine zentrale Position hatten stets die Zehn Gebote eingenommen[55]. Sie wurden als das Fundament der jüdischen Ethik angesehen. Es wurden sogar die 613 Gesetze jeweils einem der Zehn Gebote zugeordnet, wodurch sie zu »Ausführungsverordnungen« der zehn Grundgesetze wurden. Den Rabbinen ging das zu weit, weshalb man die Vorherrschaft der Zehn Gebote zurückdrängte. Sie wurden daher aus der Liturgie entfernt.

Ein Midrasch verweist auf den Unterschied zwischen den ersten Tafeln, die Mose zerschlug, als er sah, daß das Volk in seiner Abwesenheit sich das Goldene Kalb als Götzen gegossen hatte, und den zweiten Tafeln, die er später dem Volk übergab. Auf den ersten Tafeln standen nur die Zehn Gebote, auf den zweiten war zusätzlich die gesamte Bibel aufgeschrieben. Alle den Bibeltext ergänzenden Gesetzesauslegungen, Legenden und Verserklärungen wurden Mose mündlich mitgeteilt und erst nach einer langen Zeit mündlicher Überlieferung in den Midraschbüchern und im Talmud schriftlich festgehalten[56].

Das anfangs geschilderte Bestreben, die Einheit in der Vielfalt zu sehen, kommt in einer Talmudstelle zum Ausdruck: »613 Vorschriften sind Moses überliefert worden ... Hierauf kam David* und brachte sie auf elf, denn es heißt: ›... Wer darf in deinen Zelten wohnen, wer darf auf deinem heiligen Berge ruhen? (1) Wer makellos wandelt und (2) recht tut und (3) von Herzen die Wahrheit redet, (4) auf seiner Zunge nicht Verleumdung hegt, (5) seinen Nächsten nichts Böses zufügt und (6) nicht Schmach auf seinen Freund lädt, (7) dem der

* Das strenggläubige Judentum sieht in König David den Verfasser der Psalmen.

Verworfene als verächtlich gilt, während er (8) die, die den Herrn fürchten, in Ehre hält, der, (9) wenn er zu seinem Schaden geschworen hat, es doch nicht abändert, der (10) sein Geld nicht um Zins gibt und (11) nicht Bestechung gegen den Unschuldigen annimmt. Der solches tut, wird nimmermehr wanken.‹[57] ... Hierauf kam Jesaja und brachte sie auf sechs, denn es heißt: (1) ›Wer in Rechtschaffenheit wandelt und (2) Redlichkeit redet, (3) wer Gewinn durch Erpressung verschmäht, (4) wer Bestechung mit den Händen abwehrt, (5) wer sein Ohr verstopft, um nicht Mordpläne zu hören, und (6) seine Augen verschließt, um nicht das Böse zu schauen, der wird auf Höhen wohnen.‹[58] Hierauf kam Micha und brachte sie auf drei, denn es heißt: ›Und was fordert der Herr von dir, außer Gerechtigkeit zu tun, sich der Liebe zu befleißigen und demütig zu wandeln vor deinem Gott.‹[59] ... Hierauf kam Jesaja abermals und brachte sie auf zwei, denn es heißt: ›So spricht der Herr, wahret das Recht und übt Gerechtigkeit.‹[60] Alsdann kam Amos und brachte sie auf eines, denn es heißt: ›So spricht der Herr zum Hause Israel: Forscht nach mir, damit ihr am Leben bleibt.‹«[61] Nach einer anderen Ansicht: »Hierauf kam Habakuk und brachte sie auf eines, denn es heißt: Der Fromme wird durch seinen Glauben leben.«[62]
Zu beachten ist, daß die biblischen Gesetze mit ihren Auslegungen die einzigen Gesetze des Judentums waren. Es gab kein gesondertes Zivilgesetz.
Weiter im Schöpfungsbericht:

»Dann sprach Gott, der Herr: Es ist nicht gut, daß der Mensch allein bleibt.«[62]

Der Midrasch meint: Wer ohne Weib ist, ist ohne Glück (Gut), ohne Hilfe, ohne Freude*, ohne Segen*, ohne

Sühne*, ohne Frieden* und ohne Leben.[63] Ohne Weib ist er auch kein vollkommener Mensch, da es heißt: »Als Mann *und* Frau schuf er ihn«; und es vermindert auch seine Gottähnlichkeit, da es heißt: »Als Abbild Gottes hat er den Menschen gemacht. Seid fruchtbar und vermehret euch.«[64]**

Der Erschaffung der Frau ging aber noch die Namensgebung der Tiere voraus:

»Gott, der Herr, formte aus dem Ackerboden alle Tiere des Feldes und alle Vögel des Himmels und führte sie dem Menschen zu, um zu sehen, wie er sie benennen würde. Und wie der Mensch jedes lebendige Wesen benannte, so sollte es heißen.[65]

Dieser Vers zeigt, daß die Tora das Ergebnis einer redaktionellen Bearbeitung mehrerer früherer Schriften ist. Bereits im 1. Kapitel, Vers 20–24, wird die Schöpfung der Tiere beschrieben. Die Bibelkritik sieht hier tatsächlich zwei parallel laufende Schöpfungserzählungen. Danach habe die erste in der vom Anfang bis zum 2. Kapitel, Vers 4a, reichenden Passage ihren Niederschlag gefunden, die zweite, ältere, im 2. Kapitel, vom Vers 4b bis zum Vers 24 reichenden Text. Die jüdische Orthodoxie lehnt diese Auffassung ab; sie schreibt die Tora allein Mose zu, der sie auf Gottes Geheiß verfaßt habe. Widersprüche, die sich aus Parallelberichten ergeben, werden entweder mit dem Hinweis, daß es in der Tora kein »früher« und kein »später« gebe, entkräftet, oder es wird der zweiten Erzählung mit Hilfe der Wortinterpretation ein zusätzlicher Sinn gegeben. Der oben

* Unter der Bezeichnung Familie und Haus ist auch die Frau zu verstehen.

** Die Gottähnlichkeit wird aus dem Befehl Gottes, Kinder zu zeugen, abgeleitet.

zitierte Vers wird dann als Unterwerfung der Tierwelt unter die Herrschaft des Menschen interpretiert, der ähnlich lautende Vers im ersten Kapitel als Bericht von der Erschaffung der Tierwelt[66].

Im Talmud wird Adam als Schöpfer der Sprache angesehen; er gab den Tieren Namen, die ihrem Naturell entsprachen. Andere Weisen und rabbinische Gelehrte, wie Jehuda Halevi[67], führen die Schöpfung der hebräi-

Evas Erschaffung. Schedelsche Weltchronik. Holzschnitt nach den Entwürfen von M. Wolgemut und W. Pleydenwurff. Nürnberg 1492 (Österreichische Nationalbibliothek, Wien).

schen Sprache auf Gott zurück. In diesem Zusammenhang sei auf die vor allem im 17. und 18. Jahrhundert ausgefochtenen Kontroversen über die Entstehung der Sprachen hingewiesen.
Die Erzählung der Tora setzt fort:

»Gott der Herr baute aus der Rippe, die er vom Menschen genommen hatte, eine Frau und führte sie dem Menschen zu.«[68]

Der Midrasch stellt die Frage: Warum erschuf Gott die Eva nicht gleich, als er die Worte aussprach: »Es ist nicht gut, daß der Mensch allein bleibt.«? Warum hat er dem Mann noch vor der Erschaffung der Frau die Tiere zugeführt? Die Antwort lautet: Weil er voraussah, daß dereinst Adam nach dem Sündenfall Klage über seine Frau führen werde. (»Die Frau, die du mir beigesellt hast, sie hat mir von dem Baum gegeben.«[69]) Er erschuf sie daher nicht eher, als bis Adam sein Verlangen nach ihr kundgab[70]. Dies ergibt sich aus dem Vers:

»Aber eine Hilfe, die dem Menschen entsprach, fand er nicht.«[71]

Wenn Adam sich nach dem Sündenfall nicht an die lange Zeit erinnert hätte, in der er nach einem entsprechenden Lebenspartner gesucht hatte, würde er sich vielleicht von Eva getrennt haben.
Der Midrasch und der Talmud führen oft die Unterschiedlichkeit von Frau und Mann auf die Stoffe zurück (Erde und Knochen), denen sie entstammen. Warum ist der Mann leicht zu besänftigen und nicht auch das Weib? fragt der Midrasch und antwortet: »Der Mann wurde von Erde geschaffen, und wenn du auf dieselbe nur einen Tropfen Wasser vergießt, wird sie sofort weich, allein Eva wurde aus einem Knochen erschaffen,

und wenn du denselben noch so viele Tage im Wasser liegen lässest, wird er doch nicht weich.«[72]
Der Talmud führt an dieser Stelle die Widerstandsfähigkeit der Frau gegen Schmerzen auf ihre Abstammung von einem Knochen zurück.
Der Midrasch berichtet, Gott habe nachgedacht, woraus er das Weib erschaffen solle. Gott sprach: »Ich will sie nicht aus dem Kopf schaffen, sie würde sonst den Kopf zu stolz erheben, nicht aus dem Auge, damit sie nicht neugierig sei, nicht aus dem Ohr, damit sie nicht horche, nicht aus dem Munde, damit sie nicht geschwätzig sei, nicht aus dem Herzen, damit sie nicht eifersüchtig werde, nicht aus der Hand, damit sie nicht zu besitzgierig sei, nicht aus dem Fuße, damit sie nicht viel herumgehe, ich will sie aus einer verborgenen Stelle Adams schaffen, damit sie bescheiden werde. Aber ›jeden Rat, den ich gab, habt ihr (Frauen) ausgeschlagen. Meine Mahnung gefiel euch nicht‹[73]. Ich schuf sie nicht aus dem Kopfe, aber sie recken ihre Hälse[74], nicht aus den Augen, und sie ist doch neugierig, nicht aus den Ohren, und doch horchte Sara am Zelteingang[75], nicht aus dem Herzen, und doch wurde Rahel eifersüchtig auf ihre Schwester[76], nicht aus der Hand, und doch stahl Rahel die Götterbilder ihres Vaters[77], nicht aus dem Fuß, und doch ging Dina aus, um sich die Töchter des Landes anzusehen.«[78,79]
Das der Erschaffung Adams und Evas folgende Kapitel beschreibt, wie die Schlange die erste Frau verführt, vom Baum der Erkenntnis von Gut und Böse zu essen. Diese wenigen Zeilen werfen eine Fülle von Fragen auf:
Die Schlange stellt die Verkörperung des Bösen dar. Woher kommt eigentlich das Böse in die Welt? Ist es eine von Gott unabhängige Kraft oder geht es auf Gott zurück? Eine weitere Frage betrifft die göttliche Vorse-

hung: Wieso hat der allwissende Gott nicht die Verführung des Menschen durch das Böse vorausgesehen? Und wieso hat Gott, wenn er den Sündenfall voraussah, in seiner Allmacht diesen nicht zu verhindern gewußt?

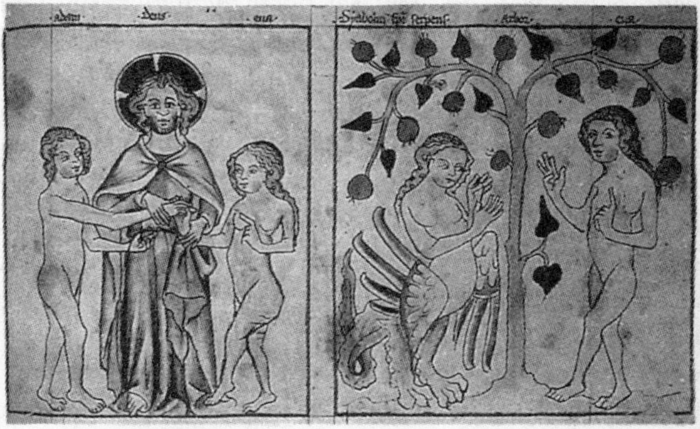

Gott vermählt Adam und Eva. Die Schlange verführt Eva. Aus einem Kodex. Oberösterreichisch, 2. Hälfte 14. Jhdt. (Bildarchiv aus der Österreichischen Nationalbibliothek, Wien) Eine jüdische Legende beschreibt gleichfalls die Mitwirkung Gottes bei der Hochzeit von Adam und Eva (Ber 61 a).

Wenn aber Gott trotz seines Wissens und seiner Macht den Sündenfall zugelassen hat, warum hat dann das erste Menschenpaar die Verantwortung für die begangene Sünde zu tragen?
Derartige Fragen gehen an den Lebensnerv jeder Religion. Welche Antworten hat das Judentum anzubieten?
Zuerst sei auf einen grundlegenden Unterschied zwischen der jüdischen und der christlichen Religion hingewiesen. Die jüdische Religion hat sich erst im Mittelalter, wahrscheinlich unter dem Einfluß der griechi-

schen Philosophie und der Theologie des Christentums, eingehender mit diesen Problemen beschäftigt. Vor dieser Zeit standen weit mehr Fragen einer gottgewollten Lebensführung im Mittelpunkt des Interesses. Theologische Fragen wurden kaum behandelt, da man der Auffassung war, die Zeit sei noch nicht reif, sie dem Menschen begreiflich zu machen, da Gott die Antworten darauf noch verborgen halte. Man berief sich dabei u. a. auf die Tora: »Was noch verborgen ist, steht bei dem Herrn, unserem Gott. Was schon offenbar ist, gilt für uns und unsere Kinder auf ewig.«[80]

Die Frage nach dem Ursprung des Bösen war allerdings schon durch den Einfluß der Religion des Zarathustra aktuell geworden. Das Judentum sah sich zur Zeit der babylonischen Gefangenschaft im 6. Jahrhundert vor der Zeitwende mit dieser dualistischen Lehre konfrontiert. Wenn das Böse außerhalb Gottes eine eigene Kraft darstellte, dann konnte der strenge Monotheismus nicht länger aufrechterhalten werden. Wahrscheinlich um Klarheit in dieser Frage zu schaffen, verkündet der Prophet Deuterojesaja: »Ich bin der Herr und sonst niemand; außer mir gibt es keinen Gott . . . Ich erschaffe das Licht und mache das Dunkel, ich bewirke das Heil und erschaffe das Unheil.«[81] Die vermutlich fast zur selben Zeit verfaßten Klagelieder drücken denselben Gedanken aus: »Geht nicht hervor aus des Höchsten Mund das Gute wie auch das Böse?«[82] Die Weisen bemerken hierzu: »Das Böse kommt über den Übeltäter, das Gute über den Wohltäter.«[83] Für die Weisen des Talmud galt, daß das Böse die Strafe Gottes für die Sünde sei. In jüngster Zeit ist diese Auffassung von einigen jüdischen Philosophen in Frage gestellt worden, da sie die Schrecken der Schoa (des Holocaust) unmöglich als Strafe Gottes auffassen können. Dennoch hat keine der bis heute vor-

gebrachten Erklärungsversuche des Bösen im Zusammenhang mit der Schoa breitere Zustimmung finden können.
Eine Legende über die Entstehung der Feindschaft des Satans gegenüber Adam ist in der lateinisch erhaltenen christlichen Bearbeitung der apokalyptischen, ursprünglich hebräischen Schrift »Das Leben Adam's und Eva's« verzeichnet[84]: Als Adam nach Gottes Bild erschaffen wurde, verlangte Michael von den Engeln, daß sie ihn anbeteten. Nur der Satan weigerte sich, dies zu tun, indem er sich darauf berief, daß er vor diesem erschaffen worden sei. In der Auseinandersetzung forderte Satan sogar Gott heraus, der ihn gemeinsam mit seinen Engeln auf die Erde hinabstürzte. Der Satan gab dafür Adam die Schuld.
Diese Erzählung, vermutlich aus dem 1. nachchristlichen Jahrhundert aus jüdischen Kreisen in Palästina stammend, ist der erste Hinweis auf den später auch ikonografisch Bedeutsamkeit erlangenden Sturz der Engel (sh. Abb. 7). Sie variiert eine wahrscheinlich ältere Erzählung des Midrasch, die der streng monotheistischen Auffassung des Judentums eher entspricht: »In der Stunde, wo Gott den ersten Menschen erschaffen hatte, wurden die Dienstengel an ihm irre und wollten vor ihm sprechen: Heiliger... was tat Gott? Er ließ einen tiefen Schlaf über die Menschen fallen, nun wußten sie, daß es der Mensch war.« Die Worte aus dem Prophetenbuch Jesajas sollen damals erklungen sein: »Laßt doch ab vom Menschen, in seiner Nase ist nur ein Lufthauch. Was bedeutet er schon?«[85]
Mit einer ansonsten in religiösen Fragen seltenen Einmütigkeit gesteht die jüdische Lehre dem Menschen volle Verantwortlichkeit für seine Handlungen zu. Dies bedeutet, daß der Mensch frei ist, das Gute oder das

Böse zu wählen. Dieser **freie Wille** des Menschen steht eigentlich im Gegensatz zu Gottes Allmacht und Vorsehung, denn wenn der Mensch die alleinige Macht über seine Handlungen hat, dann schränkt dies zumindest theoretisch die göttliche Allmacht ein. Kennt aber Gott die Zukunft, dann bedeutet dies, daß schon jetzt festgelegt ist, welche Entscheidungen der Mensch in der Zukunft treffen wird. Nur dann kann aber der Mensch für seine Handlungen die uneingeschränkte Verantwortung tragen, wenn er uneingeschränkt frei in seinen Entscheidungen ist. Welche Antworten finden wir hierzu in den Schriften?
Die Freiheit der Wahl zwischen Gut und Böse sowie die Folgen, die diese Entscheidung für das Leben jedes einzelnen Menschen mit sich bringt, sind wiederholt Thema der Bibel. So zum Beispiel: »Hiermit lege ich dir heute das Leben und das Glück, den Tod und das Unglück vor.«[86] Oder: »Wie diese Menschen ihre eigenen Wege wählen.«[87] Und Rabbi Aqiba (ca. 50–135 nach Chr. Geburt) sagt: »Alles ist vorbestimmt, und die freie Wahl ist gegeben.«[88] Im Talmud steht des weiteren: »Alles ist in Gottes Hand mit Ausnahme der Gottesfurcht (die die freie Wahl von Gut und Böse bestimmt).«[89] Dieser Ausspruch spielt später bei der Frage, wie weit die Auffassung der Rabbinen deterministisch war, eine Rolle. Es ist für das jüdische religiöse Denken bezeichnend, daß bis ins Mittelalter der Widerspruch zwischen der Willensfreiheit und der Allmacht Gottes nicht als ein solcher empfunden wurde. Beide wurden unabhängig voneinander, im Vertrauen auf die Unfehlbarkeit der göttlichen Offenbarung, als Wahrheiten anerkannt.
Es entspricht ganz dem antithetischen jüdischen Denken, daß bezüglich der Frage, ob der Mensch für seine

Sünden verantwortlich ist, jedoch auch eine gegensätzliche Meinung überliefert worden ist. Unter anderem berichtet ein Midrasch, daß die Juden, eingedenk des Prophetenverses: »Und doch bist du, Herr, unser Vater«[90], zu Gott folgendes sagten: »Herr der Welt, du hast den bösen Trieb in uns schon von der Jugend her erschaffen, wie es heißt: ›denn das Trachten des Menschen ist böse von Jugend an‹[91], und dieser ist schuld, daß wir vor dir sündigen. So bitten wir dich, entferne die Sünde von uns, damit wir deinen Willen tun ...« »Das werde ich einst tun, antwortet Gott, wie es heißt: ›An jenem Tag ... will ich versammeln, was hinkt, und zusammenführen, was versprengt ist, und alle, denen ich Böses zugefügt habe.‹ «[92]

Moses Maimonides (1135–1204) versucht den Widerspruch zwischen menschlicher Willensfreiheit und der Allmacht Gottes (»Alles, was dem Herrn gefällt, vollbringt er.«[93]) und dem uneingeschränkten Vorwissen Gottes damit zu erklären, daß der Mensch unfähig ist, Gott zu begreifen und zu erfassen. Er beruft sich dabei auf den Toravers: »... denn kein Mensch kann mich sehen und am Leben bleiben«[94], und auf den Prophetenspruch: »Meine Gedanken sind nicht eure Gedanken, und eure Wege sind nicht meine Wege.«[95]

Die Weisen betonen stets, daß nur ein freier Mensch einen freien Willen haben kann. Deshalb hat der Ewige sich erst dann Israel offenbart und den Bund angeboten, als das Volk, frei von der ägyptischen Unterdrückung, sich in Freiheit entscheiden konnte. Diesen Bund hat Gott – nach einer alten Überlieferung – allen anderen Völkern zuerst angeboten. Er wurde jedoch wegen der damit verbundenen Bedingung, 613 Gesetzen nachkommen zu müssen, von keinem Volk angenommen. Erst das Volk Israel, im vollen Vertrauen auf Gott, nahm diese Verpflichtung ohne vorherige Prüfung und Überlegung auf sich[96].

Im Talmud ist hierzu auch eine andere Meinung zu finden, wonach der Heilige zu den Israeliten sprach: »Wollt ihr die Tora empfangen, so ist es gut, wenn aber nicht, so ist hier euer Grab.« Jedoch nahmen sie sie später, in den Tagen des Ahaschverosch, [freiwillig] an, da es heißt: »Die Judäer bestätigten es und nahmen es auf sich.«[97]*

In keiner anderen Urreligion gibt es eine Parallele zu diesem Bund zwischen Gott und Mensch, der auf der Basis des freien Willens beider Partner geschlossen worden ist. Er wird durch die Pflicht eines jeden Juden, die Gesetze, die diesen Bund regeln, an die nächste Generation weiterzugeben, lebendig erhalten. Jeder Vater soll seinem Sohn beim Begehen des Pessachfestes sagen: »Das geschieht für das, was der Herr an *mir* getan hat, als *ich* aus Ägypten auszog.«[98] In der Mischna – zu Beginn des dritten Jahrhunderts redaktionell abgeschlossen – wird hierzu bemerkt: »In jedem Zeitalter ist jeder verpflichtet sich vorzustellen, als sei er selbst von Ägypten gezogen.«[99]

Der Bund hat deshalb eine gültige, aktuelle Bedeutung für jede kommende Generation. Das bringt die Tora mit dem folgenden Vers zum Ausdruck: »Nicht mit euch allein schließe ich diesen Bund ... sondern ich schließe ihn mit denen, die heute hier mit uns vor dem Herrn, unserem Gott, stehen, und mit denen, die heute nicht bei uns sind.«[100]

Der freie Wille des Menschen kann sich aber erst dann wirklich frei entfalten, wenn der Mensch keinem äuße-

---

* Der Einheitsübersetzung liegt bei dem ›Buch Ester‹ der griechische Bibeltext zugrunde. In dieser heißt der König Artaxerxes.

ren Zwang ausgesetzt ist. Es ist daher angesichts der im Geschichtsverlauf immer wiederkehrenden Fremdherrschaft über Palästina nicht verwunderlich, daß politische Freiheit zu einem der höchsten Güter wurde und man im Messias in erster Linie den Befreier Israels vor Unterdrückung durch fremde Mächte sah. Zugleich war die Freiheit des einzelnen innerhalb der Gemeinschaft eine ethische Forderung des Judentums. Immer wieder wird von den Weisen die Gleichheit aller Menschen betont: kein Mensch dürfe sich über einen anderen erheben, um diesem seine Freiheit zu nehmen.

Die Mischna argumentiert so: »Deshalb wurde von Gott ein einziger Mensch erschaffen, damit niemand zum anderen sage: ›mein Ahn wäre größer als deiner.‹ «[101] Diese hier angedeutete Gleichheit aller Einwohner, ob Einheimische oder Fremde, vor dem Gesetz ist schon in den älteren Schichten der Tora festgehalten[102]. Und die Beeinträchtigung der persönlichen Freiheit des einen durch einen anderen ist dem Menschen schon durch das Liebesgebot »Du sollst deinen Nächsten lieben wie dich selbst«[103] verwehrt. Jemandem Liebe entgegenzubringen bedeutet dann auch nicht, diesen, wenn er sich im Unrecht befindet oder eine »falsche« Ansicht vertritt, durch Zwang zur »richtigen« Ansicht bekehren zu wollen. Nur so ist zwischen den unterschiedlichen Glaubensgemeinschaften und politischen Parteien gegenseitige Toleranz und Achtung möglich.

Es ist die Lehre – die Tora – selbst, die die Freiheit bringt, verkündet die Mischna[104]. Folgender Toravers wird dort angeführt: »Die Tafeln (der Zehn Gebote) hatte Gott selbst gemacht, und die Schrift, die auf den Tafeln eingegraben war, war Gottes Schrift.«[105] Aus der Ähnlichkeit zwischen den hebräischen Wörtern für »eingegraben«, *charut*, und für »Freiheit«, *cherut*, wird gefolgert, daß die Beschäftigung mit der Lehre Freiheit bewirke. Die Tora wird im Talmud auch als Gegenmittel zum »bösen Trieb«, als »Befreiung von der Sünde« gesehen[106].

Interessant ist, daß es über die Frage, ob das Volk Israel sich einem König »von Fleisch und Blut« unterordnen soll, zu völlig konträren Ansichten kam. Beide Richtungen kommen in der Bibel zu Wort[107]. Obwohl der König ein Alleinherrscher war, gab es sehr oft unabhängige spirituelle Autoritäten – in der Person von Propheten –, die in wiederholten Auseinandersetzungen mit dem König als Korrektiv einer uneingeschränkten Machtausübung fungierten.

Der Mensch sollte aber auch – soweit dies im Wirtschaftsleben möglich ist – frei von ökonomischer Unterdrückung sein. Die Pflicht zur Freilassung hebräischer Sklaven, der siebenjährige Schulderlaß, die periodische Restitution des Grundbesitzes einer Familie nach jeweils fünfzig Jahren waren Gesetze[108], die zwar nicht immer befolgt, aber zumindest als ethische Forderungen verstanden wurden. Für den Schuldner und den Armen gab es gleichfalls weitreichende Schutzbestimmungen[109]. Das Gesetz sah vor: »Wenn dein Bruder verarmt und sich neben dir nicht halten kann, sollst du ihn, auch einen Fremden oder Halbbürger*, unterstützen, damit er neben dir leben kann. Nimm von ihm keinen Zins und Wucher! Fürchte deinen Gott, und dein Bruder soll neben dir leben können.«[110] Raschi (1040–1105) meint in seinem Kommentar: »Laß es nicht zu, daß er gänzlich herabkommt und sinke, bis kein Emporkommen mehr möglich ist, sondern gib ihm eine kräftige (hinreichende) Unterstützung, sobald er nur zu wanken beginnt. Womit ist dies zu vergleichen? Mit einem Last tragenden Esel; solange er die Last auf sich hat, kann auch ein einzelner ihm damit forthelfen, liegt er aber zu Boden, dann können ihn auch fünf Personen kaum aufrichten.« Da nur eine intakte Familie jedem ihrer Mitglieder die minimalsten Lebenserfordernisse einigermaßen absichern konnte, waren Menschen, die in einer Familie lebten, deren Familienerhalter gestorben war oder die durch andere Umstände benachteiligt waren – Witwen und Waisen[111] und Fremde[112] –, durch gesonderte Bestimmungen gegen den Verlust ihrer Existenz abgesichert.

Auch die Abhängigkeit des Arbeiters von seinem Arbeitgeber wurde als eine Einschränkung der persönlichen Freiheit des Arbeitnehmers angesehen. Entsprechende Gesetze, die dieser Abhängigkeit entgegenwirken sollten, gab es ebenfalls. »Du sollst deinen Nächsten nicht ausbeuten und ihn nicht um das Seine bringen. Der Lohn des Taglöhners soll nicht über Nacht... bei dir bleiben.«[113] Und: »Am Tag, wo er arbeitet, sollst du ihm auch seinen Lohn geben. Die Sonne soll darüber nicht untergehen, denn er ist in Not und lechtzt danach.«[114] Der Talmud[115] räumt dem Arbeiter auch die Möglichkeit ein, jederzeit das Dienstverhältnis aufzulösen. Diese Bestimmung, heißt es, sei deshalb ergangen, um die persönliche Freiheit zu wahren, da im Sinne des Toraverses: »Denn mir gehören die Israeliten als Knechte«[116] die Arbeiter ausschließlich Knechte Gottes seien und nicht »Knechte von Knechten«[117]. In diesem Lichte ist das Schabbatgebot, an diesem Tag keine Arbeit zu verrichten, als ein Zeichen der Freiheit des Menschen von ökonomischen Zwängen zu sehen. Die Einführung eines Ruhetages nach sechs Arbeitstagen für

* Mit diesem Ausdruck werden Personen bezeichnet, die dauernd im Land leben, ohne sich zum Judentum zu bekennen.

alle Menschen und sogar für die Arbeitstiere war ja eine soziale Großtat. Daß dieser Feiertag als Fest der Freiheit zu verstehen ist, kann aus dem folgenden Toravers abgeleitet werden: »Denk daran: Als du in Ägypten Sklave warst, hat dich der Herr, dein Gott, mit starker Hand und hocherhobenem Arm dort herausgeführt. Darum hat es dir der Herr, dein Gott, zur Pflicht gemacht, den Schabbat zu halten.«[118]

Nicht nur die Schabbatruhe, sondern auch die Nachtruhe wurde geregelt. Die Weisen des Talmud beziehen sich dabei auf die Psalmverse: »Strahlt die Sonne dann auf..., geht der Mensch hinaus an sein Tagwerk, an seine Arbeit bis zum Abend.«[119] Deshalb hat der Arbeiter erst bei Sonnenaufgang von zu Hause aufzubrechen und zur Arbeit zu gehen. Am Abend, wenn es dunkel wird, beendet er seine Tätigkeit und geht von der Arbeit wieder zurück nach Hause[120].

Wie steht es aber mit folgendem Einwand: Wenn das Judentum der gottgegebenen Freiheit einen so hohen Stellenwert im menschlichen Leben einräumt, wie konnten die Juden dies mit den vielen Einschränkungen vereinbaren, die ihnen die 613 Gesetze auferlegen? Der Apostel Paulus hat diese Gebundenheit an das Gesetz besonders stark empfunden und darunter gelitten. Er schreibt im Brief an die Römer: »Jetzt aber sind wir frei geworden von dem Gesetz, an das wir gebunden waren.«[121] Mit dieser Feststellung wurde ein entscheidender Schritt zum Bruch zwischen dem Judentum und der Urkirche getan.

Absolute Freiheit kann es für den Menschen nicht geben. Nicht nur die natürlichen Gegebenheiten, die »Sachzwänge«, sprechen dagegen, auch im ethischen Sinne würde die grenzenlose Freiheit des einen zur völligen Unfreiheit des anderen führen. Es gibt aber ein subjektives Gefühl der Freiheit. Und es findet in der Freude seinen Ausdruck. Wenn wir über etwas froh sind, wenn wir Freude empfinden, dann schließt dies das Gefühl des Zwanges oder der Unfreiheit aus. Zahlreich sind deshalb die Hinweise der Heiligen Schrift und des Talmud, daß die Erfüllung der Gesetze eine Quelle der Freude sei. So heißt es in den Psalmen: »Die Befehle des Herrn sind richtig, sie erfreuen das Herz; das Gebot des Herrn ist lauter, es erleuchtet die Augen.« An anderer Stelle: »... doch deine Gebote machen mich froh.« Und: »Vor deinem Angesicht herrscht Freude in Fülle, zu deiner Rechten Wonne für alle Zeit.«[122] Der Talmud bezieht den Bibelvers »Da pries ich die Freude ... Das soll ihn begleiten bei seiner Arbeit während der Lebenstage, die Gott ihm unter der Sonne geschenkt hat« auf die Freude, die die Erfüllung aller Gebote mit sich bringt[123].

Ein anderer Weg, die Gebote nicht als Last zu empfinden, ist, sie aus Liebe zu erfüllen. Der Talmud beruft sich bei dieser Feststellung auf die Heilige Schrift: »... die ihn lieben, sind wie die Sonne, wenn sie aufgeht in ihrer Pracht.«[124]

Der Sündenfall nimmt nun seinen Lauf:

»Darauf sagte die Schlange zur Frau: Nein, ihr werdet nicht sterben. Gott weiß vielmehr: Sobald ihr davon eßt, gehen euch die Augen auf; ihr werdet wie Gott und erkennt Gut und Böse.«[125]

Der Midrasch[126] beschreibt die Schlange als ein menschenähnliches Wesen, das aufrecht geht, Hände und Füße hat und sich so wie der Mensch ernährt. Diese Legende hat in der europäischen Kunst in vielen Darstellungen des Sündenfalles ihren Niederschlag gefunden. Um Eva zu verleiten, hat die Schlange ihr erklärt,

daß Gott nur aus Konkurrenzneid nicht wolle, daß sie von dieser Frucht esse, da Gott selbst von diesem Baum gegessen und so die Welt erschaffen habe. Sollte auch das Menschenpaar von dieser Frucht essen, werde es gleichfalls Welten schaffen. Eva glaubte der Schlange, denn, wie die Legende es ausführt, »ein jeder haßt den Sohn seines Gewerbes« (seinen Konkurrenten).
Interessante Denkanstöße bietet der folgende Satz der Erzählung:

»Da sah die Frau, daß es köstlich wäre, von dem Baum zu essen, daß der Baum eine Augenweide war... Sie nahm von seinen Früchten und aß.«[127]

Es ist daher der Sünde die Begierde vorangegangen und hat zu einem ästhetischen Erlebnis geführt. Es sei nur am Rande vermerkt, daß die hier vor mehr als 2000 Jahren beschriebene Beziehung zwischen dem »Begehren« und der »Schönheit« viel eher in die ästhetischen Theorien der Gegenwart paßt als die Definition, die Kant über das »Schöne« gegeben hat: Schön ist, was »ohne alles Interesse« Wohlgefallen erzeugt.
Wurde der Mensch etwa durch den Sündenfall mit neuen Erkenntnismöglichkeiten bereichert?
Moses Maimonides meint hierzu, daß der Mensch zugleich mit dem Wissen von Gut und Böse auch die Fähigkeit erhalten habe, das Schöne und das Häßliche zu erkennen. Dieses Erkennen, auf der Suche nach der Wahrheit, führt aber zu »Werturteilen«, die auf einer niedrigeren Stufe stehen als objektive Urteile, die vor dem Sündenfall durch Vernunfterkenntnis erlangt wurden. Maimonides führt aus: »... Als aber der Mensch in seinem vollkommenen und tadellosen Zustand war... und dessentwillen von ihm gesagt wird: ›Du hast ihn nur wenig geringer gemacht als Gott‹[128], besaß er nicht die

Fähigkeit, die dem Werturteil unterliegenden Dinge zu gebrauchen ..., (er) wurde damit bestraft, daß ihm die Vernunfterkenntnis entzogen wurde.«[129] Das Wissen von »Gut« und »Böse« sowie von »Schön« und »Häßlich« bewirkte daher, daß der Mensch nicht mehr die objektive Wahrheit, sondern nur noch die subjektive Wahrheit erkennen kann.

Der Sündenfall und die Vertreibung aus dem Garten Eden. Schedelsche Weltchronik nach Entwürfen von M. Wolgemut und W. Pleydenwurff. Nürnberg 1492 (Österreichische Nationalbibliothek, Wien).

Wie sehr aber die Begierde zur Sünde führen kann, ist in den ersten Kapiteln der Tora gleich dreimal vermerkt: »... wenn du nicht recht tust, lauert an der Tür die Sünde als Dämon«; »... daß alles Sinnen und Trachten seines Herzens immer nur böse war«; »... denn das Trachten des Menschen ist böse von Jugend an.«[130] Im Talmud[131] wird mit Bezug auf diese Torazitate u. a. ausgeführt, daß der Heilige so zu Israel gesprochen habe: »Meine Kinder, ich habe den bösen Trieb erschaffen; und ich habe die Tora als Mittel gegen ihn erschaffen; wenn ihr euch mit der Tora befaßt, so werdet ihr nicht in seine Hand ausgeliefert, wie es heißt: ›wenn du gut handelst, wirst du dich erheben‹.«[132] Die Weisen wußten aber auch dem »bösen Trieb« eine gute Seite abzugewinnen: »Wenn er nicht wäre, würde kein Mensch ein Haus bauen, heiraten, Kinder zeugen und wirtschaften.« Sie beriefen sich dabei auf den Bibelvers: »Jede Arbeit und jedes erfolgreiche Tun bedeutet Konkurrenzkampf zwischen den Menschen.«[133] Das wirtschaftliche Prinzip des freien Wettbewerbs ist somit schon mehr als 2000 Jahre alt.

Solchen pessimistischen Anschauungen über die Verdorbenheit des Menschen steht die Meinung entgegen, daß der Mensch von Anfang an »gut« sei. Das leitet der Midrasch von dem hebräischen Wort für »sehr« *(mead)* im folgenden Torasatz ab: »Gott sah alles an, was er (Gott) gemacht hatte. Es war sehr gut.«[134] Die drei Buchstaben der hebräischen Wortwurzel ergeben, anders gereiht, *adam* (Mensch). Deshalb, argumentiert der Midrasch, sei in diesem Torasatz der Sinn verborgen: Der Mensch ist gut[135].

Die folgende Versauslegung unterstützt gleichfalls diese Ansicht. Es heißt nämlich: »Gesegnet bist du bei deinem Kommen« – bei deinem Eintritt in die Welt – »und bei deinem Ausgang« – bei deinem Scheiden von dieser Welt[136]. Die Einheitsübersetzung lautet für diese Stelle: »Gesegnet bist du, wenn du heimkehrst, gesegnet bist du, wenn du ausziehst.« (Das hebräische Original erlaubt beide Übersetzungen.) Dieser Toravers wird mit einem Vers aus dem Buch Kohelet in Verbindung gebracht: »... eine Zeit zum Gebären und eine Zeit zum Sterben«[137]. »Wissen wir denn nicht«, fragt der Midrasch, »daß es eine Zeit gibt, wo der Mensch geboren wird, und eine Zeit, wo er stirbt? Allein der Sinn ist: Heil dem Menschen, dessen Sterbezeit gleich der Zeit seiner Geburt ist. So wie er in der Stunde, wo er geboren wird, rein ist, so sei er auch in der Stunde, wo er stirbt, rein.«[138]

Die Bibel zeigt jedoch auch Verständnis für die Sündhaftigkeit des Menschen. So spricht ein Toravers von Sünden, die »bei Menschen vorkommen«, nach einer anderen Übersetzung »üblich sind«[139]. Ein anderer Bibelvers weist ebenfalls darauf hin: »Doch gibt es auf der Erde keinen einzigen Menschen, der so gesetzestreu wäre, daß er stets richtig handelt, ohne je eine Sünde zu begehen.«[140] Das hebräische Wort für »Sünde« kann auch mit »Fehler« übersetzt werden. Dieser Begriff drückt wohl den negativen Charakter, das Fehlen des Guten bei der Sünde, aus, wirkt aber zu verharmlosend. Das Böse und die Sünde sind nämlich in der jüdischen Tradition, zumindest nach vorherrschender Meinung, nicht etwas Eigenständiges, sondern Ergebnis aus dem Mangel des Guten oder der Mißachtung eines Gebotes.

Der Sünde des einzelnen werden in der Bibel auch kosmische Aspekte zugeschrieben. So wird durch die Sünde »das Land unrein«, und Gottes heiliger Name entweiht[141]. Sünde ist für Gott ekelerregend[142]. Die

Weisen des Talmud berufen sich auf den Schriftvers »Ein Sünder kann viel Gutes vernichten« und meinen, »durch die eine Sünde, die er begangen hat, hat er sich und die ganze Welt um viel Gutes gebracht«[143]. Die Sünde stört also das harmonische Verhältnis der Welt und des Menschen zu Gott. Deshalb hat jeder an der Zurückdrängung der Sünde mitzuwirken, und, falls er das unterläßt, auch die Verantwortung dafür zu tragen: »Weise deinen Stammesgenossen zurecht, so wirst du seinetwegen keine Schuld auf dich laden.«[144] Eine Erzählung im Talmud handelt von dieser Unterlassung: »Als Nebukadnezar Jerusalem eroberte und den ersten Tempel zerstörte, wollte Gott die Gerechten retten und nur die Frevler dem Untergang weihen. Um dieser Absicht entgegenzutreten, sprach die Eigenschaft des Rechts vor dem Heiligen: ›Herr der Welt, womit sind diese anders als jene?‹ Er erwiderte: ›Diese sind vollendete Gerechte, jene sind vollendete Frevler.‹ Diese sprach: ›Diese sollten ja jene zurechtgewiesen haben, haben es aber unterlassen.‹ Gott erwiderte: ›Offenbar und bekannt ist es vor mir, daß, wenn diese sie zurechtgewiesen hätten, jene nicht gehorcht haben würden.‹ Da sprach diese vor ihm: ›Herr der Welt, wenn es dir auch offenbar ist, aber war es auch ihnen offenbar?‹«[145]

Der folgenschwere Sündenfall des ersten Menschenpaares wird mit Worten geschildert, die durch ihre Einfachheit beeindrucken:

»Sie nahm von seinen Früchten und aß; sie gab auch ihrem Mann, der bei ihr war, und auch er aß.«[146]

Die Frau sei leichter zu beeinflussen als der Mann, meint das traditionelle Judentum. Die Erzählung vom Sündenfall scheint es zu bestätigen. Die Schlange wußte von dieser Schwäche der Frau, deshalb wandte sie sich an Eva, nicht an Adam. Die Schuld der Frau an dem Sündenfall wird durch den Hinweis gemildert, daß sie ja das Verbot, von diesem Baume zu essen, nicht direkt von Gott erhalten habe, sondern erst von Adam hiervon in Kenntnis gesetzt worden sei. Als nämlich Gott dieses Verbot erließ[147], war die Frau noch nicht erschaffen.

Nun finden sich in vielen Talmud- und Midraschstellen das Lob der Frau. So steht im Talmud, man soll stets den Rat seiner Frau einholen: »Ist deine Frau klein, so bücke dich und flüstere ihr zu.«[148] Daß man mit seiner Frau im Flüsterton sprechen soll, wird mit folgenden Talmudworten erklärt: »Stets sei man vorsichtig, seine Frau nicht zu kränken. Wenn Tränen bei ihr häufig sind, ist die Ahndung ihrer Kränkung nahe.«[149] Und an anderer Stelle wird die Bedeutung der Frau noch weit höher eingeschätzt und mit Bibelstellen belegt: »Stets sei man behutsam mit der Ehrung seiner Frau, denn der Segen waltet im Hause eines Menschen nur wegen seiner Frau, wie es heißt: ›Er behandelte Abraham ihretwegen (Saras wegen) gut.‹«[150] Und: »Ein Mensch, der keine Frau hat, lebt ohne Freude, ohne Segen und ohne Güte.«[151] »Über den, der seine Frau wie sich selbst liebt und mehr als sich selbst ehrt, spricht die Schrift: ›Du wirst erfahren, daß dein Zelt in Frieden bleibt.‹«[152] »Ein Mensch der keine Frau hat, ist kein Mensch.«[153]

Aber im Talmud und zum Teil auch im Midrasch gibt es Widersprüche, und daher ist es nur natürlich, daß es nicht an kritischen Anmerkungen, die Frau betreffend, fehlt: Vier Untugenden haben Weiber: Sie sind genußsüchtig: »Da sah die Frau, daß es köstlich wäre, von dem Baum zu essen«; klatschsüchtig: »Sara hörte am Zelteingang hinter seinem Rücken zu«; und schließlich eifersüchtig: »Rahel... wurde... eifersüchtig auf ihre Schwester« und träge: »... deshalb rief Abraham Sara zu: *Schnell* drei Sea feines Mehl.«[154]

Das weitere Geschehen nach dem Sündenfall beschreibt die Tora mit folgenden Worten:

»Als sie Gott, den Herrn,... einherschreiten hörten, versteckten sich Adam und seine Frau vor Gott, dem Herrn...«[155]

Damit zeigten sie, daß sie sich der Sündhaftigkeit ihrer Tat bewußt waren und ein schlechtes Gewissen hatten. Auf die Frage Gottes aber, warum sie sich versteckten, antwortete Adam, *»weil ich nackt bin«*[156]. Das war eigentlich eine Lüge, da davor in Vers 7 berichtet wird, daß sich das Menschenpaar aus Feigenblättern einen »Schurz« machte.

Den Begriff Gewissen – ein autonomes, höheres Forum menschlicher Moral – kannte das Judentum bis zum Mittelalter nicht, da dies die Existenz einer von Gott unabhängigen, zweiten moralischen Instanz bedeutet hätte. Und eine solche war mit der auf ein einziges höchstes Wesen ausgerichteten Begriffswelt des Judentums unvereinbar. Statt dessen sprach man von »Gottesfurcht«.

Die Parallele Gottesfurcht–Gewissen soll mittels eines Raschikommentars und eines Talmudzitats belegt werden. Raschi (1040–1105) sagt: »Immer wenn etwas nur der handelnden Person allein bekannt ist, heißt es, ›fürchte deinen Gott‹.«[157] Und im Talmud heißt es: »Die Schüler des berühmten Rabbinen Jochanan ben Zakkai erbaten sich an seinem Sterbelager, er möge sie segnen. Er erwiderte ihnen: ›Möge es sein Wille sein, daß die Furcht vor dem Himmel in euch so sei wie die Furcht vor [einem Menschen] aus Fleisch und Blut.‹ Seine Schüler sprachen zu ihm: ›Nur so weit?‹ Er erwiderte ihnen: ›Oh, wenn dem doch so wäre! Merket, wenn der Mensch eine Sünde begeht, spricht er, daß mich doch niemand sehe!‹ «[158] Deshalb heißt es weiter: »... von Dingen, die dem Herzen anvertraut sind, heißt es: ›... du sollst dich vor deinem Gott fürchten‹.«[159]

Das hebräische Wort für Furcht bedeutet auch »Ehrfurcht«, im Zusammenhang mit Gottesfurcht steht vor allem diese Bedeutung im Vordergrund. Beispielsweise in der folgenden Torastelle: »Und nun, Israel, was fordert der Herr, dein Gott, von dir, außer dem einen: daß du den Herrn, deinen Gott, fürchtest... [und] ihn liebst...«[160] Da es unmöglich ist, jemanden zu lieben, vor dem man sich fürchten muß, ist an dieser und an ähnlichen Stellen nicht »fürchten«, sondern »Ehrfurcht haben« gemeint. Daher ist dasselbe hebräische Wort in der Einheitsübersetzung des Psalmverses 112,1 mit »fürchten und ehren« übersetzt: »Wohl dem Mann, der den Herrn fürchtet und ehrt und sich herzlich freut an seinen Geboten.«

Ein Weiser des Talmud tadelt Gerechte, die nur aus Furcht vor der Strafe Gottes die Gebote einhalten. Deshalb die Mahnung: »Man soll Gott nicht so fürchten wie den Tod, sondern man soll Gottes Ferne fürchten.« Des weiteren heißt es: »In der Schatzkammer des Heiligen ist als einziger Schatz die Gottesfurcht, denn es heißt: ›... sein Schatz ist die Furcht vor dem Herrn‹.«[161] Und an anderer Stelle im Talmud: »Ein Mensch mit Gesetzeskunde, aber ohne Gottesfurcht, gleicht einem Schatzmeister, dem man die inneren Schlüssel, aber nicht die äußeren Schlüssel übergeben hat; wie soll er hereinkommen?«[162]

Das Menschenpaar versucht, die **Schuld** von sich zu weisen: Adam, indem er seine Gefährtin, Eva, indem sie die Schlange als Anstifterin zur Sünde bezeichnet. Beide bekennen schließlich doch ihre Tat:

»Adam antwortete: ... und so habe ich gegessen ...; die Frau antwortete: ... und so habe ich gegessen.«[163]

Es ist dies das erste Sündenbekenntnis dieser Welt, das später im Christentum in der Beichte eine Entsprechung gefunden hat.
Das Eingeständnis der Verfehlung ist die Voraussetzung für die Verzeihung. Die Weisen des Talmud fordern deshalb, daß jeder regelmäßig ein Sündenbekenntnis ablegen möge[164].
In der Bibel werden an mehreren Stellen Beispiele für ein Sündenbekenntnis angeführt[165]. Und Moses Maimonides verweist in seinen Gesetzeskommentaren[166] auf den folgenden Toravers als Nachweis dafür, daß für die Vergebung der Sünde das Ablegen eines Schuldbekenntnisses unerläßlich sei: »Wenn ein Mann oder eine Frau ... eine von den Sünden begangen hat, wie sie bei Menschen vorkommen, dann ist dieser Mensch schuldig geworden. Sie sollen die Sünde ... bekennen, und der Schuldige soll das, was er schuldet, voll ersetzen ... und noch ein Fünftel dazugeben.«[167]
Vor allem am Versöhnungstag werden in Gebetform Sündenbekenntnisse abgelegt. Hierfür gibt es ein längeres, das jede Sünde mit den Worten einleitet: »Für die Sünde, die wir vor dir begangen haben ...« und dann die Sünde anführt, und ein kürzeres, das mit den Worten: »Wir haben vieles verschuldet! Wir haben wissentlich gefrevelt« beginnt und in der »wir«-Form weitere zwanzig Sünden aufzählt. Isaak ben Salomon Luria (1534–1572) warf die Frage auf, warum jemand dieses Gebet vollständig sagen müsse, wenn er vielleicht die eine oder andere Sünde gar nicht begangen habe. Seine

Antwort lautet: Du hast jene Sünde möglicherweise nicht begangen, aber dein Nächster hat sie auf sich geladen. Was hast du getan, um das zu verhindern? In diesem Sinne bist du an der von ihm begangenen Sünde mitschuldig.
Die Gelehrten des Talmud haben zwar die kollektive Verantwortung des Menschen bejaht, jedoch im Sinne des Prophetenwortes »Nur wer sündigt, soll sterben« die Existenz einer Kollektivschuld verneint[168].
Der Talmud sagt hierzu weiter: Wer seine Hausangehörigen, die Leute seiner Stadt und die ganze Welt daran hindern kann, etwas Böses zu tun, aber es unterläßt, der trägt für diese Taten die Verantwortung[169]. Ephraim Salomon ben Aaron von Lunschitz (1550–1619) schreibt in seinem Torakommentar »Das teure Gefäß« *(keli jakar)* über den Toravers »Wenn ihr dem Herrn ... dient, wird er dein Brot und dein Wasser segnen«[170]: »Einer trägt die Verantwortung für den anderen, weil wenn nicht die ganze Gemeinschaft *(ihr)* Gott dient, wird auch der einzelne nicht *sein* Brot und *sein* Wasser haben.« Eine ähnlich Auslegung bekräftigt auch die Pflicht zum Gemeinschaftsgebet. (sh. S. 107)
Im biblischen Bericht folgt nun die Verkündung des Gottesspruches. Die Schlange, Eva und Adam erhalten für ihre Sünde die Strafe, die in der Welt weiterwirken wird. Im Gegensatz zu den Toraversen: »Bei denen, die mir feind sind, verfolge ich die Schuld der Väter an den Söhnen, an der dritten und vierten Generation«[171], hat das Judentum aber im Sinne des Prophetenwortes »Nur wer sündigt, soll sterben. Ein Sohn soll nicht die Schuld seines Vaters tragen und ein Vater nicht die Schuld seines Sohnes«[172] – nur die individuelle Schuld des Menschen anerkannt. Der Tod ist zwar das Schicksal aller Menschen in der Nachfolge von Adam, aber nur des-

halb, weil jeder Mensch Sünden begeht. Dieser Auffassung entspricht auch die heutige Interpretation der Erbsündenlehre der katholischen Kirche.
Im Talmud finden sich über die Erbsünde widersprüchliche Aussagen. Ein Weiser behauptet: »Kein Tod ohne Sünde und keine Züchtigung ohne Schuld«[173], während ein anderer die gegenteilige Ansicht vertritt[174]. Bis heute sind die Gelehrten geteilter Meinung.
Voraussetzung für die Strafe sind Recht und Gerechtigkeit. Ohne sie wäre die Strafe nur ein Racheakt. Gerechtigkeit ist eines der göttlichen Attribute, und in diesem Sinne umfaßt sie die ganze Welt. So steht es sowohl in der Tora: »... denn das Gericht hat mit Gott zu tun«[175] als auch im Talmud: »... Wenn jemand Recht und Gerechtigkeit übt, so ist es ebenso, als hätte er die ganze Welt mit Liebe gefüllt, da es heißt: ›Er liebt Gerechtigkeit und Recht, die Erde ist erfüllt von der Huld des Herrn‹.«[176] Deshalb gibt es keine Gerechtigkeit, die nicht in Gott ihren Ursprung hätte. »Die Gerechtigkeit bleibt ewig Gerechtigkeit«, sagt der Psalmist, und der Prophet verkündet: »Durch seine Gerechtigkeit erweist der heilige Gott sich als heilig.«[177]
Dieses göttliche Prinzip soll im Recht seinen Niederschlag finden. Und wie das Recht wirksam wird, geht aus dem folgenden Psalmvers hervor: »Bei Gott ist die Macht, Herr, bei dir ist die Huld, denn du wirst jedem vergelten, wie es seine Taten verdienen.«[178] Dieses Walten des Rechts wird symbolisiert durch die bekannte Darstellung der Justitia mit der Waage in der Hand. Und auch die Augenbinde der Justitia entspricht dem Text der Tora: »Du sollst weder für einen Geringen noch für einen Großen Partei nehmen, gerecht sollst du deinen Stammesgenossen richten.« Und: »Kennt vor Gericht kein Ansehen der Person!«[179]

Das Prinzip der Waage findet auch in dem Rechtsgrundsatz »Auge für Auge, Zahn für Zahn«[180] seinen Ausdruck, wobei, wie im vierten Kapitel dieses Buches ausgeführt wird, mit diesen Worten ausschließlich materielle Schadensvergütung gemeint ist.
Ein Midrasch[181] ist der Auffassung, daß mit dem Rechtsgrundsatz des Gleichgewichts zwischen Schuld und Sühne ein ewig gültiges Gesetz geschaffen worden ist, denn »alle Maße unterliegen dem Wechsel, nur nicht das Maß gegen Maß«. Daraus folgt ein weiterer Rechtsgrundsatz: »Mit dem Maß, mit dem der Mensch mißt, wird er gemessen werden.« Die Nähe zum Jesuswort: »...nach dem Maß, mit dem ihr meßt und zuteilt, wird euch zugeteilt werden«[182] ist unverkennbar.
In dieselbe Richtung geht die Auffassung, daß das vornehmste Gebot des Judentums, »Du sollst deinen Nächsten lieben wie dich selbst«[183], gleichfalls, auch bei einem Wertewandel, durch den ewig gültigen Maßstab der Eigenliebe ewige Gültigkeit hat.
Die Wunschvorstellung »das Recht ströme wie Wasser, die Gerechtigkeit wie ein nie versiegender Bach«[184] war aber mit der Realität nicht in Einklang zu bringen. Wieso – fragte man sich – verwirklicht Gott nicht das göttliche Recht auf dieser Welt und läßt zu, daß Gerechten Unglück und Frevlern Glück zuteil wird? Gleich unbefriedigend für menschliches Empfinden waren in manchen Fällen die Auswirkungen des Rechts, da »summum ius, summa iniuria« – dessen buchstabengetreue Befolgung zu Unrecht führen konnte. Dies meint der Talmud, wenn es dort heißt, Jerusalem sei nur deshalb zerstört worden, weil es genau nach dem Recht der Tora gerichtet habe[185]. Wie schwierig es ist, gerecht sein zu wollen, darauf weist der Toravers hin: »Gerechtigkeit, Gerechtigkeit, ihr sollst du nachjagen.«[186] Um der

buchstabengetreuen Befolgung des Gesetzes aus dem Wege zu gehen, rät Kohelet in dem ihm zugeschriebenen biblischen Buch: »Halte dich nicht zu streng an das Gesetz.«[187] Und an einer anderen Stelle schmäht er sogar das Gericht: »Noch etwas habe ich beobachtet unter der Sonne: An der Stätte, wo man Urteil spricht, geschieht Unrecht, an der Stätte, wo man gerechtes Urteil sprechen sollte, geschieht Unrecht.«[188] Schließlich ist auch noch im Buch Tobit, das nur nach katholischem Kanon zu den biblischen Büchern zählt, ein im Judentum herrschender Grundsatz zu finden: »Was dir selbst verhaßt ist, das mute auch einem anderen nicht zu.«[189]
Als einmal ein Heide zum großen Hillel (1. Jh. v. Chr.) mit der Bitte kam, ihm das Wesen des Judentums kurz zu erklären, verwies ihn Hillel auf dieses Prinzip. Er sagte ihm: »Das ist die ganze Tora, alles andere ist nur Kommentar, gehe hin und lerne!«[190]
Aber die Schrift zeigt uns auch den Weg, wie der Mensch trotz seiner Verfehlungen und Sünden der gerechten Strafe entgehen kann. Fast jeder biblische Satz, in dem die Wörter »Recht« oder »Gerechtigkeit« vorkommen, enthält einen Hinweis auf Gnade, Güte, Barmherzigkeit und Liebe. »Wer nach *Gerechtigkeit* und *Güte* strebt, findet Leben und Ehre.« – »Bewahre immer *Liebe* und das *Recht*, und hoffe immer auf deinen Gott.« – »Darum wartet der Herr darauf, euch seine *Gnade* zu zeigen, darum erhebt er sich, um euch sein *Erbarmen* zu schenken. Denn der Herr ist ein Gott des *Rechtes*.«[191] Die Rabbinen des Talmud betonen, daß zwischen den Bibelworten »Gerecht ist der Herr« und »Denn du wirst jedem vergelten, wie es seine Taten verdienen« einerseits, und »voll Huld in all seinen Taten« sowie »Herr, bei dir ist die Huld«[192] andererseits, kein Widerspruch bestehe, denn zuerst ist Gott gerecht, und

dann übt er huldvoll Gnade[193]. Im selben Sinne führt der Talmud aus: »Sobald er [der Heilige] sieht, daß die Welt sich der Vernichtung schuldig macht, erhebt er sich vom Stuhl des Rechts und setzt sich auf den Stuhl der Barmherzigkeit.«[194]

Im Talmud steht[195], daß es nur deshalb den Frevlern auf dieser Welt gut gehen kann, weil Gott von sich sagt: »Ich gewähre Gnade, wem ich will, und ich schenke Erbarmen, wem ich will.«[196] Weil Gott des Menschen Vorbild ist, soll auch der Mensch gnädig und barmherzig sein. Es heißt im Talmud: »Wer sich seiner Mitmenschen erbarmt, dessen erbarmt man sich im Himmel.«[197] Wie nahe hierzu ist doch das Jesuswort: »Seid barmherzig, wie es auch euer Vater ist!«[198]

Das Unglück der Gerechten in dieser Welt wird unter anderem damit erklärt, daß Gott ihnen Prüfungen auferlegte. Doch die göttliche Gerechtigkeit werde in jedem Fall das Gleichgewicht zwischen Lohn und guten Taten sowie zwischen Strafe und bösen Taten in der »Kommenden Welt« voll herstellen.

Um dem Recht Geltung zu verschaffen, ordnet die Tora an, daß »in allen Stadtbereichen« Richter eingesetzt werden sollen[199]. Zudem werden für die Rechtssprechung Verfahrensregeln aufgestellt. So müssen alle Streitteile die Möglichkeit haben, ihr Anliegen oder ihre Verteidigung vorzubringen: »Klein wie Groß hört an. Fürchtet euch nicht vor angesehenen Leuten.«[200] Gott bekräftigt diesen Grundsatz durch sein Beispiel: erst hört Gott Adam und seine Frau an, gibt ihnen Gelegenheit zur Verteidigung und fällt erst danach sein Urteil[201].

Kein Schuldspruch durfte aufgrund nur einer einzigen Zeugenaussage gefällt werden[202]. Deshalb habe Gott – so argumentiert ein Midrasch – die Zehn Gebote auf

zwei Tafeln geschrieben. Gott sprach zu Mose: Diese (zwei Tafeln) sollen zeugen zwischen mir und meinen Kindern, wie zwei Zeugen ... wie Bräutigam und Braut, wie Himmel und Erde, wie diese und jene (»Kommende«) Welt[203].
Die Zeugen müssen eingehend befragt werden, und nur dann, wenn sie sich in keinen Widerspruch verwickeln und den Hergang der Tat bis ins letzte Detail bezeugen können, darf der Angeklagte schuldig gesprochen werden[204]. Die Weisen warnten davor, einen Mitmenschen leichtfertig zu verurteilen. Hillel (Ende 1. Jh. v. Chr.) sagte: »Beurteile deinen Nächsten so lange nicht, bis du in seiner Lage bist.«[205]
Welchen Sinn maß das Judentum der **Strafe** bei? Im Vordergrund stand sicherlich der Grundsatz, der Gerechtigkeit müsse Genüge getan und das durch die Sünde gestörte Gleichgewicht der Welt wiederhergestellt werden. Durch die Strafe wird die Sünde getilgt. Der Talmud sagt hierzu: »Die Züchtigungen läutern alle Sünden des Menschen.«[206] Ähnlich äußert sich der Midrasch – durch das Leiden (Leiden = Strafe Gottes) erlange der Mensch »das ewige Leben« – und leitet dies aus dem Buch der Sprichwörter ab, wo steht, »ein Weg zum Leben sind Mahnung und Zucht«.[207]
In der Strafe Gottes wurde auch die Verwirklichung der Liebe Gottes gesehen, da dieser so dem sündigen Menschen Gelegenheit biete, noch in dieser Welt seine Sünden zu büßen. »Wen der Herr liebt, den züchtigt er.«[208] Der Sünder habe nicht nur keine göttliche Strafe mehr zu befürchten, er solle sogar nach erlittener Strafe wieder voll in die Gemeinschaft aufgenommen werden und »wie dein Bruder« sein[209]. Und weiter heißt es in der Mischna: »Hat jemand Buße getan, so darf man nicht zu ihm sagen: Denk an deine früheren Taten.«[210]

Die Strafe soll auch von abschreckender Wirkung sein und einen von seinem Vergehen abhalten: »Das ganze Volk soll davon (gemeint ist die Strafe) hören, damit sie sich fürchten und nicht noch einmal so vermessen sind.«[211] Moses Maimonides betont, daß »Strafe als Schutz der Gemeinschaft vor Gesetzesbrechern aufzufassen sei.«[212]

Im Talmud wird wiederholt über die resolute Frau eines Rabbis, die Berurja hieß, berichtet. Ihr Mann betete einmal zu Gott, daß er einige Sünder, die ihm viel zuleid getan hatten, sterben lassen möge. Sie ermahnte ihn, daß der Psalmvers, auf den er sich im Gebet berufen habe, nicht wörtlich aufzufassen sei. Es heiße zwar: die *Sünder* sollen von der Erde verschwinden, gemeint aber sei: die *Sünden* sollen von der Erde verschwinden[213]. Ihr Mann möge deshalb um Barmherzigkeit für diese Menschen beten, damit sie Buße täten. Dieses Gebet wurde erhört, und so wurde Berurjas Mann von den Nachstellungen dieser Menschen befreit[214]. Berurja ist übrigens die einzige Frau, die wegen ihres Wissens großes Ansehen bei den Gelehrten genoß und deren Lehrmeinung in den Talmud Eingang gefunden hat.*

Da der Mensch durch die Schöpfung Gottes Abbild ist, hat jeder, der seinen Mitmenschen kränkt, von diesem ebenfalls Vergebung zu erlangen. Die schwerste Sünde hierbei ist, wenn diese Kränkung in der Öffentlichkeit erfolgt. Es heißt im Talmud: »Wenn jemand seinen Nächsten öffentlich beschämt, so ist es ebenso, als würde er Blut vergießen.«[215] Weiters heißt es: »Wer sei-

---

* Der angeführte Psalmvers hat in späterer Folge eine verhängnisvolle Rolle gespielt. Er heißt: »Doch die Sünder sollen von der Erde verschwinden, und es sollen keine Frevler mehr da sein.« Die Ausrottung der Sünde durch die Ausrottung der Sünder hat die Inquisition in die Tat umgesetzt.

nen Nächsten kränkt, wenn auch nur durch Worte, muß ihn besänftigen.«[216] Er hat ihn dreimal um Verzeihung zu bitten. Der Beleidigte soll ihm spätestens beim dritten Mal Verzeihung gewähren, in Nachahmung Gottes, der »dir wieder sein Erbarmen schenkt, sich deiner annimmt«.[217]

Diese Bestimmungen des Talmud ergeben sich aus der Lebensregel: »Gleich ihm: wie er gnädig und barmherzig ist, so sei auch du gnädig und barmherzig.«[218] Es ist eigentlich erstaunlich, mit welcher Vehemenz im Judentum erstmalig in der Geschichte das Mitleid mit der menschlichen Kreatur an den Tag tritt. Das Mitleid nicht mit einem bestimmten, uns nahestehenden Menschen, sondern mit den unter widrigen Existenzbedingungen leidenden, namenlosen Menschen. Diesem Mitgefühl mit den Kranken, Armen und Unterdrückten, das uns an vielen Stellen der Bibel und der rabbinischen Schriften entgegentritt, entspringt dieses Gebot der Barmherzigkeit.

Moses Maimonides äußert sich über das Verzeihen folgendermaßen: »Wird man um Verzeihung gebeten, so gewähre man sie gern und aus vollem Herzen. Selbst dann, wenn man tief verletzt worden ist und einem viel Unrecht zugefügt worden ist, soll man sich nicht rächen und nichts nachtragen.«[219] Den Unterschied zwischen Rächen und Nachtragen veranschaulichen die Gelehrten des Talmud am folgenden Beispiel: Wenn ein Mann seinen Nachbarn bittet, ihm seine Sichel zu borgen, und der Nachbar es ablehnt, der Nachbar am folgenden Tag den ersten bittet, ihm seine Axt zu borgen, und dieser erwidert: Ich borge dir nicht, weil du mir auch nicht geborgt hast, dann heißt das rachsüchtig. Was heißt nachtragen? Wenn ein Mann seinen Nachbarn bittet, ihm seine Axt zu borgen, und dieser es ablehnt, worauf der

Nachbar am folgenden Tag den ersten bittet, ihm sein Gewand zu borgen, und dieser erwidert: Da hast du. Denn ich bin nicht wie du, der du mir nicht geborgt hast, dann heißt das nachtragend[220].

Die Bibel gibt dem Gläubigen die Gewißheit, daß bei einer Umkehr, verbunden mit Sündenbekenntnis, Reue und Buße die Sünden vergeben werden: »Da bekannte ich dir meine Sünde und verbarg nicht länger meine Schuld vor dir. Ich sagte: Ich will dem Herrn meine Frevel bekennen. Und du hast mir meine Schuld verziehen. Darum soll jeder Fromme in der Not zu dir beten, fluten hohe Wasser heran, ihn werden sie nicht erreichen. Du bist mein Schutz, bewahrst mich vor Not; du rettest mich und hüllst mich in Jubel.«[221]

Die Reue des Sünders ist ein Zeichen seiner Umkehr: »Nach meiner Umkehr fühle ich Reue.«[222] Ein zweites, ebenso wichtiges Zeichen hat er im Sinne des oben angeführten Talmudzitats durch seine Taten zu setzen. Dazu gehört vor allem, daß er die böse Tat nicht wiederholt. »Der Ruchlose soll seinen Weg verlassen, der Frevler seine Pläne. Er kehre um zum Herrn, damit er Erbarmen hat mit ihm, zu unserem Gott, denn er ist groß im Verzeihen.«[223] Er hat aber auch eine gute Tat als Beweis für seine Umkehr zu vollziehen, denn: »... Buße *und* gute Handlungen bewirken Vergebung.«[224] Der Prophet Jesaja hat eindringlich die guten Taten geschildert, die als Buße gelten können: »... die Fesseln des Unrechts zu lösen ... an die Hungrigen dein Brot auszuteilen, die obdachlosen Armen ins Haus aufzunehmen, wenn du einen Nackten siehst, ihn zu bekleiden ... Dann wird dein Licht hervorbrechen wie die Morgenröte, und deine Wunden werden schnell vernarben.«[225]

Die jüdische Religion räumt auch die Möglichkeit ein, daß ein Vermittler bei Gott Vergebung für einen Sünder

erreichen kann. So hat schon Abraham für Sodom Verzeihung ihrer Sünder erwirkt, auch wenn es dort nur zehn Gerechte gegeben habe. Moses fleht wiederholt Gott an, dem sündigen Volk zu verzeihen. Die Propheten haben für Israel in die Bresche zu springen und »eine Mauer für ihr Haus zu errichten«.[226] Demgemäß waren die Gelehrten des Talmud der Ansicht, daß jeder Gerechte für einen Sünder Vergebung erlangen könne. Es wird in diesem Zusammenhang folgende Begebenheit erzählt: »Rabbi Johanan erkrankte, und Rabbi Hanina besuchte ihn. Da sprach er zu ihm: ›Sind dir die Züchtigungen [die Leiden durch die Krankheit] lieb?‹ Dieser erwiderte: ›Weder sie noch ihre Belohnung [die Entsühnung und die Freuden der Gerechten in der »Kommenden Welt«].‹ Da sprach er zu ihm: ›Reiche mir deine Hand.‹ Er reichte sie ihm, und jener richtete ihn auf. Wozu dieses, sollte nicht Rav Johanan selber sich aufrichten? Ich will dir sagen, der Gefangene kann sich nicht selber aus dem Gefängnis befreien.«[227]
Ein weiterer Bericht, der Zeugnis für die Anhänglichkeit eines Schülers zu seinem Lehrer ablegt, ist gleichfalls im Talmud verzeichnet:
Eine Bestimmung der Tora bezüglich der Aushebung von Vogelnestern[228] ließ einen der Weisen des Talmud – er hieß Elischa – zum Gottesleugner werden: Wenn man aus einem Nest junge Vögel nehmen will, soll man zuerst die Vogelmutter wegfliegen lassen und erst dann die Jungen aus dem Nest nehmen. Die Tora gibt für die Einhaltung dieser Vorschrift gleich den »Lohn« an: »damit es dir gut geht und du lange lebst.« Elischa sah einen Menschen, der dieses Gebot nicht beachtete und trotzdem gut weiterlebte, und einen Menschen, der das Gebot beachtete, aber sofort starb. Elischa verzweifelte an Gott, weil er nicht wußte, daß ein Rabbi diesen Vers

so ausgelegt hatte, daß die Worte »damit es dir gut gehe« sich auf die »Kommende Welt« bezögen, weil nur diese ganz gut sei, und der Nachsatz »und du lange lebst« das ewige Leben dort verheiße. Als Elischa erkrankte, kam sein Schüler Rabbi Meir zu ihm und forderte ihn auf, Umkehr zu üben. Elischa antwortete: »Wenn man umkehrt, wird man [denn] angenommen?« Rabbi Meir verwies ihn auf den Psalmvers »Du läßt den Menschen bis zu [!] Staub umkehren«[229]* und meinte: »Bis zur Zermalmung des Lebens nimmt (Gott) an.« Als Elischa starb, freute sich Rabbi Meir in seinem Herzen und sagte: »Es scheint, daß mein Lehrer mitten aus der Umkehr verschied.« Als Elischa begraben wurde, kam Feuer vom Himmel und zündete sein Grab an. Rabbi Meir breitete seinen Mantel darüber und sagte: »Wenn er [der Heilige] dich am Morgen erlösen will, gut, so mag er erlösen, da es heißt: ›Der Herr ist gütig zu allen, sein Erbarmen waltet über all seinen Werken. Wenn er dich aber nicht erlösen will, so werde ich dich erlösen, so wahr der Herr lebt.‹« Da verlosch das Feuer[230].
Daß sogar ein Gottesleugner, wenn er umkehrt, erlöst werden kann, gründet sich auf die Ansicht, daß Gott zu leugnen nicht die größte Sünde ist. Der Prophetenvers »Mich aber haben sie verlassen und meine Weisung nicht befolgt«[231] unterstützt diese Meinung. Ein Midrasch zitiert Worte Gottes hierzu: »Oh, daß sie doch mich verlassen, aber mein Gesetz beachtet hätten [d. h. wenn sie sich mit meiner Lehre beschäftigt hätten], so würde sie der Sauerteig darin zu mir zurückführen.«[232]
Solche Fürsprache kann aber nur von Lebenden vorge-

* Eine Auslegung des Verses. Dem eigentlichen Sinn wird die Einheitsübersetzung gerecht: »Du läßt die Menschen zurückkehren zum Staub.«

nommen werden. Keine einzige Stelle der Bibel weist auf die Möglichkeit hin, Verstorbene, wie verdienstvoll sie auch gewesen sein mögen, um Fürsprache bei Gott ersuchen zu können. Bei orthodoxen Juden ist es Brauch, »heilige Stätten« zu besuchen, etwa die Reste des Tempels in Jerusalem oder Gräber bedeutender Rabbiner, um dort Gebete zu verrichten. Diesem Brauch liegt einzig und allein die Anschauung zugrunde, daß an diesen Orten göttlicher Geist – die Schechina – verweile.

Im Talmud steht des weiteren: »Folgende sind die Fürsprecher des Menschen: Buße und gute Werke.«[233] Der Buße wird so wie der Sünde universelle Bedeutung beigemessen. »Bedeutend ist die Buße, daß man, wenn einer Buße tut, der ganzen Welt vergibt.«[234] Die Rabbinen wiesen daher das Volk an, keiner solle vor seinem Ableben die letzte Gelegenheit vorbeigehen lassen, ein Sündenbekenntnis abzulegen und Buße zu tun, damit er gerettet werde. Da aber niemand die Stunde seines Todes wisse, solle er sich jeden Tag so verhalten, als ob es sein letzter wäre[235]. »Und auch wenn er sein ganzes Leben lang vollkommen gottlos war und zuletzt Buße getan, erinnert man ihn nicht mehr an seine Gottlosigkeit, denn es heißt: ›Und durch seine Gottlosigkeit soll der Gottlose nicht straucheln am Tage seiner Umkehr.‹ «[236] Die Gelehrten des Talmud fanden aber, daß einige Verbrechen so schwerwiegend wären, daß sie erst durch den Tod oder, nach Meinung anderer Gelehrter, nicht einmal durch diesen gebüßt werden könnten. Zu diesen schweren Vergehen wurde die Entweihung des göttlichen Namens gezählt. Man berief sich dabei auf das folgende Prophetenwort: »Der Herr der Heere hat mir offenbart. Diese Schuld wird euch bis zu eurem Tode nicht vergeben.«[237] Spätere Gelehrte vertraten die

Ansicht, daß auch solche Sünden vergeben würden und daß die Ausführungen des Talmud nicht wörtlich verstanden werden dürften, da durch sie nur die besondere Sündhaftigkeit der Tat betont werden sollte. Der eigene Tod sei die höchste Buße des Menschen, da sie auch als die höchste Strafe Gottes angesehen werde. Dies bezeuge der Prophetenspruch: »Der Herr fand Gefallen an seinem zerschlagenen Knecht, er rettete den, der sein Leben als Sühneopfer hingab.«[238] Um dieser Buße Wirksamkeit zu verleihen, solle der Mensch in seiner Sterbestunde folgendes sagen: »Möge der Tod mir die Entsühnung aller meiner Sünden bringen.«[239] »Denn jeder, der bekennt, hat Anteil an der zukünftigen Welt«, lautet hierzu der Kommentar im Palästinensischen Talmud[240].

Als »gute Tat« wird auch das **Gebet** gerechnet. Ein Weiser des Talmud behauptete sogar: »Größer ist das Gebet als gute Taten.«[241] Das Gebet gilt im Judentum als eine spirituelle Leiter, auf der die Gläubigen bis zu Gott gelangen können. Die innige Gottesbeziehung, wie sie in den Psalmen zum Ausdruck kommt, ist ohne Parallele in der Gottesverehrung der Völker dieser Welt und für alle seither verfaßten Gebete beispielgebend gewesen.

Die Welt verdankt dem Judentum auch das Gemeinschaftsgebet, das zuerst in einer Synagoge gebetet worden ist. Schon die Architektur dieser Kultstätte beweist es. Ein gemeinsam gesprochenes Gebet ist nur dort möglich, wo es einen einheitlichen, gedeckten Kultraum gibt, der sowohl die Priester als auch die Gläubigen aufzunehmen imstande ist. Dieses Gemeinschaftsgebet hat dann zusammen mit anderen Elementen des jüdischen Gottesdienstes Eingang in den christlichen Ritus gefunden. Es sind dies die Lesung aus der Schrift, die Predigt, die Formel »Amen«, das Halleluja, die

Psalmen, die Taufe* sowie das »letzte Abendmahl«, das ja ein Pessachmahl war. »Brot« und »Wein«** als Zeichen der Eucharistie kommen gleichfalls aus dem jüdischen Ritus.

Das gemeinschaftliche Gebet bedeutet eine kultische Aufwertung des Gläubigen, der von einem stummen Zeugen der Andachtshandlung zum Mitwirkenden wird und so die Unmittelbarkeit zu Gott erfährt. Diese unmittelbare Beziehung zu Gott findet ihren Ausdruck in einem Torakommentar, wahrscheinlich aus dem 6. oder 7. Jahrhundert. Unter Bezugnahme auf den Toratext »Auge in Auge hat der Herr... mit euch geredet«[242] wird argumentiert: So wie auf ein Portrait Tausende schauen und jeder denkt, daß es auf ihn schaut, so schaute auch Gott auf jeden Israeliten, sprechend: »Ich bin der Herr, dein Gott.«[243] Er vernimmt auch die Gebete aller seiner Geschöpfe auf einmal, wie *eine* Stimme, wenn es heißt: »Du erhörst das Gebet.«[244] (Im hebräischen Original steht: »das Gebet«, in der Einheitsübersetzung hingegen, wahrscheinlich, weil es ausdrucksvoller klingt: »die Gebete«[245].)

Gleichzeitig entsteht durch das gemeinsam gesprochene Gebet eine Nahbeziehung zu den Mitbetenden. Die Wirkung gemeinsam gesprochener Worte ist von totalitären Regimen weidlich genützt worden. Die skandierten Sprüche der Massen bei Parteiveranstaltungen klingen noch lange im Ohr nach. Es zeigt sich hier, daß gemeinschaftliches Tun überhaupt auf die Gefühle des Menschen eine tiefe, oft nachhaltige Wirkung ausübt. Wie leicht Elemente der Gottesverehrung pervertiert

---

* Im orthodoxen Judentum ist es bis heute Brauch, die symbolische Reinigung durch Untertauchen in einem rituellen Bad *(miqwe)* zu vollziehen.

** Jedes jüdische rituelle Festmahl wird mit Wein und Brot eröffnet.

werden können, ist klar, liegen doch oft sogar innerhalb einer Religion wahre Gottesverehrung und Gotteslästerung, nur durch eine dünne Wand voneinander getrennt, nebeneinander.
Wenden wir uns wieder der biblischen Erzählung zu. Gottes Urteilsspruch über die Frau lautet:

»Viel Mühsal bereite ich dir, sooft du schwanger wirst. Unter Schmerzen gebierst du Kinder. Du hast Verlangen nach deinem Mann; er aber wird über dich herrschen.«[246]

Besonders der letzte Halbsatz – »er aber wird über dich herrschen« – ist immer neu interpretiert worden. In der vorhellenistischen Zeit, ungefähr bis zum 4. vorchristlichen Jahrhundert, galt allgemein, daß die Frau rechtlich zuerst ihrem Vater, später ihrem Mann untergeordnet sei. In vielen Angelegenheiten, z. B. der Heirat, war auch ihr Einverständnis gefordert. Sie war keinesfalls rechtlos; im Vergleich zu den damals bei anderen Völkern herrschenden Rechtsnormen sogar weitgehend rechtlich geschützt. Als man in der hellenistischen Zeit mit der Auslegung der Gesetze begann – die Kommentare wurden zuerst in der Mischna um 200 n. Chr., dann im Talmud im 5. und 6. Jahrhundert n. Chr. zusammengefaßt –, erfolgte eine sukzessive rechtliche und soziale Gleichstellung der Frau, die bis zum heutigen Tag andauert.
Midrasch und Talmud verstanden die etwas ominöse zweite Satzhälfte »er aber wird über dich herrschen« als Weiterführung des ersten, bezogen ihren Sinn also auf das Geschlechtsleben. Der Midrasch findet, es sei dies eine Mahnung an den Mann: Wenn sie Lust zum Beischlaf hat, sollst du ihn ihr nicht vorenthalten[247].
Aufgrund einer Bestimmung im Gesetzesbuch Schulchan Aruch[248] könnte man meinen, die Worte »er aber

wird über sie herrschen« beträfen die Position beim Geschlechtsverkehr. Einer der Weisen meinte, damit werde auf den Unterschied zwischen Mann und Frau hingewiesen: Die Frau verlange den ehelichen Beischlaf mit dem Herzen, der Mann aber mit dem Munde, d. h. der Mann habe die Aufforderung zum Beischlaf an die Frau zu richten, und in diesem Sinne »herrscht« er über sie. Ein anderer Weiser des Talmud sagt hingegen: »Die Frau, die ihren Mann zur [ehelichen] Pflicht auffordert, bekommt Kinder, wie es solche sogar im Zeitalter Moses nicht gab.«[249] Die Pflicht des Mannes zum Beischlaf wurde aus der Tora abgeleitet: »Nimmt er sich noch eine andere Frau, darf er sie in Nahrung, Kleidung und Beischlaf nicht benachteiligen.«[250]

Einem Mann war es gestattet, bis zu vier Frauen zu ehelichen. Die Weisen hatten aber stets nur eine Frau, und ein Teil der Juden, wie die Essener, lehnte die Polygamie nachdrücklich ab. Erst im Jahr 1000 wurde mittels eines rabbinischen Dekrets, das allerdings nur für das europäische Judentum Gültigkeit besaß, die Polygamie verboten.

Die Pflicht des Mannes zum Beischlaf bedeutet aber keine Verpflichtung der Frau. Das leiten die Weisen aus dem biblischen Spruch ab, der wörtlich übersetzt so lautet: »... und wer mit den Füßen drängt, ist ein Sünder.«[251] Die Einheitsübersetzung gibt den Vers folgendermaßen wieder: »Wer hastig rennt, tritt fehl«, ohne auf die erste Vershälfte Rücksicht zu nehmen, die lautet: »Schon unvernünftige Begierde ist nicht gut.« (Das hebräische Wort *ats* heißt sowohl »hastig rennen« als auch »mit den Füßen drängen«.) Somit war die Vergewaltigung in der Ehe im Judentum schon zu talmudischen Zeiten verboten.

Nach der Frau erhält Adam seine Strafe:

»So ist verflucht der Ackerboden deinetwegen. Unter Mühsal wirst du von ihm essen alle Tage deines Lebens. Dornen und Disteln läßt er dir wachsen, und die Pflanzen des Feldes mußt du essen. Im Schweiße deines Angesichts sollst du dein Brot essen, bis du zurückkehrst zum Ackerboden; von ihm bist du ja genommen. Denn Staub bist du, zum Staub mußt du zurück.«[252]

Der Midrasch führt hierzu aus: Als der Mensch das hörte (daß er Pflanzen essen soll), rann ihm der Schweiß vom Gesicht: »Wie«, sagte er, »soll ich an die Krippe gebunden sein wie ein Haustier?« Darum [erbarmte sich] Gott und sprach: »Weil dir dein Schweiß vom Anlitz trieft, sollst du nun Brot essen.« Weiters meint der Midrasch, die Drohung, Pflanzliches essen zu müssen, beziehe sich nur auf die damaligen Geschlechter vor der Sintflut. Einer der Weisen ergänzt: »Nur darf es ihm an Brot nicht fehlen.«[253]

Der Midrasch führt weiter aus: Die Ernährung ist sogar schwerer als die Erlösung. Denn die Erlösung geschieht durch einen Engel, wie es heißt: »Der Engel, der mich erlöst hat.«[254] Die Ernährung geschieht aber durch den Heiligen selber, wie es heißt: »Du öffnest deine Hand und sättigst alles, was lebt, nach deinem Gefallen.«[255] »So wie die Erlösung mit Wundern verbunden ist, ist es auch die Ernährung, und so wie die Ernährung eine tägliche ist, ist es auch die Erlösung.«[256]

Hat das Menschenpaar Umkehr geübt? Die Tora berichtet:

»Adam nannte seine Frau Eva (Leben), denn sie wurde die Mutter aller Lebendigen.«[257]

Ist es nicht merkwürdig, daß nach dem göttlichen Strafspruch die Erzählung mit diesem Satz fortgesetzt wird? Der Sinn dieses Satzes ist, daß das erste Menschenpaar

trotz der Beschwerlichkeiten, die das Leben außerhalb des Garten Eden für es bedeutet, und trotz des nun zu erwartenden Todes ja zum Leben sagt: es beschließt, Nachkommen zu haben. Es nimmt somit die Strafe an und unterwirft sich der Buße, um seine Verfehlung zu sühnen. Daß Adam Buße tat, findet sich zumindest aus der Zeit des Talmud in zwei Quellen. Im Midrasch wird der Zeitpunkt der Buße nach der Vertreibung aus dem Paradies angesetzt, und zwar im Zusammenhang mit dem Toravers: »Dann ging Kain vom Herrn weg ...«[258]
Kain ging fröhlich, da er vernommen hatte, daß er am Leben bleiben werde. Der Herr machte »Kain ein Zeichen, damit ihn keiner erschlage«.[259] Da begegnete ihm der erste Mensch und fragte: »Was ist aus deiner Rechtssache geworden?« (Gott hat Kain wegen des Mordes, den er an seinem Bruder Abel begangen hat, zur Verantwortung gezogen.) Kain antwortete: »Ich habe Buße getan, und infolgedessen bin ich freigesprochen worden.« Da fing der erste Mensch an, sein Gesicht zu schlagen (vor Freude) und sprach: »Also so groß ist die Kraft der Buße, das habe ich nicht gewußt!« Sofort stand der erste Mensch auf und sang den Psalm 92: »Wie schön ist es, dem Herrn zu danken ...«[260]
In der schon früher zitierten Schrift »Das Leben Adam's und Eva's« steht, daß Adam Gott bittet, »er möge Mitleid haben und meiner sich erbarmen«. Adam schrie unter Tränen, »verzeih mir Herr, was ich getan«. Das geschieht, noch bevor Adam das Paradies verlassen muß[261]. Anders sieht es der Midrasch: »Adam wurde vertrieben, ohne daß er wieder (durch Buße) von Gott aufgenommen worden wäre.«[262] An anderer Stelle allerdings: Gott hat dem Adam die Tür zur Bekehrung geöffnet.[262]
Wurde dem Menschenpaar die göttliche Vergebung zu-

teil? Der nächste Bibelvers ließe diese Vermutung zu:

»Gott, der Herr, machte Adam und seiner Frau Röcke aus Fellen und bekleidete sie damit.«[264]

Die **göttliche Fürsorge**, die mit diesem Vers zum Ausdruck kommt, ist dem Judentum stets bewußt gewesen. Die Tora vergleicht Gott in dieser Hinsicht sogar mit einem Arzt[264]. Der Prophet Jesaja und die Psalmen weisen immer wieder auf Gott hin, der den in Not Geratenen Trost spendet: »Fürchte dich nicht, denn ich bin mit dir; hab keine Angst, denn ich bin dein Gott. Ich helfe dir ja, ich mache dich stark.«[265] – »Der Herr ist gnädig und gerecht, unser Gott ist barmherzig. Der Herr behütet die schlichten Herzen; ich war in Not, und er brachte mir Hilfe.«[266] – »Der Herr ist bei mir, ich fürchte mich nicht. Was können Menschen mir antun?«[267]

Die Tora weiß auch, daß die Menschen zwar dann, wenn es ihnen schlecht geht, Gottes Fürsorge anrufen, Gott aber vergessen, wenn es ihnen gut geht: »... wenn du dann ißt und satt wirst: nimm dich in acht, daß du nicht den Herrn vergißt ...« – »Dann nimm dich in acht und denk nicht bei dir: ich habe mir diesen Reichtum aus eigener Kraft und mit eigener Hand erworben. Denk vielmehr an den Herren, deinen Gott: Er war es, der dir Kraft gab, Reichtum zu erwerben, weil er seinen Bund, den er deinen Vätern geschworen hatte, so verwirklichen wollte, wie er es heute tut.«[268]

Das Vertrauen in die göttliche Fürsorge enthebt den Menschen keinesfalls der Verpflichtung, vorsichtig zu sein, um sein Leben nicht zu gefährden. Im Talmud ist hierüber folgendes zu finden: Nicht nur Elischa – wie schon beschrieben –, sondern auch ein anderer Weiser sah einen Burschen, der auf Wunsch seines Vaters mittels einer Leiter auf eine Burg stieg und von dort junge

Vögel nahm, nachdem er vorher, dem Gebot entsprechend, den Muttervogel hatte wegfliegen lassen. Beim Heruntersteigen fiel er von der Leiter und brach sich das Genick. Daran schließt sich die Überlegung, daß der Bursche gleich zwei Gebote befolgt habe, wofür die Tora langes Leben verspricht[269], indem er nämlich durch die Erfüllung des Wunsches seiner Eltern diese ehrte und indem er den Muttervogel wegfliegen ließ, ehe er die jungen Vögel aus dem Nest nahm. Da es unmöglich ist, daß Gottes Versprechen nicht in Erfüllung gehen, ist dieser plötzliche Tod Beweis für das Leben nach dem Tode: Die Erfüllung des göttlichen Versprechens wird in der »Kommenden Welt« erfolgen.
Ein Gelehrter vertrat allerdings die Meinung, der junge Mann sei deshalb zu Tode gestürzt, weil er nicht beachtet habe, daß eine Sprosse der Leiter schadhaft war. Für seinen Tod sei er selber verantwortlich und nicht Gott. Er hätte sich genauso vorsichtig verhalten sollen wie der Prophet Samuel, der, als man ihn hieß, sein Leben aufs Spiel zu setzen, folgendes sagte: »Wie kann ich da hingehen? Saul wird es erfahren und mich umbringen«, und sich weigerte, sich der Gefahr auszusetzen[270].
Die Gewißheit, daß Gott den Menschen beisteht, findet ihren bewegendsten Ausdruck in der Vorstellung von Gott als einem Vater. Dieser einzigartige Gedanke einer unmittelbaren Beziehung zwischen Gott und den Menschen ist wahrscheinlich erstmals im Judentum nach dem siebten vorchristlichen Jahrhundert entstanden. In der Tora steht: »... der Herr, dein Gott, [hat] dich auf dem ganzen Weg getragen, wie ein Vater seinen Sohn trägt.«[271] Der Prophet Jeremia versucht, die Schmerzen seines ins Exil geführten Volkes mit der Zusicherung der göttlichen Fürsorge zu lindern: »Weinend kommen

sie, und tröstend geleite ich sie ... Denn ich bin Israels Vater.«[272] Der Prophet Jesaja ergänzt dieses Bild, indem er die Liebe Gottes mit der Liebe einer Mutter vergleicht: »Kann denn eine Frau ihr Kindlein vergessen, eine Mutter ihren leiblichen Sohn? Und selbst wenn sie ihn vergessen würde: ich vergesse dich nicht.«[273] Auch ein Psalmvers kann hier noch als Beispiel dienen: »Wie ein Vater sich seiner Kinder erbarmt, so erbarmt sich der Herr über alle, die ihn fürchten.«[274] Und sogar der strafende Gott wird als liebevoller Vater dargestellt: »Wen der Herr liebt, den züchtigt er, wie ein Vater seinen Sohn, den er gern hat.«[275]

Diese Vater-Sohn-Beziehung entspricht der von Gott dem Menschen gewährten allumfassende Liebe und der Forderung an den Menschen, Gott Liebe entgegenzubringen. Im vornehmsten Gebet der Juden, das in der Tora verzeichnet ist, stehen die folgenden richtungweisenden Worte: »Darum sollst du den Herrn, deinen Gott, lieben mit ganzem Herzen, mit ganzer Seele und mit ganzer Kraft.«[276] Die Weisen Israels verstanden das Liebesgebot allumfassend – »Alles, was ihr tut, tut aus Liebe.«[277] In Nachahmung der Liebe Gottes hat der Mensch auch die Menschen zu lieben, die ja als Geschwister zu betrachten sind, da alle denselben Vater haben: »Liebe deinen Nächsten wie dich selbst«, lautet dieses unvergeßliche, doch so oft vergessene Gebot[278]. Aus der Liebe leitet sich auch das Gebot zur Gewaltlosigkeit ab. Der Prophet Jesaja führt sein Verhalten als Beispiel an. »Ich hielt meinen Rücken denen hin, die mich schlugen, und denen, die mir den Bart ausrissen, meine Wangen.« Der von ihm erschaute Gottesknecht verhält sich so seinen Peinigern gegenüber, »er lädt ihre Schuld auf sich ..., weil er sein Leben dem Tod preisgab ..., er trug die Sünden von vielen und trat für die Schuldigen ein.«[279] Die Juden sahen das Schicksal ihres Volkes in der Vision vom Gottesknecht verkörpert, die Christen bezogen diese Worte auf Jesus. Das Ideal der Gewaltlosigkeit kommt auch im folgenden Bibelvers zum Ausdruck: »Sag nicht: Wie er mir getan hat, so will auch ich ihm tun...«[280] Und der Talmud meint hierzu: »Über diejenigen, die sich demütigen ließen, ohne andere zu demütigen, die ihre Schmähung anhören, ohne zu erwidern, die aus Liebe handeln und sich der Züchtigung [durch Gott] freuen, spricht die Schrift: ›... die ihn lieben, sind wie die Sonne, wenn sie aufgeht in ihrer Kraft.‹ «[281]

Auch aus dem Hinweis im ›Buch der Weisheit‹ (abgefaßt um ca. 50. v. Chr.), das in der katholischen Bibel Aufnahme gefunden hat: »... sie hat ihn [Adam] aus seiner Sünde befreit...«[282], können wir entnehmen, daß Adam durch Gottes Liebe und Barmherzigkeit der Gnade wert befunden wurde.

Der nächste Vers des biblischen Berichts lautet:

»Dann sprach Gott der Herr: Seht, der Mensch ist geworden wie wir; er erkennt Gut und Böse.«[283]

Diesen Vergleich des Menschen mit Gott wollten die Rabbinen nur indirekt verstanden wissen, da Gnostiker aus diesem Vers die Co-Regentschaft Adams mit Gott abzuleiten versuchten. Aus den zahlreichen Überlegungen, die zu diesem Vers überliefert worden sind, sollen nur einige angeführt werden. So wird u. a. auf den Vers aus dem Buche Ijob verwiesen: »Du bezwingst ihn für immer, so geht er dahin, du entstellst sein Gesicht und schickst ihn fort.«[284] Diese Worte drücken das göttliche Mitgefühl für Adam aus. Deshalb meint der Midrasch: »Als aber das [die Verkündung des Strafspruches] geschehen war, fing Gott an, über Adam zu klagen und sprach: Wohin ist es mit Adam, einem von uns, gekommen?« Im Anschluß daran wird ausgeführt, daß mit »einem von uns« die Dienstengel gemeint sind. Nach einer anderen Ansicht bezieht sich der Vergleich mit Gott auf die Torastelle: »Unser Gott, der Herr, ist einzig.« So wie Gott einzig ist, sei damals das Menschenpaar einzig gewesen[285].

Den Worten »er erkennt Gut und Böse« wird folgender Sinn gegeben: Gott zeichnete vor Adam zwei Wege, einen des Lebens und einen des Todes, und er erwählte sich den letzteren. Nach anderer Auslegung: Adam entzog sich dem göttlichen Befehl wie der Prophet Jona: »Das Wort des Herrn erging an Jona ...: Mach dich auf den Weg und gehe nach Ninive ... Jona machte sich auf den Weg; doch er wollte nach Tarschisch fliehen, weit weg vom Herrn.«[286] So wie Jona nicht in seiner Würde verblieb, verblieb auch Adam nicht in der seinigen. Unter »Als Abbild Gottes schuf er ihn« wird die Würde (Herrlichkeit) Gottes verstanden[287].

Weiter im Schöpfungsbericht:

»Gott, der Herr, schickte ihn aus dem Garten von Eden weg.«[288]

Die Rabbinen waren verschiedener Meinung über die Bedeutung dieses Verses. Einer meinte, Gott habe ihn nicht nur aus dem Garten Eden dieser Welt, sondern auch aus dem Garten Eden der »Kommenden Welt« vertrieben, und somit werde er nicht erlöst werden[289]. Die Vorstellung von einem irdischen und einem himmlischen Garten Eden ergibt sich aus der Annahme, daß alles auf Erden eine Entsprechung im Himmel habe. Diese Dualität liege schon im Wort für Himmel. Im Hebräischen *(schamajim)* hat es eine Endung, die bei Wörtern, die ein Paar ausdrücken, zu finden ist.* Daß es zwei Himmel gibt, führt ein Weiser des Talmud[290] darauf zurück: »Sieh, dem Herrn, deinem Gott, gehören der Himmel, der Himmel über den Himmeln ...«[291] So sei auch der Name für Jerusalem *(Jeruschalajim)* aufzufassen. Das himmlische Jerusalem geht u. a. auf die Vision des Propheten Ezechiel[292] zurück, obwohl ein Talmudspruch das Bild einem Psalmvers entnimmt: »Jerusalem, du [wieder]erbaute, wie eine zusammengepaarte [festgefügte] Stadt ...«[293]

Im Neuen Testament wird das himmlische Jerusalem u. a. in der Offenbarung des Johannes und im Brief an die Galater erwähnt[294]. Daß der Mensch und die Welt erlöst werden, war nach Meinung der Gelehrten Israels dem Text der Bibel zu entnehmen, und sie untermauerten ihre Annahme vor und nach der Wende der Zeitrechnung durch mannigfaltige, zum Teil einander widersprechende Überlegungen.

Als Vorbild für die Erlösung wurde die Herausführung Abrahams aus Chaldäa angesehen[295]. Der Midrasch bezieht das Prophetenwort »ich werde euch schleppen und retten« auf diese Tat[296]. Vor allem aber ist die Befreiung Israels aus der ägyptischen Knechtschaft zur Erlösungstat Gottes schlechthin geworden. »Weil der Herr euch liebt und weil er auf den Schwur achtet, den er euren Vätern geleistet hat, deshalb hat der Herr euch mit starker Hand herausgeführt und euch aus dem Sklavenhaus freigekauft.«[297]

Es stand somit beim Erlösungsgedanken in erster Linie die nationale Befreiung im Vordergrund. Die Erlösung des einzelnen als Endzeiterwartung kam erst im Ver-

* Raschi deutet das Wort *schamajim* als aus zwei Wörtern zusammengesetzt: *scham* und *majim.* Diese bedeuten: Dort ist Wasser.

laufe einer späteren Entwicklung auf. Eine Erlösungslehre hat es aber auch dann nicht gegeben, da man im Gegensatz zur umfangreichen theologischen Forschung der christlichen Religionen bei den rabbinischen Schriften des Judentums, zumindest bis zum späteren Mittelalter, nie von einer Theologie im engeren Sinn des Wortes sprechen kann. Eine im Talmud überlieferte Legende soll dies erläutern:

Der Kaiser sprach zu Rabban Gamliel: »Ich weiß, was Gott tut und wo er sich befindet!« Darauf seufzte Gamliel und stöhnte. Der Kaiser fragte: »Weshalb dies?« Gamliel erwiderte: »Ich habe einen Sohn in den überseeischen Ländern, und ich habe Sehnsucht nach ihm; ich wünschte, daß du mir ihn zeigst.« Der Kaiser sprach: »Weiß ich denn, wo er weilt?« Da antwortete Gamliel: »Du weißt nicht, was auf der Erde vorgeht, und was auf dem Himmel vorgeht, willst du wissen?«

Ein Spruch aus dem Midrasch gibt eine ähnliche Meinung wieder: »Was dir zu groß, erforsche nicht, was dir zu mächtig, ergründe nicht, was dir zu erhaben, wolle nicht wissen, und was zu verborgen, erfrage nicht.«[298]

Im Vordergrund der Überlegungen standen bei den Gelehrten vielmehr der Mensch sowie die Richtlinien seines gerechten, gottgewollten Handelns. Man versuchte für jede mögliche Lebenssituation das richtige Verhalten aus den offenbarten Gesetzen abzuleiten. Alle diese Vorschriften sollten aber dem Leben dienen, da es heißt: »Daher sollt ihr auf das ganze Gebot ... achten ... damit ihr lange lebt.« – »Hört, und ihr werdet leben ...«[299] Wie sehr der Schutz des Lebens ein wesentliches Anliegen der Religion war, zeigt eine Bestimmung des Talmud: Bei Lebensgefahr dürfen alle Gebote bis auf drei, nämlich das Verbot von Götzendienst, Unzucht und Mord, übertreten werden. Götzendienst ist im Falle von Lebensgefahr abzulehnen, weil man Gott »mit ganzer Seele und mit ganzer Kraft«[300] lieben soll, es bleibt somit keine Kraft für den Götzendienst. Wenn man Unzucht treibt, dann ist das ebenso, wie wenn man seinen Nächsten überfällt und mordet; und wenn jemand einen Mord zur Lebensrettung begehen will, dann sage man ihm: »Wer sagt dir, daß dein Blut röter ist, vielleicht ist das Blut jenes Menschen röter.«[301]

Den Schriftgelehrten ging es in erster Linie um den Menschen. Sie fanden den Beweis für die Richtigkeit dieser Einstellung im Text der Tora. Als Jithro, der Schwiegervater des Mose, diesen nach dem Auszug aus Ägypten in der Wüste traf, war zuerst nicht die Rede von den Wundertaten Gottes, der das Meer geteilt und sie in der Wüste mit Manna und mit Wachteln gespeist hatte, sondern sie erkundigten sich zuerst nach dem Wohlergehen (Frieden) des anderen. Erst danach berichtete Mose von den Wundertaten Gottes. Die Tora beschreibt das mit folgenden Worten: »Da ging Mose seinem Schwiegervater entgegen, fiel vor ihm nieder und küßte ihn. Dann fragten sie einander nach ihrem Wohlergehen und gingen ins Zelt. Mose erzählte seinem Schwiegervater alles, was der Herr... um Israels willen ... [getan] hätte ...«[302]

In der Bibel und an einigen Stellen des Talmud finden sich aber dennoch Hinweise auf das Schicksal des Menschen nach seinem Tod und über die Endzeit dieser Welt. Aus dem Dargelegten ergibt sich aber, daß diese Vorstellungen ganz und gar nicht einheitlich waren. Die Rabbinen des Talmud hielten unter Hinweis auf das Bibelwort »Seit Menschengedenken hat man noch nie vernommen, kein Ohr hat gehört, kein Auge gesehen«[303] die Schaffung einer Lehre über die »Kommende Welt« für nicht möglich.

In einem Midrasch wird dennoch versucht, aus der Schrift Voraussagen für das »Danach« abzuleiten. Demnach wird Gott dereinst die Welt erleuchten, denn es heißt: »Bei Tag wird nicht mehr die Sonne dein Licht sein.«[304] Er wird lebendiges Wasser aus Jerusalem entspringen lassen und damit alle Krankheiten heilen, denn es heißt: »Wohin der Fluß gelangt, da werden alle Lebewesen, alles was sich regt, leben können.«[305] Er wird bewirken, daß die Bäume jeden Monat Früchte geben, und der Mensch wird davon essen und geheilt werden, denn es heißt. »Jeden Monat tragen sie frische Früchte... Die Früchte werden als Speisen und die Blätter als Heilmittel dienen.«[306] Alle zerstörten Städte werden wieder aufgebaut werden, und es wird keinen wüsten Ort mehr geben, selbst Sodom und ihre Töchter werden wieder aufgebaut werden, denn es heißt: »Sodom und ihre Töchter... werden wieder sein wie früher.«[307] Jerusalem wird mit Saphiren aufgebaut werden, denn es heißt: »Ich selbst lege dir ein Fundament aus Malachit und Grundmauern aus Saphir.«[308] Diese Steine werden leuchten wie die Sonne, und die Völker der Erde werden kommen und sich an deinem Licht laben, denn es heißt: »Völker wandern zu deinem Licht«, und: »Kuh und Bärin freunden sich an.«[309] Gott wird alle Tiere, Vögel und alles Gewürm zusammenführen und mit ihnen und mit ganz Israel einen Bund schließen, denn es heißt: »Ich schließe für Israel an jenem Tag einen Bund mit den Tieren des Feldes und den Vögeln des Himmels und mit allem, was auf dem Erdboden kriecht.«[310] Es wird fürder kein Weinen und kein Jammern mehr geben, denn es heißt: »Nie mehr hört man dort lautes Weinen und lautes Klagen.«[311] Es wird keinen Tod mehr in der Welt geben, denn es heißt: »Er beseitigt den Tod für immer. Gott, der Herr, wischt die

Tränen ab von jedem Gesicht.«[312] Es wird kein Seufzen und keinen Angstschrei und kein Stöhnen mehr geben, sondern es werden sich alle freuen, denn es heißt: »Die vom Herrn Befreiten kehren zurück und kommen voll Jubel nach Zion. Ewige Freude ruht auf ihren Häuptern.«[313]

Eine Vielfalt von Antworten erhalten wir auch auf die Frage: Wovon wird der Mensch eigentlich erlöst werden? Die Psalmen bieten mehrere unterschiedliche Erklärungen an: von der »Gewalt der Menschen«, von den Feinden und vom Tod: »Doch Gott wird mich loskaufen aus dem Reich des Todes, ja er nimmt mich auf.«[314]

Die Lehre von der Auferstehung ist für das pharisäische Judentum ein Grundstein seines Denkens gewesen. Andere Gruppen – bis zur Zerstörung des zweiten Tempels 70 n. Chr. wahrscheinlich die Mehrzahl der in Judäa lebenden Juden – lehnten dies ab. Das tiefreligiöse Buch Jesus Sirach, aus dem Verse sogar im Talmud zitiert werden[315], ist vermutlich deshalb, weil es die Auferstehung leugnet, nicht in den Kanon der jüdischen Bibel aufgenommen worden. Heißt es doch dort: »Beim Toten, der nicht mehr ist, verstummt der Lobgesang; nur der Lebende und Gesunde preist den Herrn.«[316] Ein ähnlich lautender Hinweis findet sich zwar auch in einem Psalm[317], aber andere Stellen in den Psalmen bezeugen die Auferstehung der Toten. Auch das Buch Kohelet, dessen Heiligkeit umstritten war, ist wahrscheinlich erst durch den Nachsatz »Denn Gott wird jedes Tun vor das Gericht bringen, das über alles Verborgene urteilt, es sei gut oder böse«[318] in den Kanon der heiligen Bücher eingereiht worden. Hingegen verkündet der Prophet Jesaja schon im 8. Jahrhundert v. Chr. (erst kürzlich wurde diese Datierung von Yehezkel Kaufmann belegt): »Deine Toten werden leben, die Leichen stehen wieder auf; wer in der Erde liegt, wird wachen und jubeln.«[319] Das Buch Daniel gehört zu den jüngsten Schriften der Bibel. Es wurde zu Beginn des zweiten vorchristlichen Jahrhunderts verfaßt, wobei einige Teile wohl auf eine ältere Tradition zurückgehen. Für den Autor dieses Buches war die körperliche Auferstehung gewiß: »Von denen, die im Land des Staubes schlafen, werden viele erwachen, die einen zum ewigen Leben, die anderen zur Schmach . . .«[320]

In der Mischna wird die umstritten gewesene Lehre von der Auferstehung mit den Worten bekräftigt: ». . . wer behauptet, daß die Auferstehung der Toten nicht von der Tora herzuleiten sei, hat keinen Anteil an der ›Kommenden Welt‹.«[321]

Die Vorstellung von der »Kommenden Welt« war auch mit »Himmel« und »Hölle« verbunden. So sagen die Gelehrten, dereinst werde der Heilige die Gerechten nehmen, ihnen die Hölle und die leeren Plätze darin zeigen und zu ihnen sprechen: »Diese leeren Plätze waren für euch bestimmt, allein ihr habt euch durch gute Werke würdig gezeigt und ererbt deshalb das Paradies.«[322] Im entgegengesetzten Sinn verfährt er mit den Sündern, die ins Fegefeuer kommen, wie dies die Schule Schammais im 1. Jahrhundert v. Chr. behauptet hat. »Drei Klassen gibt es am Gerichtstag. Die völlig Frommen werden sofort zum ewigen Leben aufgeschrieben und besiegelt, die völlig Gottlosen werden sofort für das Fegefeuer aufgeschrieben und besiegelt, die Mittelmäßigen sinken in das Fegefeuer, wo sie heulen und steigen wieder herauf.«[323]

Die Legende »Das Leben Adam's und Eva's« beschreibt die Auferstehung Adams. Gott hat ihm vor der Vertreibung aus dem Paradies versprochen, er werde zur Zeit der Auferstehung vom Baum des Lebens zu essen bekommen, sobald er den Kampf mit dem Feind erfolgreich bestanden und sich vor allem Bösen bewahrt habe, damit »er unsterblich werde in der Ewigkeit«.[324] Nach seinem Tode, verheißt ihm Gott, werde er mit dem ganzen Menschengeschlecht auferstehen[325].

Die Lehre von der Wiederauferstehung der Toten ist kein eigenständiges jüdisches Gedankengut. Schon die Ägypter haben, früher als die Juden, ein Weiterleben nach dem Tode angenommen. Nichtsdestoweniger haben die christliche und die moslemische Welt diese Ansicht von der jüdischen Lehre überliefert bekommen.

Einem Psalmvers[326] ist auch zu entnehmen, daß Gott den Menschen »von all seinen Sünden« erlöst. Diese Aufforderung entspricht weniger der Lehre des Talmud, da dort dem Menschen auferlegt wird, durch Umkehr und Buße Vergebung für seine Sünden zu erlangen. Es wird im Talmud sogar die Ansicht vertreten, daß die Buße des einzelnen die Erlösung der Menschheit herbeiführen könne[327]. Schon dem Buch Jesaja kann man entnehmen, daß die Umkehr alle Sünden tilgt: »Denn für Zion kommt er als Erlöser und für alle in Jakob, die umkehren von ihrer Sünde.«[328] Im ersten Buch der Tora werden die folgenden Worte des sterbenden Jakob überliefert: »... der Engel Gottes, der mich erlöst hat von jeglichem Unheil ...«[329] Die Propheten verwenden zum Teil das Wort »erlösen« in der grammatikalischen Form der Vergangenheit[330]. Ein Midrasch[331] führt aus, daß Gott, als die Israeliten ihm Vorhaltungen machten, sie seien von ihm schon durch Mose und Joschua sowie durch die Richter und Könige erlöst worden und dennoch jetzt unterjocht, antwortet, die Erlösung sei in der Vergangenheit nur durch Menschen erfolgt und deshalb nicht von Dauer gewesen. In Zukunft werde er aber selber dem Volk die ewige Erlösung bereiten: »Israel aber wird vom Herrn gerettet, wird für immer errettet.«[332]

Der Messias wird als Mensch gesehen, zwar versehen mit besonderen Fähigkeiten, aber immer nur als Mensch. Sein Kommen soll die nationale Selbständigkeit Israels herbeiführen. Er ist lediglich ein Instrument in Gottes Hand, denn Gott allein ist »unser Erlöser von jeher«[333]. Sein Reich, über dessen Dauer – zwischen vierzig Jahren und Jahrtausenden – verschiedene Überlegungen im Talmud zu finden sind[334], wird dann von der »Kommenden Welt« abgelöst werden.

Der Grund für das menschliche Bedürfnis, erlöst zu werden, läßt sich vielleicht am treffendsten durch den Psalmvers 109,19. ausdrücken: Gott entreißt die Menschen, die in ihrer Bedrängnis zu ihm schreien, ihren Ängsten. Da das Kommen des Messias vom Zustand der Welt abhängig ist, kann der Mensch – nach der überwiegenden Meinung der Rabbinen – durch sein Tun dazu beitragen, dies herbeizuführen. Er hat folgendes zu befolgen: Buße und gute Taten zu üben, den Hochmut zurückzudrängen und die Schabbatgebote einzuhalten[335]. Dem entspricht die Meinung der Weisen, daß die Gerechten nur deshalb erschaffen worden seien, um die Erlösung herbeizuführen[336]. Das Bewußtsein, in dieser Welt eine Aufgabe zu haben, nämlich an der Erlösung mitzuwirken, findet im folgenden Ausspruch des Hillel (1. Jahrhundert v. Chr.) seinen Ausdruck: »Wenn ich nicht für mich bin, wer wäre dann für mich? Wenn ich nur für mich bin, wofür bin ich dann? Wenn nicht jetzt, wann denn?«[337] Deshalb meint auch ein Weiser, der um die Mitte des 1. Jahrhunderts n. Chr. lebte: »Nicht die Erörterung ist die Hauptsache, sondern die Handlung.«[338]

In manchen Vorstellungen ist der Einfluß der in den

Jahrhunderten vor Jesus entwickelten apokalyptischen Lehre zu erkennen: »Wenn du ein Zeitalter siehst, über das sich die Leiden wie ein Strom ergießen, so hoffe auf ihn.«[339] Die Apokalyptiker leben in der Erwartung, daß die messianische Zeit unmittelbar bevorstehe, wobei vorher aber noch das Böse die Herrschaft antreten werde. Sie sahen in ihrer Zeit Anzeichen für eine immer weiter um sich greifende Verdorbenheit der Menschen und besonders der Mächtigen. Als später auch die Gelehrten des Talmud Berechnungen über den Zeitpunkt der Ankunft des Messias anstellten, verboten die Rabbinen solche Überlegungen, da sie die Menschen im Falle des Nichteintreffens der Voraussage in den Unglauben stürzen könnten[340]. Sie meinten, der Zeitpunkt dieses Ereignisses sei den Menschen verborgen, und die Erlösung könne nicht gewaltsam herbeigeführt werden[341].

Die »Erlösung« verlangt auch nach einer Erklärung dafür, warum eine Welt, von der Gott bei ihrer Erschaffung wiederholt behauptet hat, sie sei »gut«[342], erlöst werden müsse.

Der Talmud führt aus, daß Gott noch *vor* der Welt folgendes erschaffen habe: die Tora, die Buße, das Paradies, das Fegefeuer, den Thron der Herrlichkeit, den Tempel und den Namen des Messias[343]. Damit ist aufgezeigt, daß die Erlösung von Anfang an in der Schöpfung verankert gewesen ist, da die Buße, das Fegefeuer und der Messias Instrumente der Erlösung sind. An dieser Aufzählung fällt auf, daß nicht der Messias, sondern nur sein Name erwähnt wird. Das entspricht der bereits angeführten Auffassung, daß der Messias nur als Mensch verstanden wurde; er konnte daher nicht vor Adam erschaffen werden. Es ist aber vorbestimmt, welcher Mensch der Messias sein wird. Der Midrasch sieht

die Ewigkeit des Namens des Messias durch den Psalmvers bekundet: »Sein Name soll ewig bestehen.«[344]
Die Toraerzählung setzt fort:

»Er (Gott) vertrieb den Menschen und stellte östlich des Gartens von Eden die Kerubim auf und das lodernde Flammenschwert, damit sie den Weg zum Baum des Lebens bewachten.«[345]

Sündenfall und Vertreibung aus dem Garten Eden. Aus einem Kodex. Oberösterreich, 2. Hälfte 14. Jhdt. (Bildarchiv der Österreichischen Nationalbibliothek).

Ein Midraschwerk vergleicht Adam mit dem Volk Israels. Dieses hat gleich Adam den Bund gebrochen. »Sie haben bei Adam* den Bund übertreten, dort haben sie mir die Treue gebrochen.«[346] Der erste Mensch ist am Gebot

* Wahrscheinlich eine geographische Bezeichnung (verdorben überliefert?). Der Midrasch bezieht den Namen auf den ersten Menschen.

Gottes, nicht vom Baum zu essen, gescheitert. Er wurde ins Paradies geführt[347], so wie das Volk in sein Land gebracht wurde, und so wie er mit Vertreibung bestraft wurde, wurde auch Israel aus seinem Land vertrieben[348].
Im Talmud wird anhand eines Psalmverses – »Der Mensch bleibt nicht in seiner Pracht.«[349] – Adams Aufenthalt im Garten von Eden geschildert: Zwölf Stunden hat der Tag – in der ersten wurde sein Staub gesammelt, in der zweiten wurde er zu einem Klumpen geformt, in der dritten wurden seine Glieder gedehnt, in der vierten wurde ihm die Seele eingehaucht, in der fünften stellte er sich auf seine Füße, in der sechsten gab er (den Tieren) Namen, in der siebenten wurde ihm Eva zugesellt, in der achten legten sie sich zu Bett zu zweien und verließen es zu vieren (Kain und Abel)*, in der neunten wurde ihm das Verbot erteilt, in der zehnten sündigte er, in der elften wurde über ihn Gericht gehalten, in der zwölften wurde er verjagt und ging fort. Denn: »Der Mensch bleibt nicht in seiner Pracht.«[350] Der Midrasch erwähnt zur Erklärung des »lodernden Flammenschwertes« das Prophetenwort »Denn seht, der Tag kommt, er brennt wie ein Ofen«[351] und zieht damit eine Parallele zur Hölle. Als Adam das sah, überlegte er: Wer rettet meine Kinder vor diesem zündenden Feuer? Er wollte sich deshalb nicht fortpflanzen. Als er aber sah, Israel werde nach 26 Geschlechtern die Tora empfangen, gesellte er sich wieder zu seinem Weibe. Deshalb heißt es: »Adam erkannte Eva, seine Frau, sie wurde schwanger und gebar Kain.«[352]
Das lodernde Flammenschwert am Eingang des Garten

* Die neunmonatige Schwangerschaft ist ein Teil von Evas Strafe. Vor dem Sündenfall wurden – nach Meinung der Weisen – die Kinder unmittelbar nach dem Geschlechtsakt geboren.

9 Das Paradies (Ausschnitt). Weltgerichtstriptychon. Hieronymus Bosch (um 1450–1516). (Akademie der Bildenden Künste, Wien)

10 Pandora. Ausschnitt aus einem französischen Wandteppich: Der Triumph des Todes über die Keuschheit. Anfang 16. Jahrhundert, Tours. (Kunsthistorisches Museum, Wien)

11 Juden in Israel
(Beth Hatefutsoth, Tel Aviv).

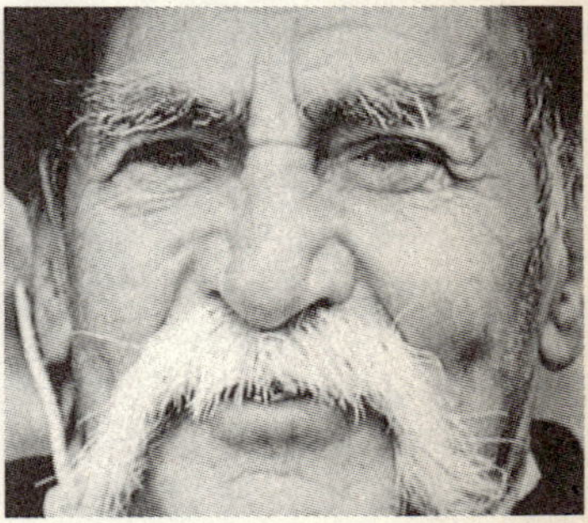
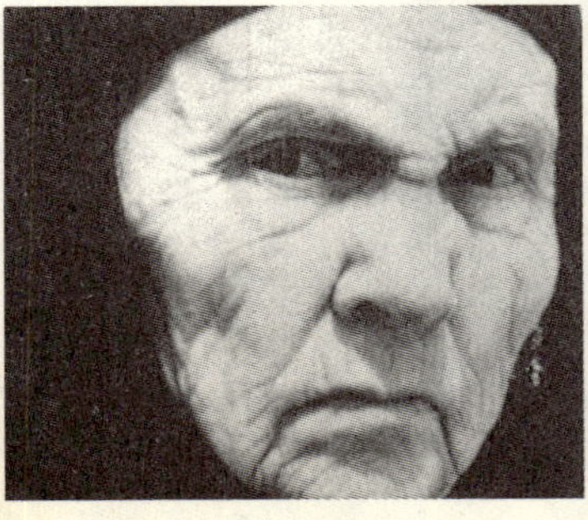

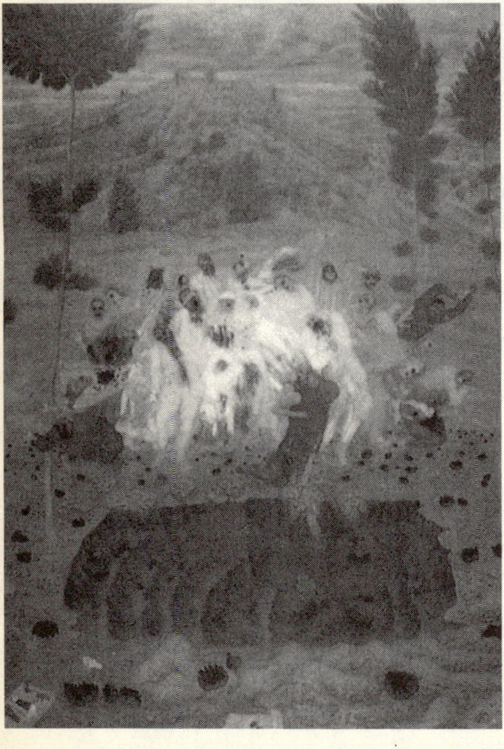

12 Jüdischer Gottesdienst im Feld, Erster Weltkrieg. (Heeresgeschichtliches Museum, Wien)

13 Frühjahr im Zweiten Weltkrieg. Arik Brauer, 1988.

Eden versinnbildlicht Gottes Willen, daß es dem Menschen verwehrt sein möge, trotz seiner Sehnsucht nach der Geborgenheit, die in ihm seither fortlebt, in den Garten Eden zurückzukehren. Ihm ist vielmehr aufgetragen, das Leben mit all seinen Schwierigkeiten zu meistern. Die Suche und die Sehnsucht nach einem Ort, wo es keinen Tod gibt und wo der ewige Friede herrscht, ist ihm aber nicht genommen. Wie hat sich das in den Lehren der jüdischen Religion niedergeschlagen? Und wie hat man sich die Verwirklichung dieses Traumes vom »paradiesischen Leben« vorgestellt?

Von all dem Schönen und Guten, das der Garten Eden zu bieten hat, stand im Judentum der Friede im Mittelpunkt der Endzeiterwartungen. Die Vision des Propheten Jesaja beschreibt dies in einzigartiger Weise: »Dann wohnt der Wolf beim Lamm, der Panther liegt beim Böcklein. Kalb und Löwe weiden zusammen, ein kleiner Knabe kann sie hüten. Kuh und Bärin freunden sich an, ihre Jungen liegen beieinander. Der Löwe frißt Stroh wie das Rind. Der Säugling spielt vor dem Schlupfloch der Natter, das Kind streckt seine Hand in die Höhle der Schlange. Man tut nichts Böses mehr und begeht kein Verbrechen auf meinem ganzen heiligen Berg; denn das Land ist erfüllt von der Erkenntnis des Herrn, so wie das Meer mit Wasser gefüllt ist.«[353]

Der **Friede** hat aus dieser Sicht seine Bedeutung als bloße Negation, als Abwesenheit des Krieges, verloren und stellt hier die wiedergewonnene paradiesische Einheit von Natur, Mensch und Gott dar. Über den bösen Trieb, der diese ursprüngliche Einheit zerstört hat, kann der Mensch, wie dies die Tora ihm aufgetragen hat, die Herrschaft erlangen: »Auf dich hat er (der Dämon Sünde) es abgesehen, doch du werde Herr über ihn.«[354]

Die enge Beziehung zwischen Frieden und Wiederherstellung der Einheit im Sinne des obigen Prophetenwortes ergibt sich auch aus dem hebräischen Wort für Friede, *schalom*. Die Worte für Ganzheit, Unversehrtheit und Vollendetheit *(schalem, schelemut)* haben die gleiche Wortwurzel wie das Wort für Friede.
Ein Name Gottes ist Friede[355]. Damit drückt der Talmud die allumfassende Bedeutung dieses Begriffes aus, heißt es doch in der Bibel: »Der Herr ist Friede.«[356]
Alle künstlichen Schranken zwischen den Menschen sollen aufgehoben werden. Nur *ein* König soll herrschen: »Dann wird der Herr König sein über die ganze Erde. An jenem Tag wird der Herr der einzige sein und sein Name der einzige.«[357] Alle Menschen werden dann nur an ihn ihre Gebete richten.
Es ist die Liebe, die durch Überwindung der Zwietracht zum friedlichen Zusammenleben der Menschen führt. Raschi stellt die Frage: Welches Zeitalter war wohl verdorbener? Das vor der Sintflut oder das danach? Über die Menschen vor der Sintflut steht: »Der Herr sah, daß auf der Erde die Schlechtigkeit des Menschen zunahm und daß alles Sinnen und Trachten seines Herzens immer nur böse war.«[358] Das Geschlecht nach der Sintflut wollte einen Turm bauen, um den Himmel zu stürmen[359], und somit gegen Gott vorgehen. Gleichwohl fanden die vor der Sintflut ihr Grab in den Wogen, die danach aber gingen nicht zugrunde. Daraus ergibt sich, wie hassenswert die Zwietracht und wie bedeutsam der Friede ist, denn das Geschlecht vor der Sintflut war rachsüchtig, die danach hingegen waren in Liebe und Freundschaft miteinander verbunden.
Viele Sprüche der Weisen handeln vom Frieden. Der Psalmvers – »Der Herr gebe Kraft seinem Volk. Der Herr segne sein Volk mit Frieden.«[360] – gibt Anlaß zu

folgender Feststellung: »Siehe, wie geliebt der Friede ist; als Gott die Israeliten segnen wollte, fand er kein anderes Gefäß, das alle Segnungen faßte, als den Frieden.«[361] Und: »Groß ist der Friede, denn Gott hat den Israeliten die Erlösung nur durch den Frieden verkündet, wie es heißt: ›Wie willkommen sind auf den Bergen die Schritte des Freudenboten, der Frieden ankündigt, der eine frohe Botschaft bringt und Rettung verheißt‹.«[362] Und der Friede wurde auch oft mit der Gerechtigkeit in Verbindung gebracht. So im folgenden Prophetenwort: »Ich setze den Frieden als Aufsicht über dich ein und die Gerechtigkeit als deinen Vogt.«[363]
Durch das Sichtbarwerden eines Zieles hat erstmals nicht nur das individuelle Leben, sondern auch das Leben der gesamten Menschheit auf dieser Erde einen Sinn erhalten. Es entsteht somit auch die Vorstellung von einem Beginn und einem Ende und, als Verbindung dieser zwei Pole, die Geschichte. Es heißt in der Schrift: »Ich habe von Anfang an die Zukunft verkündet und lange vorher gesagt, was erst geschehen sollte.«[364] Und der Midrasch bemerkt hierzu: »Im Anfang verkündet er schon das Ende.«[365] Im Vergleich zu dieser, man könnte sagen, revolutionären Auffassung haben die Urvölker den Weltlauf als zyklisches Geschehen gesehen. Ähnlich wie Tag und Nacht und die Jahreszeiten sich in einem ewigen Kreislauf befinden, ohne auf ein bestimmtes Ziel loszusteuern, verhielt sich in ihren Augen auch das menschliche Sein.
Herodot, der »Vater der Geschichtsschreibung«, lebte um die Mitte des fünften vorchristlichen Jahrhunderts. Er sah die Menschheit noch als Spielball der Götter an und die Auflehnung des einzelnen als eine übermütige Herausforderung des Schicksals. Hingegen betont schon der eine Generation später lebende Geschichts-

schreiber Thukydides, daß in erster Linie die menschliche Natur das Geschehen beeinflusse, und er sieht den Sinn der Geschichtsschreibung im Aufspüren solcher Gesetzmäßigkeiten, wodurch auch die zukünftige Entwicklung besser beurteilt werden könne.

Die Geschichtsauffassung des Judentums ist eine grundsätzlich andere. Gott greift in die Geschichte ein, reagiert auf das Verhalten der Menschheit. Initiator ist er nur bei der Berufung seiner Propheten. Seine Eingriffe erfolgen nicht blind, sondern sind stets sinnvoll und zielbewußt. Schon in den frühesten Schichten der Überlieferung ist von seinem auf die Zukunft weisenden Versprechen an die Urväter, sie zu einem großen Volk zu machen, die Rede. Die Befreiung Israels von der ägyptischen Herrschaft ist erst dann erfolgt, als die Israeliten sich an Gott um Hilfe wandten: »Sie klagten, und ihr Hilferuf stieg aus ihrem Sklavendasein zu Gott empor. Gott hörte ihr Stöhnen, und Gott gedachte seines Bundes mit Abraham, Isaak und Jakob.«[366] Die Geschichtsschreibung ist auf die Gegenwart gerichtet, sie will dem Menschen darlegen, daß die Dauer des Weges bis zum Ziel – zur Erlösung – nur von seinen Handlungen abhängig ist. Sie dient als Beweis für die Wahrheit der offenbarten Lehre, deshalb hat der Mensch sie zu kennen und sich ihrer stets zu erinnern. Also ergeht die Mahnung an den Menschen: »Denk an die Tage der Vergangenheit, lerne aus den Jahren der Geschichte!«[367] Diese Auffassung kommt auch in der Mischna zum Ausdruck, wo folgende Weisung für das Begehen des Pessachfestes zu finden ist: »In jedem Zeitalter ist jeder verpflichtet, sich vorzustellen, als sei er selbst aus Ägypten gezogen.«[368] Aber nicht nur das Pessachfest, auch fast alle anderen Feiertage der jüdischen Religion haben einen geschichtlichen Bezug.

Die Geschichte des Menschen hat im Paradies ihren Anfang genommen. Am Ende der Zeit soll er wieder ins Paradies kommen. Demnach wäre aber die Geschichte nach jüdischer Sicht nichts anderes als ein riesiger Kreislauf und daher bar jeden Sinns. Obwohl diese Frage nicht Gegenstand der Erörterungen des Talmud ist, hat man den Eindruck, daß es den Rabbinen wichtig war, einen solchen Gedanken nicht aufkommen zu lassen. Ein Hinweis darauf ist in der Feststellung zu erblikken, daß der Eden und der Garten zwei verschiedene Orte sind[369]. Dies ist dem folgenden Toravers zu entnehmen: »Ein Strom entspringt im Eden, der den Garten bewässert.« – »Adam war (daher) nur im Garten, Eden hat außer dir, o Gott, keiner geschaut.«[370] Der Eden aber gleicht dem Himmelreich[371]. Ähnlich ist auch ein Ausspruch der Weisen zu werten: Wenn nach einer Zeit der Knechtschaft eine Erlösung kommt und dann wieder eine Knechtschaft und eine Erlösung, dann ist die folgende Erlösung stets auf einer höheren Ebene, als die frühere es war.

Das Paradies der Endzeit ist aber nicht dem Schlaraffenland gleichzusetzen. Im Gegenteil, entsprechend dem jüdischen Lebensideal, nachdem die Glückseligkeit auf dieser Welt nicht durch leibliche Genüsse, sondern durch eine religiös-ethische Vollkommenheit anzustreben ist, wird in der »Kommenden Welt« die Erkenntnis Gottes als höchste Glückseligkeit verheissen.

Reflexionen

Eine Fülle von Vorstellungen ist uns bei der Schilderung des Sündenfalls begegnet. Viele von ihnen sind autonome Gedanken des Judentums oder zumindest durch die Vermittlung des Judentums zum abendländischen Gedankengut geworden. In diesem Zusammenhang gäbe es noch vieles zu sagen, ist doch allein im Neuen Testament eine Vielzahl von Zitaten zu finden, die aus dem Alten Testament stammen. Dies läßt sich aus der Einheitsübertragung der Bibel leicht entnehmen, da dort solche Zitate in Kursivschrift gedruckt sind. Ist nicht sogar das gesamte Neue Testament ein jüdisches Werk? Es wurde überwiegend von Juden geschrieben – nur der Evangelist Lukas stand vielleicht außerhalb des Judentums. Die Jesusworte waren praktisch ausschließlich an Juden gerichtet, die Menschen, über die das Neue Testament berichtet, waren in der überwiegenden Mehrzahl gleichfalls Juden. Bedenken wir weiter, welche Vielzahl von Kunstwerken des Abendlandes auf jüdische Themen zurückgeht.

Dies alles wurde hier nur beiläufig beziehungsweise überhaupt nicht behandelt, da der jüdische Geist – und dieser sollte in erster Linie vermittelt werden – nicht durch die Fülle des Materials überdeckt werden sollte.

Es ist tragisch, daß die meisten Menschen, die sich zur gebildeten Schicht zählen, sich des kulturellen Erbes aus der griechisch-römischen Gedankenwelt bewußt sind, hingegen das geistige Erbe des Judentums, das von gleich großer Bedeutung ist, kaum beachten. Verantwortlich dafür ist vermutlich das abendländische Bildungsideal, das bis vor kurzem die Beherrschung von zumindest einer der beiden klassischen Sprachen als Voraussetzung für ein kulturelles Selbstverständnis ansah. Da diese Auffassung, zusammen mit der Zahl der begeisterten Lehrkräfte, die Latein und Griechisch vorgetragen haben, im Schwinden begriffen ist, hat vielleicht die Vermittlung von Kenntnissen über das kulturelle Erbe aus dem jüdischen Bereich ähnliche (schlechte?) Voraussetzungen wie das der klassischen Welt.

Wir haben im Vorausgegangenen zahlreiche Lehren und Legenden angeführt, ihre Auswahl erfolgte aus einer Fülle von Traditionsgut, das aus dem Altertum und dem Mittelalter überliefert ist. Sie geben die Dynamik wieder, die das Judentum bei der ewigen Suche nach Antworten entwickelt hat. Die Antworten mögen voneinander abweichen, die Fragen bleiben immer die gleichen, sie sind schon in der Bibel gestellt worden.

»Warum haben die Frevler Erfolg, weshalb können alle Abtrünnigen sorglos sein?« »Wie lange, Herr, soll ich noch rufen, und du hörst nicht? Ich schreie zu dir. Hilfe, Gewalt! Aber du hilfst nicht. Warum läßt du mich die Macht des Bösen erleben und siehst der Unterdrückung zu?« »Warum siehst du also den Treulosen zu und schweigst, wenn der Ruchlose den Gerechten verschlingt?«[372]

Mitunter ist dem Text der Bibel auch Resignation zu entnehmen: »Sie (die Frevler) sagen: ›Wie sollte Gott das merken? Wie kann der Höchste das wissen?‹ Wahrhaftig, so sind die Frevler. Immer im Glück, häufen sie Reichtum auf Reichtum. Also hielt ich umsonst mein Herz rein.«[373] Und vielleicht – Gott behüte – auch Spott?: »Deine Augen sind zu rein, um Böses mit anzusehen, du kannst der Unterdrückung nicht zusehen.«[374]

Fragen um Fragen, Antworten um Antworten. Geben sie einen Sinn? Dies bewegt jeden gläubigen Menschen – und jeder hat sich zu entscheiden. Aber ist nicht Suchen seliger als Finden?

Stellen wir uns am Ende nun doch noch die Frage: Gibt es, trotz der vielen Unterschiede in der Kultur der Juden, die sich zahlreichen Nationen zugehörig fühlen, ein verbindendes jüdisches Element? Obwohl es schwierig ist, dieses Element verbal auszudrücken, meine ich, daß dies den Schilderungen der beiden ersten Kapitel dieses Buches zu entnehmen ist. Die in dieser Kultur wirkende und treibende Kraft könnte vielleicht am treffendsten folgender Bibelsatz umschreiben: »Über dieses Gesetzbuch sollst du immer reden und Tag und Nacht darüber nachsinnen, damit du darauf achtest, genau so zu handeln, wie darin geschrieben steht.«[375]

Wenn auch heutzutage viele Juden diesen Worten nicht mehr nachleben, so wirkt der viele Generationen hindurch lebendig gewesene Geist der Bibel immer noch.

III. Der Antisemitismus – Die Büchse der Pandora

»Erkenne dich selbst! Beherrsche dich selbst! Veredle dich selbst!«[1]

Pandora ist die von Hephaistos aus Erde und Wasser gebildete Frauengestalt, die Zeus aus Rache dafür, daß Prometheus den Menschen das göttliche Feuer schenkte, zur Erde sandte. Er gab ihr einen Tonkrug mit, aus dem, als sie ihn öffnete, alles Böse heraus und in die Welt strömte.

Wenn wir die Widerwärtigkeiten und die Unsinnigkeit des Antisemitismus sowie der Fremdenaversion verfolgen, verlassen wir zwangsläufig das Gebiet der Vernunft. Wir stoßen auf mythische Phänomene und erblicken daher das Bild der Büchse der Pandora.

Diese mythische Legende weist auf das Bedürfnis des Menschen hin, für seine der moralischen Norm widersprechenden Triebe und Wünsche eine Erklärung und zugleich eine Entschuldigung zu finden; wenn die Götter für das Böse auf der Welt die Schuld tragen, dann sind die Menschen frei von dieser Schuld. Dieser Gedanke ist auch im Talmud nachweisbar; ein Gelehrter behauptete, daß aus den Worten des biblischen Buches Ijob hervorgehe, daß Gott allein für die bösen Handlungen des Menschen die Schuld trage; es liege in seiner Hand, Frevler oder Fromme zu erschaffen: Wer könnte seinem Willen entgegenwirken? Der Talmud führt hierzu aus: »Was erwiderten seine [des Gelehrten] Genossen [auf diese Behauptung]? [Die Antwort lautet]: Du zerstörst die Gottesfurcht und mißbrauchst die Sprache vor Gott ... Der Heilige, gepriesen sei er, hat den bösen Trieb geschaffen, aber auch die Tora als Gegenmittel.«[2] Es ist daher dem Menschen gegeben, seine bösen Triebe zu bekämpfen.

Voraussetzungen der Intoleranz

Welche Denk- und Gefühlsstrukturen sind im Menschen vorhanden, und welche äußeren Umstände müssen vorliegen, damit es zu einer judenfeindlichen Einstellung kommt? Wissenschaftler verschiedener Disziplinen haben sich mit dieser Frage beschäftigt. Durch unterschiedliche Ausgangspositionen gelangten sie zu entsprechend unterschiedlichen Ergebnissen. Sie verwendeten zwar des öfteren dieselben Termini, verbanden aber damit die unterschiedlichsten Vorstellungen, was zu einem »Begriffssalat« (Wilcott) führte. Über Versuche, dem abzuhelfen und die einzelnen Ausdrücke zu definieren, sagt Heinz E. Wolf, anerkannter Experte seines Faches: »Das Problem der Definition verdeckt in der Prejudice- und Attitüdenforschung mehr, als es aufdeckt.« Viele stimmen auch der Aussage Gordon W. Allports zu: »Begriffe und Vorstellungen, die durch Hauptwörter ausgedrückt werden, schneiden die Realität in Scheiben.« Es soll dennoch versucht werden, unter Beachtung der Forschungsergebnisse eine möglichst einfache Antwort auf die eingangs gestellte Frage zu finden.

Schon kleine Kinder verwenden Wörter, die Begriffe* ausdrücken. Wenn man einem Kind die Aufgabe stellt, ein Haus zu zeichnen, dann wird es keine langen Überlegungen darüber anstellen, welches Haus oder was für ein Haus man eigentlich meint, sondern es wird ein Haus zeichnen. Wie kommt ein Kind dazu, den Begriff Haus zu bilden? Es gibt ja in der wahrnehmbaren Welt »das Haus« nicht, sondern nur bestimmte Häuser, die untereinander so verschieden sein können, wie ein Wolkenkratzer von einem Schrebergartenhäusel verschieden ist. Das Haus als Begriff ist daher das Produkt unseres Verstandes. Bewußt und zum Großteil unbewußt werden Gemeinsamkeiten an Sachen wahrgenommen und registriert. Eigentlich sollte jetzt ein Denkprozeß einsetzen, der dieses Material sichtet und aus Dingen, die gemeinsame Eigenschaften haben, einen Begriff formt. Doch zu solchen bewußten Denkprozessen wäre ein Kind gar nicht fähig. Dem Kind werden vielmehr Wörter, die Begriffe bezeichnen, gesagt und gleichzeitig in seiner Umgebung Gegenstände gezeigt, die zu diesen Begriffen gehören. Mit Hilfe eines jedem Menschen angeborenen Ordnungsschemas (N. Chomsky) und der aufgezeigten Lernprozesse kommt es zum Verständnis von Begriffen.

Verwandte Begriffe und Vorstellungen bilden eine Kategorie, z. B. »Schwede« oder »Italiener«. »Konzepte«, »Gruppen« und »Rahmen« sind Bezeichnungen, die neben der Bezeichnung Kategorie je nach Sprach gebrauch des Wissenschaftlers synonym oder in ähnlichem Sinne verwendet werden. Hier wäre auch der Begriff »Image« zu erwähnen, der zum Begriff »Kategorie« in einem verwandtschaftlichen Verhältnis steht. Zu

---

* »Begriffe« hier als sprachwissenschaftlicher Terminus.

den einzelnen Kategorien gesellen sich Sympathie- und Antipathiewerte. Solcherart entstehen mit Etiketten versehene geschnürte Pakete, die es uns erleichtern, in manchen Situationen schnell Entscheidungen zu treffen. Die Gabe, die uns befähigt, an den unterschiedlichsten Dingen Gemeinsamkeiten zu entdecken, ist die Verallgemeinerung. Ohne sie wäre das menschliche Denkvermögen unvorstellbar.

Optische Täuschung (Alle drei Männer sind gleich groß). Aus: Wolfgang Metzger, »Gesetze des Sehens«. Frankfurt/Main, 1953, S. 313 (Mit freundlicher Genehmigung des Verlages Waldemar Kramer).

Wir kennen einfache Zeichnungen, die in uns durch optische Täuschungen Staunen und Überraschung auslösen. (sh. oben) Die Überraschung ist deshalb so groß, weil wir im allgemeinen davon ausgehen, daß unser Wahrnehmungsapparat uns von der Welt ein echtes, unverfälschtes Bild liefert. In ähnlicher Weise kann auch die Verallgemeinerung zu einer Verfälschung der

Realität beitragen, indem Dinge, die voneinander abweichen, als gleich empfunden und in eine Kategorie zusammengefaßt werden. Ebenso werden Unterschiede akzentuierter gesehen, als es der Realität entspricht, was zum Anlaß genommen wird, Kategorien voneinander klar zu trennen. Auf diese Subjektivität unseres Wahrnehmungsapparates werden wir im weiteren noch zu sprechen kommen.

»Schwede« und »Italiener« sind zum Beispiel solche Kategorien. Jeder verbindet mit diesen ethnischen Gruppen gewisse Vorstellungen und auch Vorurteile. Wenn wir aber diese beiden Länder bereisen, müssen wir feststellen, daß nicht wenige »Italiener« wie »Schweden« sind und nicht wenige »Schweden« wie »Italiener«. Dies kann, muß aber nicht notwendigerweise dazu führen, daß wir die Kategorienpakete neu schnüren. Der Mensch ändert nur ungern seine Kategorien, da diese miteinander in einer Wechselbeziehung stehen. Daher kann die Änderung einer Kategorie die Denkgewohnheit eines Menschen in Unordnung bringen, und eine solche kleinere oder größere Erschütterung erspart sich jeder gern.

Als Beispiel hierfür kann folgende Anekdote dienen. Während des Sechs-Tage-Krieges, als die Existenz Israels auf dem Spiel stand und viele schon mit der Auslöschung des israelischen Staates rechneten, soll sich in Österreich folgendes ereignet haben: Ein Chauffeur, der täglich in der Früh seinen Direktor abholt, erzählt diesem voller Begeisterung über die militärischen Erfolge der israelischen Armee: »Wissen S', Herr Direktor, heut haben die Israeler die Ägypter g'schlag'n.« Am nächsten Tag sind es die Jordanier, dann die Syrer, über deren Niederlage er berichtet. Am folgenden Tag ist es ganz still, so daß der Direktor fragt, ob er nicht doch etwas über den Krieg zu sagen wüßte. Ganz verlegen antwortet der Chauffeur: »Haben S' gewußt, Herr Direktor, daß diese Israeler alle Juden san?«

Auch wenn die Anekdote, in der zwei Kategorien, »Jude« und »Israeli«, einander gegenübergestellt werden, bloß erfunden sein sollte, wäre sie ohne das Vorurteil über die Juden als feiges, unsoldatisches Volk nicht als Witz möglich gewesen. Dieses Vorurteil ist auch dadurch nicht revidiert worden, daß im Ersten Weltkrieg in der österreichischen und deutschen Armee mehr Juden gefallen sind, als es ihrem prozentuellen Bevölkerungsanteil entsprach.

Nun ein Wort über das Vorurteil: Diese Bezeichnung wird im verschiedensten Sinne in der Literatur verwendet. Im weitesten Sinne bedeutet es Vor-Urteil oder Voraus-Urteil, d. h. Antizipation.

Es muß betont werden, daß das Vorurteil im Sinne von Voraus-Urteil für die menschliche Existenz von lebensnotwendiger Bedeutung ist. Ob ein Stein auf uns zufliegt oder ein Ball, spielt für unser Verhalten eine große Rolle. Dieses unterschiedliche Verhalten erklärt sich daraus, daß wir uns, schon bevor das zu erwartende Ereignis eintritt, ein Urteil über die zu erwartende Wirkung bilden. Wir sind daran gewöhnt, unser Verhalten von Vorurteilen abhängig zu machen. Den unterschiedlichen Effekt eines fliegenden Balles oder eines fliegenden Steines kennen wir aus eigener Erfahrung. Nun ist es uns aber nicht möglich, alle notwendigen Vorurteile selber zu bilden. Zu vielen Vorurteilen gelangen wir, indem unser logisches Denkvermögen mehrere uns zur Verfügung stehende Informationen verkettet und daraus eine Voraussage ableitet. Sehr oft aber übernehmen wir bestehende Vorurteile, ohne daß uns bewußt ist, daß diese nicht Ergebnis eigener Denkleistung sind.

Vorurteile im engsten Sinne des Wortes sind positive bzw. negative vorgefaßte Meinungen, die jemand über eine Gruppe und in Konsequenz über einen einzelnen als Mitglied dieser Gruppe hat. Solche Vorurteile sind soziale Phänomene, da sie meist von Mitgliedern einer Gruppe bezüglich einer anderen Gruppe geteilt werden. In diesem Sinne soll das Wort »Vorurteil« in den weiteren Ausführungen verstanden werden.

Wenn sich Vorurteile in Schlagwörtern auskristallisieren, dann spricht man von Stereotypen, wie zum Beispiel: »Die Juden sind unser Unglück« (Sündenbock-Vorstellung). Stereotypen sind im Menschen tiefer verankert und der rationalen Selbstanalyse schwerer zugänglich als die Vorurteile. Sie dürfen daher nicht mit diesen, die jeder notwendigerweise hat und die eher einer Revision unterzogen werden können, verwechselt werden. Geschieht dies dennoch, dann sprechen die Forscher von einer »naiven Identifizierung des Problems der Vorurteile mit dem Stereotypenproblem«.

Vor allem Menschen mit ausgeprägtem alternativem Denken (schwarz oder weiß, gut oder böse, schön oder häßlich ohne Zwischenstufen) neigen zu Stereotypen. Ebenso wie die Vorurteile erleichtern auch die Stereotypen die Orientierung des Menschen in dieser Welt. Für die kompliziertesten Phänomene können auf diese Weise plausible Erklärungen angeboten werden, z. B. »Hitler hat den Zweiten Weltkrieg nur deshalb verloren, weil er sich mit den Juden angelegt hat«. Dieser Satz bringt die stereotype Vorstellung von der jüdischen Weltmacht zum Ausdruck.

Der bedeutendste Aspekt des Vorurteils ist die schon erwähnte soziale Komponente, wobei die Träger des Vorurteils als »In-Group«, das Objekt des Vorurteils als »Out-Group« bezeichnet werden. Die Out-Group wechselt je nach der historischen Konfliktsituation. Es kommt des öfteren zu mehreren Out-Groups, die mit unterschiedlich starken Feindbildern besetzt sind. Es kann angenommen werden, daß seine Anlagen den Menschen dazu anhalten, ein Leben in einer Gemeinschaft zu suchen, und daß die damit verbundenen Verhaltensmechanismen in der viele zehntausend Jahre langen vorgeschichtlichen Zeit, als der Mensch in Klans (Großfamilien) lebte, sich ausgeprägt und gefestigt haben. Die altruistische Haltung gegenüber den eigenen Gruppenmitgliedern, die egoistisch-agressive Haltung Außenstehenden gegenüber war für die Großfamilie Voraussetzung für das Überleben. Dieser atavistische Affekt der Fremdenaversion kann unterschiedlich verarbeitet werden. Es gibt Menschen, die unter dem Wort »Wir« die Familie oder einen Verein oder eine Nation, schließlich die Menschheit in ihrer Gesamtheit verstehen, andere, die mit diesem Wort nur sich selber bezeichnen.

Die Intensität des Gefühls der Gruppenzugehörigkeit ist Schwankungen unterworfen. Ein, wenn auch nur vermeintlicher, Angriff von »außen« erhöht das Gruppenzugehörigkeitsgefühl. Eins von vielen Beispielen hierfür wäre der am 31. 8. 1939 von der SS auf Hitlers Befehl inszenierte Angriff auf den Sender Gleiwitz, wobei die SS polnische Zuchthäusler in polnische Uniformen gesteckt hatte. So konnte der Beginn des Zweiten Weltkrieges propagandistisch wirksam als Verteidigungskrieg motiviert werden.

Ein In-Group-Verständnis muß aber keinesfalls notwendigerweise mit einer Out-Group-Ablehnung Hand in Hand gehen. Deshalb ist es falsch, im Patriotismus gleichzeitig eine gegen eine andere Nation gerichtete Spitze zu orten. Vor allem ist es bedauerlich, daß des öfteren mißverstandener Patriotismus mit Fremdenaversion, insbesondere mit Antisemitismus, Hand in Hand gehen. Nationalstolz und die Pflege und das Hochhalten der nationalen Kultur sind sicherlich überaus positive menschliche Regungen; sie festigen das Selbstgefühl des Menschen, fördern die altruistische Gestaltung des Gemeinschaftslebens und begünstigen eine eigenständige kulturelle Entwicklung. Wenn sie aber ihre Kraft nur aus der Gegnerschaft zu einer anderen Gruppe, sei es ein Volk, eine Minderheit oder eine andere Nation, beziehen, dann ist dies ein eindeutiges Zeichen von Schwäche. Von jemandem, der sich für die eigene nationale Art begeistert, müßte man erwarten, daß er auch für die nationale Eigenart eines anderen Volkes Verständnis aufbringt. Aber leider entwickelt sich der Nationalismus sehr oft nicht aus der eigenen nationalen Wurzel, sondern aus der Feindschaft zu den Angehörigen einer anderen Gruppe. De Gaulle hat einmal den Ausdruck »Europa der Vaterländer« als seine Zielsetzung geprägt und damit gemeint, jedes Volk möge seine Eigenart entwickeln, aber nicht gleichzeitig die Eigenart des anderen bedrohen. Eine derartige nationale Gesinnung steht nicht im Gegensatz zu einem aufrechten Demokratieverständnis, sondern festigt das friedvolle Zusammenleben der Völker.

Das Entstehen eines Out-Group-Denkens ist zwar bei den Mitgliedern einer Gruppe potentiell gegeben, ob es sich aber bemerkbar macht, hängt von einer Konfliktsituation ab. Kriege, Klassenkonflikte, ökonomischer oder sportlicher Wettbewerb und natürlich auch Minderheitenkonflikte können Auslöser sein. Die Existenz einer Out-Group führt zu erhöhtem In-Group-Bewußtsein. Dieses kann von Volksführern oder von solchen, die es werden wollen, mißbraucht werden. Typische Beispiele für ein solches In-Group-Verhalten konnte man in der Zeit des Waldheim-Konflikts beobachten. Gute Bekannte konnten mir immer wieder empört berichten, bei Heurigenabenden seien in ihrem Beisein antisemitische Äußerungen gefallen. Auf meine Frage, ob sie diesen auch entgegengetreten seien, war oft nur verlegenes Schweigen die Antwort. Der Grund für dieses Verhalten war nicht so sehr Feigheit, sondern der Wunsch, in einer Gesellschaft Gleichgesinnter nicht als Außenseiter abgestempelt zu werden. Im Interesse der Wahrheit darf nicht verschwiegen werden, daß es auch Ausnahmen vom geschilderten Verhaltensmuster gab.

Das angeführte Beispiel zeigt, daß die Übernahme von Vorurteilen oder vorurteilsbedingtes Agieren auch durch sozialen Druck bewirkt werden kann. Meine Bekannten haben das Vorurteil nicht übernommen, andere aber, die merkten, daß Antisemitismus »in« war, schlossen sich solchen Meinungen an, um gleichfalls »in« zu sein.

Voraussetzung dafür, daß Out-Group-Denken zur Wirkung kommt, ist, daß über eine Gruppe eine möglichst einheitlich negative Meinung bei der Mehrzahl der Mitglieder der In-Group herrscht. Wie entsteht nun eine solche Meinung?

Nehmen wir als Beispiel einige antisemtische Stereotypen: Der Jude ist feig, er ist geldgierig und er schaut »jüdisch« aus. Wenn es zu Verfolgungen von Juden kam, waren die Angreifer immer die stärkeren. Es blieb den Juden daher in vielen Fällen nur die Flucht oder die Demutshaltung übrig. Dies wurde ihnen als Feigheit ausgelegt. Vor Aufkommen des rassischen Antisemitismus war es Juden möglich, sich durch Annahme der Taufe den Verfolgungen zu entziehen. Nur die wenigsten machten davon Gebrauch, die Mehrzahl ließ sich lieber mit dem Treuebekenntnis »Höre Israel...« auf ihren

Lippen zu Tode bringen. Solches wurde ihnen dann nicht als Mut, sondern als Verstocktheit angerechnet.
Das Vorurteil der Feigheit der Juden war auch nicht durch Erfolge von Juden in »unjüdischen« Sportarten wie Boxen und Ringen zu beseitigen. Man wollte einfach nicht zur Kenntnis nehmen, daß es zum Beispiel allein im Jahr 1934 fünf Boxweltmeister gab, die Juden waren: Max Baer, Jackie Brown, Joe Choynski, M. Rosenbloom und Barney Ross. Im Ringen waren Erich Finscus Landesmeister und Fischer Weltmeister; beide waren Österreicher.
Jahrhundertelang durften Juden in keinem anderen Erwerbszweig als im Pfandleihgeschäft und damit verbunden im Handel mit gebrauchten Kleidern und Wertsachen tätig sein. Der Schuldner neigt nur zu gern dazu, dem Gläubiger, wenn dieser sein Geld samt den vereinbarten Zinsen zurückfordert, Geldgier zu unterstellen. Sicherlich gab es auch bei Juden unehrliche Menschen. Unehrlichkeit ist aber nicht das Monopol eines einzigen Volkes. So konnte die Stereotype »geldgierig« entstehen.
Besonders lehrreich ist die Entwicklung der antisemitischen Stereotype vom »jüdischen« Aussehen des Juden, das dann in den Karikaturen des NS-Hetzblattes »Der Stürmer« seinen Höhepunkt erreichte. Wie auch aus den Abbildungen dieses Buches zu entnehmen ist, gab es bis zum 19. Jahrhundert kein antisemitisch geprägtes, typisch jüdisches Bild der Juden. Erst mit dem Aufkommen des Nationalismus, der in den Juden Rasseneigenschaften wahrzunehmen glaubte, finden wir den »jüdischen« Typ. Würde dieses Bild stimmen, dann hätte sich auch auf den Bildern vergangener Jahrhunderte ein solcher Typus durchsetzen müssen. Den mediterranen Typus finden wir in Kunstwerken des Mittelalters meistens bei den syrischen Häschern, die in römischen Diensten

standen und die Geißelung Jesu vornahmen. Im Matthäusevangelium werden sie als »Soldaten des Statthalters«[3] bezeichnet. Als es aber um die Verbreitung des rassischen Antisemitismus ging, mußte als »Beweis« ein jüdischer Typus entwickelt werden.

Das Vorurteil veranlaßt das In-Group-Mitglied bei der Begegnung mit einem Mitglied der Out-Group, eine Erwartungshaltung einzunehmen. Man wünscht sich, Verhaltenszüge zu erkennen, die das vorgefaßte Bild bestätigen. Das Bild, das man durch die Erwartungshaltung geliefert bekommt, wird dann entsprechend interpretiert und im Gedächtnis gespeichert. Durch das Vorurteil beeinflußt, erscheint es einem später, als wären solche ins Bild passende Verhaltensweisen viel häufiger gewesen, als das tatsächlich der Fall war. Dies führt zur Überzeugung, daß das aus Vorurteilen entstandene Bild der Realität entspricht. Mit anderen Worten: das Vorurteil beeinflußt die selektive Wahrnehmung, die Interpretation des Wahrgenommenen und die Fixierung im Gedächtnis. Bei der Fülle von Sinneseindrücken, die wir fast pausenlos aufnehmen, sind wir ja zwecks Vermeidung einer Überlastung der Wahrnehmungskapazität zu einer unbewußt vorgenommenen Selektion gezwungen. Wie subjektiv nicht nur die Auswahl, sondern auch die Beurteilung des Wahrgenommenen verläuft, ist daran zu erkennen, daß dieselben Eigenschaften, je nach Vorurteil, positiv oder negativ gesehen werden können. Einige Beispiele sollen die gegensätzliche Wertung ein und desselben Phänomens veranschaulichen: Ehrgeiziger Streber – strebsamer Arbeiter; sich in Sachen einmischen, die einen nichts angehen – hilfsbereit; fauler Parasit – ein schöngeistiges Leben führen; sich anbiedern – sich integrieren.

Sehr oft finden sich bei Antisemiten, sogar bei ein und

derselben Person, einander widersprechende Vorurteile: Juden werden fast in einem Atem als »kapitalistische Ausbeuter« und als »Kommunisten, die die christliche Welt zerstören wollen«, bezeichnet. Oder es wird ihr Assimilationswille als Zumutung empfunden (»Er glaubt, so sein zu können wie wir!«) und ihnen zugleich vorgeworfen, sich nicht assimilieren zu wollen.
Die Anführung von Beispielen dieser Art könnte fast beliebig fortgesetzt werden.
Die menschliche Strategie der Vorurteilsbestätigung ist der Grund für die negativen Eindrücke, die viele mit Vorurteilen behaftete Menschen bei nur oberflächlichem Kontakt mit Mitgliedern der Out-Group erhalten. Nur intensive Kontakte vermögen daher nach Meinung der Wissenschaftler Vorurteile zu beseitigen.
Zur Frage, inwieweit Vorurteile im Menschen verwurzelt sind, gibt es unterschiedliche Auffassungen. Wie den Ergebnissen der Meinungsumfrage über die antise-

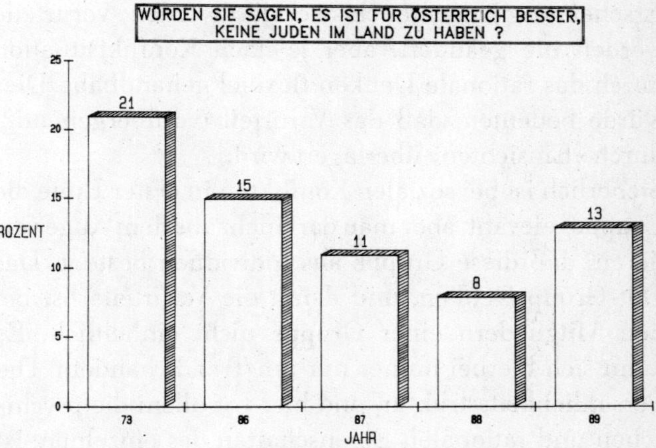

Erstellt von Dr. Christian Haerpfer, Institut für Konfliktforschung aufgrund der Berichte von fünf Meinungsforschungsinstituten.

mitische Einstellung der Österreicher in den Jahren 1973–1989 zu entnehmen ist (sh. S. 149), sind Schwankungen im Prozentsatz der Antisemiten festzustellen. Zu beachten ist, daß eine mögliche Zunahme des Antisemitismus durch die Waldheim-Affaire deshalb nicht ersichtlich ist, da in den Jahren 1974 bis 1985 keine Untersuchungen vorgenommen wurden. Die Graphik auf S. 162 zeigt, daß die ältere Generation, die der antisemitischen Nazipropaganda ausgesetzt war, stärkere antisemitische Tendenzen aufweist als die jüngere. Deshalb ist anzunehmen, daß zwischen den Jahren 1973 und 1985 allein schon durch den natürlichen Tod eines Teiles dieser »Kriegsgeneration« eine bedeutende Verminderung des Anteils der Antisemiten an der Gesamtbevölkerung eingetreten ist, und daß daher im Jahr 1986 durch die »Waldheim-Affaire« der Antisemitismus wieder angestiegen ist. Dies ließe auf unterschiedliche Fixierung antisemitischer Vorstellungen schließen. Nach Meinung eines Forschers kann diese Erscheinung jedoch auch so erklärt werden: Vorurteile werden nie geändert, aber je nach Konfliktsituation durch das rationale Denken flexibel gehandhabt. Dies würde bedeuten, daß das Vorurteil (vorübergehend?) durch »Einsichten« überlagert wird.

Sicherlich ist bei sozialen Konflikten in erster Linie die Gruppe relevant, aber man darf nicht aus dem Auge verlieren, daß diese Gruppe aus Individuen besteht. Das Out-Group-Denken, und damit die Vorurteile, ist bei den Mitgliedern einer Gruppe nicht einheitlich. Es kann sich hierbei immer nur um Trends handeln. Die Persönlichkeitsstruktur, und hier vor allem die psychischen und rationalen Eigenschaften des einzelnen, ist maßgeblich dafür, ob und in welchem Ausmaß jemand das Gruppenvorurteil übernimmt. Dies ändert sich na-

turgemäß, wenn sich Gleichgesinnte zu einer Gruppe (Partei, Verein) zusammenschließen.
Sozialpsychologen haben »autoritäre«, »dogmatische« und »macchiavellistische« Persönlichkeitstypen mit ausgeprägtem Hang zum Fremdenhaß festgestellt. Fremdenaversion ist von Kinderpsychologen auch als eine Entwicklungsstufe bei Kleinkindern nachgewiesen worden. Bei Erscheinen eines fremden Gesichts zeigt das Kleinkind typische Angstreaktionen. Man spricht hier von »Fremdeln«. Möglicherweise ist es diese »Urangst«, aus der sich dann die Fremdenaversion entwikkelt hat.
Angst kann im Menschen nicht nur durch das Gefühl physischer, sondern auch psychischer Bedrohung ausgelöst werden. Die andersartige Lebensauffassung des Fremden gefährdet den Absolutheitsanspruch des eigenen Selbstverständnisses. Schon ein nur geringfügig abweichendes äußeres Erscheinungsbild kann eine solche Gefahr signalisieren. Wie oft ist von der Jugend eine neue Frisur oder Barttracht sowie eine Änderung der herkömmlichen Kleidung dazu benutzt worden, um der älteren Generation eine andere, neue Ideologie zur Kenntnis zu bringen. So etwas wird stets als Provokation aufgefaßt. Ähnlich aufreizend kann auch die Andersartigkeit des Fremden wirken. Intoleranz gegenüber der Andersartigkeit ist das Hauptmotiv der Posse »Der Talismann« von Johann Nestroy. In den Schlußworten heißt es: »... die roten Haar' mißfallen, ... sie mißfallen fast allgemein. Warum aber? Weil der Anblick zu ungewöhnlich is' ...«
Das Ungewöhnliche wird oft bestaunt, manchmal auch belächelt. Eine Beunruhigung verbreitet es erst, wenn die Häufigkeit des Auftretens eine gewisse Grenze überschreitet. Für die Beunruhigung ausschlaggebend ist

neben der Zahl des von der Norm Abweichenden auch die Territorialfrage. Türken in der Türkei sind keine Fremden, aber Türken in Berlin schon. Manchmal ist das »nationale« Selbstverständnis eines »Fremden« so stark, daß er sich auch in der Fremde nicht als Fremder fühlt. Bezeichnend dafür ist das Verhalten einer Engländerin, der ihr deutscher Verlobter eröffnet, daß seine Familie gegen die Heirat sei, weil sie eine Ausländerin ist. Sie antwortet ganz verwundert: »I am a foreigner? You are the foreigner!« (Ich soll eine Ausländerin sein? Du bist ja der Ausländer!)

Da das Fremde oft auch mit einem neuen Wertsystem verbunden ist, wird das aufkommende Gefühl psychischer Bedrohung verständlich. Kein Mensch wird gerne verunsichert, bedeutet dies doch eine Gefährdung seines vielleicht mühsam errungenen inneren Gleichgewichts. Es ist daher kein Zufall, daß solche Konfrontationen mit dem Fremden zu aggressivem Verhalten Anlaß geben können. Interessanterweise ist zur Weckung derartiger Aggressionen nicht einmal die körperliche Anwesenheit des Fremden von Nöten. Es genügt, wenn die Vorstellung über diesen Fremden lebendig ist. Deshalb kann es Antisemitismus ohne Juden geben.

Aggression hat aber auch andere Ursachen. Frustration kann ebenfalls zu aggressivem Verhalten führen. Das Zielobjekt solcher Aggressionen ist dann meistens nicht die Person, die Anlaß zu Frustrationsgefühlen gegeben hat, etwa ein Vorgesetzter, sondern jemand, an dem man aus »gutem Grund« und möglichst ohne Gefahr einer Retorsion seine Aggressionsgefühle ausleben kann. Dies trifft auf Mitglieder einer Minderheit häufig zu.

Das für die Gruppe positiv erlebte Resultat verstärkten Zusammenhalts durch Fremdenaversion wurde schon erwähnt. Für jedes Mitglied der Gruppe ist Gemeinschaftsgefühl ein positives Erlebnis, es hebt das seelische Wohlbefinden. Man ist nicht mehr auf sich allein gestellt, sondern genießt den Beistand des Nächsten. Man gewinnt plötzlich auch in der eigenen Werteinschätzung, da man im Vergleich zum Fremden, dem man mit Leichtigkeit all die negativen Eigenschaften zuschreibt, die man bei sich nicht wahrhaben will, besser dasteht. Wie schnell und mühelos rückt man sich selbst doch auf der eigenen ethischen Wertskala höher, wenn plötzlich Menschen auftauchen, auf die man wegen ihrer, wenn auch nur angedichteten, Verkommenheit hinabschauen kann. Solcherart werden geeignete Selbstschutzstrategien entwickelt, um Minderwertigkeitskomplexe zu kompensieren.

Ähnliche Hintergründe mag das genußreiche Lesen von Zeitungsberichten über abwegig veranlagte Verbrecher haben. Wie wohl fühlt sich der Leser beim Gedanken, daß andere Menschen »schlechter« sind als er selbst. Der Versuch, sich durch Vergleiche rechtfertigen zu wollen, wird auch von Menschen unternommen, die in der Nazizeit Schuld auf sich geladen haben und diese mit den Verfehlungen derer, die auf der anderen Seite standen, entschuldigen wollen. Als ob Schuld etwas Relatives wäre!

Der Fremde kann aber nicht nur Angst einflößen, er kann auch helfen, Ängste abzuleiten. Im komplexen Geschehen um uns herum geraten wir des öfteren in mißliche Situationen, ohne daß wir ihre Ursachen erkennen können oder manchmal auch wollen. Wir verlangen und suchen nach einer möglichst leicht faßlichen Erklärung, wie es zu diesem Ungeschick kommen konnte und wer dafür die Verantwortung trägt. Sich selber Schuld zuzuweisen verbietet uns unsere Selbstachtung. Bezeichnend für diese Einstellung ist der Witz vom Autofahrer, der durch das Radio erfährt, daß auf dem von ihm befahrenen Autobahnabschnitt ein Geisterfahrer unterwegs sei. Er schlägt sich mit der Handfläche an die Stirn und ruft erstaunt aus: »Einer? Dutzende sind es!«

Damit auch nicht der leiseste Verdacht an unserer Mitschuld aufkommen kann, brauchen wir einen Schuldigen. Fremde eignen sich als Sündenböcke ganz ausgezeichnet, da sie meistens schutzlos und ganz anders geartet sind als wir.

Wir sehen also, wie lebenswichtig der Fremdenhaß für das seelische Gleichgewicht des Menschen sein kann. Deshalb ist es nicht verwunderlich, daß das schon viele hunderte Jahre vor Jesu Geburt in der Tora geoffenbarte göttliche Gebot »Liebe den Fremden«[4], das später von der christlichen Religion übernommen wurde, nirgends ungeteilt befolgt wurde.

Daß die Neigung zur Intoleranz vor allem dann zum Durchbruch kommt, wenn gewisse soziale Bedingungen vorliegen, zeigen jene Perioden der Geschichte, in denen ein toleranter Geist eindeutig tonangebend war. Das war z. B. der Fall in der kurzen liberalen Ära der sechziger und zu Anfang der siebziger Jahre im vorigen Jahrhundert in Österreich-Ungarn, während der Aufklärung und der Französischen Revolution mit ihren wunderbaren Gedanken von Freiheit, Gleichheit und Brüderlichkeit, in der Ära des Humanismus im frühen Mittelalter oder in Athen zur Zeit des Sokrates. Waren die Menschen damals anders als die Menschen in Zeiten allgemein herrschender Intoleranz? Allen genannten Perioden ist ein für das Verhalten der Menschen entscheidender Umstand gemeinsam: es waren Zeiten des wirtschaftlichen Aufstiegs eines Großteils der Bevölkerung. Ausgenommen die Zeit der Französischen Revolution. Hier konnten wohl nur deshalb die schönsten Reden über Menschheitsideale gehalten werden, weil die Aristokratie und ihre gegen Frankreich gerichtete »Weltverschwörung« als Blitzableiter für Aggressionen dienten.

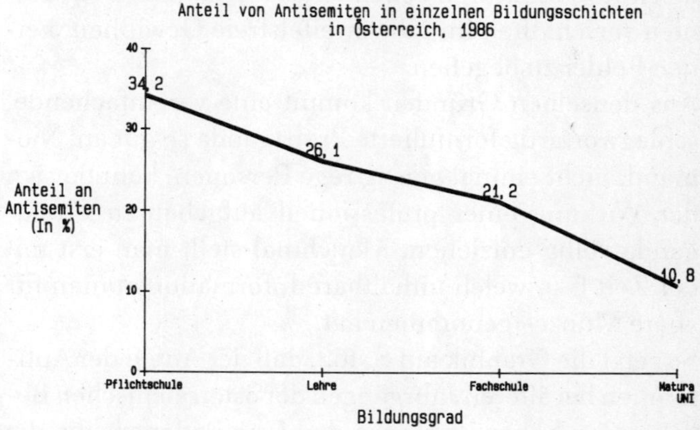

Erstellt von Dr. Christian Haerpfer, Institut für Konfliktforschung, aufgrund der Berichte von fünf Meinungsforschungsinstituten.

Bestimmende Elemente der Fremdenaversion sind neben der psychischen Konstellation auch Intelligenz und Bildung. Wie der graphischen Darstellung der Ergebnisse der Antisemitismusforschung (sh. S. 155) zu entnehmen ist, besteht zwischen Bildung und der Neigung zum Antisemitismus ein eindeutiger Zusammenhang. Bei höherer Schulbildung nimmt der Anteil der antisemitisch eingestellten Menschen deutlich ab. Dies zeigt, daß Bildung den Menschen befähigen kann, die durch Kategorienbildung herbeigeführte Verallgemeinerung oder sogar die Unsinnigkeit einer Stereotype zu durchschauen. Gebildete Menschen neigen im allgemeinen weniger zu einem alternativen, nach Schwarz-weiß-Kategorien orientierten Denken. Als Beispiel für letztere Denkart führt Gordon W. Allport den Fall eines Marineapothekers an, der bei inneren Beschwerden Kochsalz verabreichte und sichtbare und tastbare Beschwerden mit Jodtinkturen behandelte. Solche klaren Richtlinien verschafften ihm die zweifelsfreie Gewißheit, keinen Fehler zu begehen.

Aus denselben Gründen kommt eine vereinfachende, schlagwortartig formulierte Propaganda so gut an. Niemand, nicht einmal geistig rege Personen, können sich der Wirkung einer professionell aufgebauten Propaganda völlig entziehen. Manchmal stellt man erst mit der Zeit fest, welch unhaltbare Informationen man für »bare Münze« genommen hat.

So zeigt die Graphik auf S. 162, daß der Anteil der Antisemiten bei älteren Jahrgängen der österreichischen Bevölkerung höher ist als bei den Generationen, die die antisemitische Nazipropaganda nicht erlebt oder zumindest nicht bewußt erlebt haben.

Ein weiteres Moment, durch das Menschen zu bestimmten Ansichten hingeleitet werden können, ist die Obrigkeitshörigkeit. Wobei unter »Obrigkeit« nicht nur Personen zu verstehen sind, denen wir untergeordnet sind, sondern auch solche, denen wir uns selber unterordnen. Wenn jemand, dem man Führungsqualitäten zubilligt, möglichst suggestiv wirkende, einfach gefaßte Ideen vorbringt, wenn derselbe Mensch über charismatische Gaben verfügt und noch dazu photogen ist, dann ist es nicht leicht, sich seinem Einfluß zu entziehen. Hitlers Erfolg ist nicht zuletzt dadurch erklärbar. Und beim Großteil derer, die in der nationalsozialistischen Ära nicht von der Erscheinung des Führers begeistert waren, ist zu bedenken, daß sie oft bereits eine gefestigte ideologische Meinung hatten oder entweder durch Freundschaften bzw. politische Bindungen zu Verfolgten, oder auch, weil sie selber verfolgt waren, im anderen Lager standen. Es gibt nicht nur die »Gnade der späten Geburt«; die Tatsache, verfolgt gewesen zu sein, hat auch manche davor bewahrt, zu Verfolgern zu werden.

Ebenso wie eine Person oder eine Personengruppe können auch politische, religiöse und rassische Ideologien zum Gruppenhaß führen. Solche Ideologien bieten, meist mit einseitigen Denkformeln, die Erlösung der Welt von Unglück und Ungerechtigkeit an und weisen häufig auch auf die Widersacher hin, die die Schuld an allem Übel tragen. Diese »Widersacher« können Hexen, Aristokraten, Kapitalisten, Juden, Schwarze, Ketzer oder Andersgläubige sein.

Aber nicht allein das psychische Wohlbefinden, das aus dem Bewußtsein resultiert, im Einklang mit den Ansichten seiner Gruppe zu leben, kann zur Ablehnung einer Out-Group führen. Auch materielle Interessen können sich, ohne daß man sich vielleicht davon bewußt Rechenschaft ablegt, in diese Richtung auswirken.

Wir haben schon bei der Beschreibung des Mechanismus, der zur Festlegung von Vorurteilen führt, auf die Irrationalität hingewiesen, die diese Vorurteile begleiten. Wieso kann unser Verstand solche Verstöße gegen das Prinzip der Vernunft billigen?

Untersuchungen, die an Universitäten in den USA durchgeführt wurden, haben gezeigt, daß die Häufigkeit positiver Verhaltensweisen einer Out-Group – in einem Fall waren es Schwarze, in einem anderen Portorikaner – unterschätzt, die Häufigkeit negativer Verhaltensweisen, da diese dem Erwartungsbild entsprechen, überschätzt wird. Positive Ergebnisse von Mitgliedern der Out-Group werden äußeren Umständen (Zufall, Glück, Bevorzugung) zugeschrieben. Auch der Hinweis auf unfaires Verhalten fehlt bei solchen Rationalisierungsversuchen von Vorurteilen nicht. Negative Ergebnisse werden inneren Qualitätsmängeln, wie Faulheit, Unfähigkeit und niedriger Intelligenz, angelastet. Negative Verhaltensweisen von In-Group Mitgliedern werden hingegen durch besondere Umstände entschuldigt (Unaufmerksamkeit, einen schlechten Tag haben, schlecht geschlafen haben, etc.). Abweichungen vom erwarteten Verhalten innerhalb der Out-Group werden am häufigsten damit erklärt, daß es sich um eine »Ausnahme« handle. Typisch für solche Fälle sind Redewendungen wie: »Wenn nur alle so wären ...«, oder: »Wer Jude ist, bestimme ich«. (So der Wiener Bürgermeister Lueger, 1844–1910, als man ihm vorwarf, mit Juden zu verkehren.)

Wie sehr der Antisemitismus auch bei Menschen, die mit Juden Umgang pflegen, verankert sein kann, ist einer Mitteilung zu entnehmen, die der Autor Herrn Prof. Walter Simon verdankt. Altbundeskanzler Schuschnigg erwähnte einmal, er habe, als er sich genötigt sah, Nationalsozialisten in sein Kabinett aufzunehmen, deshalb Seyß-Inquart berufen, weil dieser mit Juden Freundschaft pflegte, und er, Schuschnigg, deshalb angenommen habe, er sei gemäßigt. Seyß-Inquart trug später die Hauptverantwortung für die Vernichtung der holländischen Juden.

Oft ist im täglichen Leben festzustelllen, daß Menschen, die zu Gruppenintoleranz neigen, dies nicht zugeben wollen. So habe ich einmal mit einem guten Bekannten eine längere Autofahrt unternommen. Wann immer ein Autofahrer sich nicht seinen Vorstellungen gemäß verhielt, ließ er Bemerkungen fallen wie: »Na, diese Holländer« oder: »Dieser unmögliche Franzose«. Als ich ihn daraufhin fragte, warum er, wenn er sich schon über Autofahrer ärgere, ihre Nationalität ins Spiel bringe, meinte er: »Die Nationalität weiß ich wegen der Nummerntafeln, ich hätte genausogut ›Kerl‹ sagen können.« Auf meine Frage, warum er dann nicht dieses Wort gebrauche, meinte er: »Ja, wenn dir das lieber ist.«

Bezeichnend für eine solche Haltung sind »Aber«-Sätze wie: »Ich bin kein Antisemit, aber...« Für diese Form des Antisemitismus hat man den Ausdruck »Antisemitismus ohne Antisemiten« in Anlehnung an den Ausdruck »Antisemitismus ohne Juden« geprägt. Der letztere Ausdruck will auf die eigenartige Erscheinung in Deutschland und Österreich, aber auch in anderen Ländern hinweisen. Es gibt dort Gegenden, in denen die Bevölkerung mit Juden noch nie in Kontakt gekommen ist und dennoch antisemitsche Ansichten vertritt. Dies ist mit der Übertragung (bzw. Tradierung) antisemitischer Vorstellungen über Zeiten und Distanzen hinweg zu erklären. Feindbilder können den »Feind« ersetzen. Hier kann auch der Widerspruch zwischen Vorurteil und Realität nicht zutage treten, so daß die Vorurteile intakt bleiben. Wie schon erwähnt, folgt aus der Anwesenheit des Objektes des Feindbildes nicht automatisch dessen Auflösung. Auch oberflächliches Kennenlernen kann zu negativen Resultaten führen. Besonders dann, wenn Neid, Eifersucht oder eine Konfliktsituation mit im Spiel sind.

So hat mir ein prominenter Wiener Geschäftsmann einmal gesprächsweise erzählt, daß er bei einer Auseinandersetzung mit einem Herrn über einen Parkplatz seinen Kontrahenten, als er ihn an seiner Aussprache als

Juden erkannte, mit »Saujude« beschimpfte. Er sei zwar kein Antisemit, erklärte er, habe aber den Mann möglichst empfindlich treffen wollen. Und ein Konkurrent hat einmal einen meiner Geschäftspartner davon abhalten wollen, Ware von mir zu beziehen, indem er bemerkte: »Sie werden doch nicht bei einem Juden kaufen.« Er hatte wohl kaum damit gerechnet, daß dieser mir seine Bemerkung berichten würde. Mir gegenüber benahm sich dieser Herr stets äußerst korrekt, ja sogar zuvorkommend.

Antisemitismus: ein Spezialfall?

Wir haben uns im vorhergehenden Kapitel über die menschlichen Anlagen Rechenschaft gegeben, die für Vorurteile gegen gewisse Gruppen verantwortlich sind. Die in diesem Zusammenhang verwendeten Beispiele betrafen aber überwiegend antisemitische Haltungen. Es erhebt sich daher die Frage, ob wir Antisemitismus gemeinsam mit der Ablehnung anderer Gruppen behandeln können oder ob die Fremdenaversion vom Antisemitismus grundlegend verschieden ist?
Behauptungen über die »schlechten Eigenschaften« oder den »schädlichen Einfluß« gewisser zu einer Minderheit gehörenden Menschen haben frappante Ähnlichkeit mit judenfeindlichen Äußerungen. Diese »Verwandtschaft« ist besonders bei den stereotypen Feststellungen über Schwarze und über andere Minoritäten in den USA, über Chinesen in Südostasien sowie über Inder in Ost- und Südafrika festzustellen. Aber nicht nur Angehörige fremder Völker können Gegenstand der Diskriminierung sein, »befremdend« können auch An-

gehörige einer anderen Religion oder eine minoritäre, soziale Schicht desselben Volkes wirken. Die Verfolgung der Hugenotten und Reformierten sowie der Aristokraten kann so als Auswirkung der Fremdenaversion verstanden werden. Beispiele dafür bieten u.a. die »Graf-Bobby«-Witze, die manchmal den antisemitischen Witzen zum Verwechseln ähnlich sind. Selbstverständlich gibt es auch bei den Juden Vorurteile gegen andere Gruppen, so auch gegen die Majoritätsgruppe. Auch die oft vorkommende, auf Vorurteilen beruhende gegenseitige Ablehnung von Juden, die aus verschiedenen Ländern stammen, ist ein bekanntes Phänomen.

Die Frage, ob Antisemitismus als ein Spezialfall der Fremdenaversion anzusehen sei, ist nicht mit einem einfachen Ja oder Nein zu beantworten. Sicherlich treffen für den Antisemitismus die geschilderten Grundvoraussetzungen der Fremdenaversion zu. Es läßt sich bei Menschen mit antisemitischer Haltung sehr oft auch eine Ablehnung anderer »Fremder« feststellen (sh. Graphik S. 162). Bei diversen vergleichenden Untersuchungen über die Ablehnung anderer ethnischer Gruppen durch Antisemiten überwiegen mittelhohe bis hohe Korrelationskoeffizienten. Allerdings ist die Variabilität beträchtlich, es wird auch über negative und O-Korrelationskoeffizienten berichtet.

Der abgebildeten Graphik, die Antisemitismus und Ablehnung von Fremden korreliert und sich auf die Befragung von 3889 Personen durch das Meinungsforschungsinstitute »IFES« und »Fessel« im Jahre 1986 stützt, ist mit hoher Wahrscheinlichkeit zu entnehmen, daß ein Antisemit in Österreich auch die Angehörigen anderer Völker ablehnt. Interessant ist dabei zu beobachten, daß in beiden Generationen zwar der Anteil der Personen, deren Antisemitismus auf Fremdenhaß generell zurückzuführen ist, nahezu gleich hoch ist (13,9 % bzw. 15,1 %), der Anteil von Personen aber, die Antisemiten sind, aber keinen Fremdenhaß aufweisen, bei der »Kriegsgeneration«, vermutlich als Folge der Einwirkung der antisemitischen Propaganda, bedeutend höher ist als bei den »Nachgeborenen« (16 % bzw. 7,4 %). Es muß festgehalten werden, daß in der Gruppe der über sechzigjährigen Antisemiten sich rund ein Drittel gleichzeitig auch anderen ethnischen Gruppen gegenüber ablehnend verhalten, gegenüber zwei Drittel bei der jüngeren Generation. Dies kann als Hinweis verstanden werden, daß bei der älteren Generation der höhere Anteil an Antisemiten auf die antisemitische Propaganda der Nazijahre zurückzuführen ist.

Antisemitismus und Fremdenhaß bei der "Kriegsgeneration" und den "Nachgeborenen". Österreich 1986

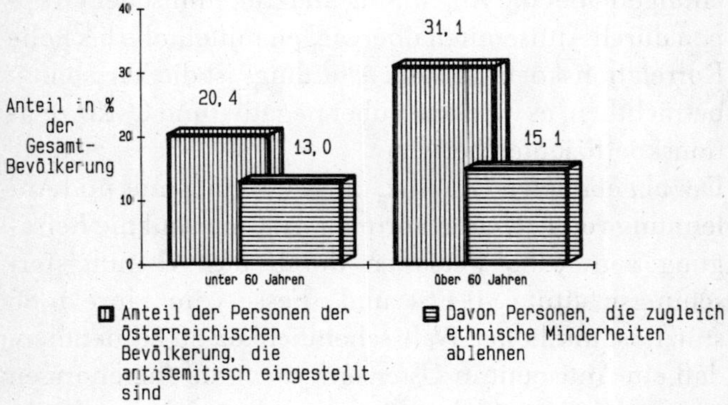

Erstellt von Dr. Christian Haerpfer, Institut für Konfliktforschung, aufgrund der Berichte von fünf Meinungsforschungsinstituten.

Die Auswirkung der Kriegs- und Vorkriegspropaganda auf den Antisemitismus muß noch höher veranschlagt werden, da die direkte Beeinflussung der Jahrgänge 1926 bis etwa 1937 sowie die teilweise Weiterwirkung dieser Propaganda auf die nächste Generation Personen betrifft, die in der Kategorie »Nachkriegsgeneration« miterfaßt sind.
Hannah Arendt verneint einen Zusammenhang zwischen Antisemitismus und Fremdenaversion unter Hinweis auf den Rückgang des Nationalismus bei gleichzeitigem Ansteigen des Antisemitismus in den ersten Dezennien des 20. Jahrhunderts. Es scheint, daß dabei der weitverbreitete wirtschaftliche Notstand die Wirkung der Fremdenaversion auf den Antisemitismus überlagert hat. Eine Leugnung der Fremdenaversion als Motivation für den Antisemitismus ist daher aus diesem Beispiel nicht ableitbar.
Herbert A. Sallen hat hierzu eine differenziertere Meinung: »Zwar hat jedes konkrete Vorurteil gegenüber einer bestimmten Minorität seine eigenen historischen Wurzeln und seine eigene Genese, die Objekte aber, die mit sozialen Vorurteilen überzogen werden, sind prinzipiell austauschbare Minoritäten in Gesellschaften und wechseln mit der historischen, wirtschaftlichen, kulturellen und politischen Lage ihre negative Vorrangstellung.«
Fest steht: Wenn wir für den Antisemitismus eine Multikausalität annehmen – worüber im folgenden noch berichtet werden soll –, dann können wir einer prinzipiellen Zuordnung des Antisemitismus zu anderen ethnischen Vorurteilen, da dies in der Mehrzahl der Fälle zutreffend ist, nicht widersprechen.
Wir haben schon aufgezeigt, welche Verstöße gegen die Rationalität bei verallgemeinerndem Denken und bei

der Bildung von Vorurteilen dem Menschen unterlaufen. Wie verhält es sich dabei hinsichtlich der Vorurteile, die über Juden gebildet werden?
Vorerst haben wir uns die Frage zu stellen, wie weit die Meinungen, die wir uns über Nationalitäten bilden, durch die Realität gerechtfertigt sind. Da wir am besten unsere eigene Nation kennen, sollten wir versuchen, dies anhand des Selbstbildes des Deutschen, des Österreichers oder des Schweizers zu überprüfen. Das an sich positive nationale Selbstbild, das uns vorschwebt, vermögen wir unmöglich auf alle Mitbürger unseres Landes zu projizieren. Zuallererst müssen, entsprechend einer weitverbreiteten Vorstellung, die Politiker ausgeschieden werden. Die sind ja korrupt oder zumindest geltungssüchtig. Weitere Gruppen, auf die unser nationales Selbstbild nicht paßt, wären die Proleten, die zurückgebliebenen Bauern, die einfältigen Bürger, die gerissenen Händler, die ausbeuterischen Unternehmer, die Friesen, Schwaben, Preußen, Burgenländer, Steirer, Kärntner, Berner, Zürcher und weiß Gott wer noch. Sie sind Ausnahmen und entsprechen nicht unserem nationalen Selbstbild. Wenn wir nunmehr unseren Bekanntenkreis Revue passieren lassen, dann werden wir wahrscheinlich mit der Zeit zur Einsicht kommen, daß eigentlich nur ein einziger wirklich diesem Bild entspricht, und zufälligerweise sind das wir selber. Sicherlich ist diese Darstellung stark übertrieben und sarkastisch gefärbt, aber doch bis zu einem gewissen Grad für die Einstellung mancher unserer Mitbürger – der Leser sei hier selbstverständlich ausgenommen – bezeichnend. Demgegenüber sind wir eher geneigt, die Bezeichnung einzelner mittels Gruppenbegriffen wie *der* Chinese oder *der* Araber gelten zu lassen, denn je weniger wir ein Volk kennen, desto gleichartiger kommt es

uns vor. Erinnern wir uns doch an unsere Kindheit, als wir noch der Meinung waren, alle Chinesen oder alle Schwarzen sähen gleich aus.
Nun sind die Deutschen und die Österreicher, trotz ihrer Vielfalt hinsichtlich Sprache, Sitten und Wertvorstellungen, wesentlich homogener als die Juden. Halten wir uns doch einmal vor Augen, wie unterschiedlich Juden sein können, und versuchen wir einzugrenzen, was »Jude« überhaupt bedeuten soll. Es geht uns dabei so wie dem Photographen im Film »Blow up«, der, um eine auf einer Aufnahme festgehaltene Szene genauer zu sehen, immer stärkere Vergrößerungen vornimmt, bis sich zuletzt das Bild völlig auflöst.
Welches Bild eines Juden entspricht »dem« Juden? Es gibt die Kaftan, Stremel und Schläfenlocken tragenden orthodoxen Juden; des weiteren die aus arabischen Ländern stammenden und im Aussehen Arabern vollkommen gleichenden Juden, dann Juden mit schwarzer Hautfarbe, die aus Äthiopien stammen, oder dunkelhäutige indische Juden, dann solche des mediterranen oder auch des nordischen Typus. Wenn man die Aufnahmen (sh. Abb. 11) betrachtet, versteht man, daß es kein gültiges Bild des »Juden« geben kann. Diese Vielfältigkeit ist keineswegs erstaunlich, haben sich ja hebräisch sprechende Stämme nicht nur mit den autochthonen kanaanitischen Stämmen und mit den Ägyptern[5] vermischt, sondern auch mit den aus dem Mittelmeergebiet eingewanderten Philistern. Später, in hellenistischer Zeit, sind Töchter und Söhne vieler Völker zum Judentum übergetreten. Damals war das Judentum die einzige monotheistische Religion, so daß sich der gebildeten Schicht, die durch den Einfluß der griechischen Philosophen nicht mehr an einen dichtbevölkerten Götterhimmel glauben konnte, keine andere Reli-

gion anbot. Die Einwohnerzahl der fast überall im Bereich des römischen Reiches anzutreffenden jüdischen Gemeinden ist Beweis genug für die große Schar der zum Judentum Übergetretenen, da so viele keinesfalls aus dem kleinen Palästina stammen konnten. Im ersten Jahrhundert sollen es an die sieben Millionen Juden gewesen sein, die römische Untertanen waren. Von diesen lebten in Palästina nur ca. 1,5 Millionen. Der Evangelist Matthäus zeugt übrigens auch für die unermüdliche Bekehrungstätigkeit der Pharisäer[6], was die große Zahl der zum Judentum Übergetretenen glaubhaft erscheinen läßt.

Aber nicht nur dem Aussehen nach gibt es unter den Juden, wie bei anderen Völkern auch, eine unglaubliche Vielfalt. Dieselbe Vielfalt ist auch in der Auffassung über die jüdische Glaubenslehre anzutreffen. Es gibt heutzutage viele Atheisten und Agnostiker unter den Juden, aber auch die gläubigen Juden unterscheiden sich sowohl in ihrer Sicht der Religion als auch in ihrer Glaubensausübung beträchtlich voneinander. Die Skala reicht von den Ultraorthodoxen – die sogar Israel als Staat ablehnen, da dieser ihrer Auffassung nach erst nach dem Erscheinen des Messias zu errichten wäre – bis zu den liberalen Reformjuden, die die Speisegesetze und das Schabbatgebot als nicht mehr zeitgemäß ablehnen. Auch unter den Befürwortern der verschiedensten politischen Ideologien sind Juden anzutreffen. Die sozialen Unterschiede von ganz arm bis ganz reich sind schon durch die Witzfiguren des armen »Schnorrers« und des »Baron Rothschild« zur Genüge bekannt. Nicht einmal im kulturellen Bereich herrscht Einheit. Die Juden, die außerhalb Israels leben, sprechen kaum Hebräisch. Jüdische Schriftsteller haben ihre Werke in unzähligen Sprachen verfaßt. Eine »jüdische Kunst« gibt es kaum, es gibt vielmehr Kunst jüdischer Künstler.

Vergleicht man nun die Zahl der Menschen eines Volkes, die man wirklich kennengelernt hat, mit der Gesamtzahl dieser Gruppe, dann ergibt sich daraus aufgrund der statistischen Mathematik, daß eine eigene Urteilsbildung nicht möglich ist. Wenn es aber in unserem Bewußtsein dennoch das Bild »des« Juden gibt, dann können wir mit Sicherheit annehmen, daß es auf die schon geschilderte Weise der selektiven Wahrnehmung, in Übereinstimmung mit einer uns tradierten Vorstellung, entstanden ist.

Drei Vorstellungen bestärken Antisemiten ganz besonders in ihrer Haltung:

1. die Juden sind schuld an unserem Unglück (Sündenbock-Theorie),
2. die jüdische Weltverschwörung und
3. die jüdische Weltherrschaft.

Die Sündenbock-Theorie erfreut sich besonders bei wenig erfolgreichen Menschen ausgesprochener Beliebtheit. Kein Mensch ist gern bereit, für Mißerfolge im Leben sich selber die Schuld zu geben. Die Theorie ist leicht verständlich, bedarf keiner eingehenden Analyse und ist vor allem im sozialen Bereich praktikabel – d. h. als Rechtfertigung eigener Mißerfolge in den Augen der Umgebung. Untersuchungen bei Menschen, die einen sozialen Abstieg erleiden mußten, zeigen, daß bei diesen antisemitische Auffassungen weit überdurchschnittlich anzutreffen sind.

Die Weltverschwörungstheorie hat zusätzlich auch noch etwas Dämonisches an sich und wirkt deshalb befruchtend auf die Phantasie – so wie einst der Hexenwahn. Wenn die Realität schwer zu ertragen ist, dann kann das Mystisch-Dämonische geeignete Fluchtwege anbieten. Im Buch »Der Hexenhammer« (von Heinrich Institoris und Jakob Sprenger, 1489), das als die »Bibel«

dieser Art menschlicher Verirrung bezeichnet werden kann, ist bereits die Verschwörungstheorie – in diesem Fall der Hexen aller Welt – vorgebracht worden. Verschwörungen hat es ja immer wieder gegeben, womit gewisse Anhaltspunkte in der Realität dieser Wahnvorstellungen den Schutzmantel des rational Möglichen verleihen. Deshalb hat man stets so gerne Organisationen mit weltweiter Verbreitung beschuldigt, sich verschworen zu haben, die Macht über die Welt zu erlangen. Es sei an die Jesuiten, an die Freimaurer und sogar an die Rotarier erinnert, gegen die mehr oder weniger häufig solche Verdächtigungen vorgebracht wurden. Weiteren Auftrieb erhielt die Fama von der Weltverschwörung der Juden durch »die Protokolle der Weisen Zions«, bis nachgewiesen werden konnte, daß es sich um eine plumpe Erfindung und Fälschung des Geheimdienstes des Zaren handelte. Und Wilhelm Marr, der als erster den Ausdruck »Antisemitismus« prägte, hat 1873 über die Weltverschwörung der Juden geschrieben. Die Macht über die Welt zu erlangen: ein beliebtes Sujet auch in der dramatischen Kunst. Wagners »Ring der Nibelungen« oder die Filmserie über den Agenten »007« können als Beispiele dienen.
Schon seit Jahrhunderten ist von der »geheimen Macht der Juden« die Rede. Wenn ein Jude trotz Verfolgung und Benachteiligungen in der Lage war, wohlhabend und sogar reich zu werden, dann zog das naturgemäß Aufmerksamkeit auf sich. Da reiche Juden besonders schutzbedürftig waren, mußten sie mächtige Protektoren suchen, die ihnen diesen Schutz gewähren konnten. Diese Potentaten aber waren nicht aus Herzensgüte hierzu bereit, sie benötigten diese »Hofjuden«, um den in den Zeiten der Entwicklung der Zentralgewalt stets steigenden Staatshaushalt oder – in Nachahmung des

Sonnenkönigs Ludwig XIV. – die immer luxuriösere und daher stets aufwendiger werdende Hofhaltung zu finanzieren. Juden wurden auch beauftragt, kostbaren Schmuck und Luxusgüter zu besorgen, da sie durch ihre übernationalen Verbindungen zu anderen jüdischen Kaufleuten dazu eher in der Lage waren als die christlichen Händler. Sie betätigten sich auch als Heereslieferanten. Vor allem aber war man deshalb auf sie angewiesen, weil sie bereit waren, Risiken auf sich zu nehmen, die die etablierten christlichen Bankiers und Kaufleute nicht wagten. Dies taten die Hofjuden sowohl wegen der Notwendigkeit, sich ihre Schutzherren stets gewogen zu halten, als auch aus einem gewissen persönlichen Ehrgeiz. Jude zu sein bedeutete stets, Demütigungen hinnehmen zu müssen, und deshalb war es für ihr Selbstbewußtsein überaus wichtig, Zugang zum Herrscherhaus zu haben. Kaum ein Fürst oder Herrscher konnte im 17. und 18. Jahrhundert ohne Hofjuden das Auslangen finden. Die Hofjuden waren bemüht, ihre kaufmännische und soziale Position durch das Knüpfen verwandschaftlicher Beziehungen zu festigen.
Ist das Hofjudentum nicht Beweis für das Weltmachtstreben des Judentums? – Ganz und gar nicht! Die Hofarchive geben darüber eindeutig Auskunft. Die Hofjuden standen nämlich untereinander in rücksichtslosem Wettbewerb. Des öfteren wurde dabei auch zu mehr als zweifelhaften Mitteln, etwa gegenseitige Anzeigen und Verleumdungen, gegriffen. Den Hofjuden wurde manchmal Profitgier und rücksichtsloses Ausnützen von Notsituationen vorgeworfen. Wie sehr dieser Pauschalvorwurf unberechtigt ist, kann aus der Tatsache ersehen werden, daß nur die wenigsten Hofjuden ihr Vermögen und damit ihre Position über zwei Generationen

hinaus weitervererben konnten, da ihre Schuldner früher oder später zahlungsunfähig wurden. Dieses Schicksal traf auch das Vermögen des bedeutendsten Hofjudens der deutsch-österreichischen Geschichte, Samuel Oppenheimer (1630–1703), der nicht nur Kaiser Leopold I. große Kredite für den Kampf gegen das bis nach Wien vorgedrungene türkische Heer zukommen ließ, sondern auch in, fast könnte man sagen, übermenschlichem persönlichen Einsatz die Versorgung der kaiserlichen Armee sicherte.

Eine der wenigen Familien, die noch heute im internationalen Bankgeschäft tätig ist und die mit der Fama des Weltjudentums in Verbindung gebracht wird, ist die Familie Rothschild. Der Grundstein des Familienvermögens wurde von dem aus dem Frankfurter Ghetto stammenden Meyer Amschel Rothschild (1743–1812) und seinen fünf Söhnen ab dem Ende des 18. Jahrhunderts gelegt. Es wurden Zweigstellen in London, Paris, Wien und Neapel errichtet, die sowohl Geld- als auch Handelsgeschäfte betrieben. Die Rothschilds unterhielten zu den Herrscherhäusern der damaligen Zeit enge Verbindungen und wurden daher gelegentlich auch bei politischen Konflikten als Vermittler herangezogen. Dies ist der einzige Fall in der Geschichte, wo Juden dadurch, daß sie in enger Beziehung zueinander standen, die internationale Politik beeinflussen konnten. Dies als jüdisches Weltmachtstreben zu bezeichnen ist absurd. Wie sehr diese Mär jeder Grundlage entbehrt, zeigt sich auch daran, daß im internationalen Bankgeschäft jüdische Banken vergleichsweise geringe Bedeutung haben und hatten. Auch in der Schwerindustrie – einem wichtigen, auch politischen Faktor – waren Juden nicht maßgeblich vertreten.

Den schlagendsten Beweis für die Machtlosigkeit der

Juden im Weltgeschehen liefert aber die Geschichte. Hätte es je einen wirksamen jüdischen Einfluß auf die Politik gegeben, dann wäre es nicht so häufig zu Verfolgungen der Juden gekommen. Zumindest hätte man bei der Evian-Konferenz im Jahr 1938, als es um die Aufnahme von aus Deutschland und Österreich flüchtenden Juden ging, eine positive Entscheidung gefällt. Jeder Repräsentant dieser Konferenz verwies damals aber auf die schlechte Wirtschafts- und Beschäftigungssituation in seinem Lande und erhob Bedenken gegen die Aufnahme jüdischer Einreisewilliger. Es ist während der NS-Herrschaft den Juden der Vereinigten Staaten weder gelungen, eine liberale Handhabung der Einreisepolitik noch die Bombardierung der Gaskammern zu erreichen – und dies angesichts der angeblich so mächtigen jüdischen Lobby!

Die jüdische US-Lobby ist, wie andere ähnliche Lobbys, offiziell registriert. Die bedeutenden jüdischen Organisationen in Amerika, die sehr oft unterschiedliche Ansichten vertreten, entsenden ihre Repräsentanten in ein Gremium, das die Tätigkeit dieser Lobby bestimmt. Über deren Interventionen, wie auch die Interventionen anderer Lobbys bei der Administration und bei den Gesetzgebern, wird ganz offen von den Medien berichtet, da Lobbys im amerikanischen System als eine Art der Interessenvertretung verankert sind. Sie sind am ehesten mit Interessenvertretungen, wie sie die Gewerkschaften und Unternehmerverbände bei uns darstellen, zu vergleichen. Die jüdische Lobby in den USA hat sich vergeblich bemüht, Waffenlieferungen für den jungen israelischen Staat zu erhalten, als dieser nach der Staatsgründung (1947) im Jahr 1948 von den Armeen fünf arabischer Staaten überfallen wurde. Der einzige Staat, der damals bereit war, den Israelis Waffen zu verkaufen, war die ČSSR. In den letzten Jahren hat die jüdische US-Lobby auch ohne Erfolg versucht, Waffenlieferungen an arabische Staaten zu unterbinden.

Die Fama einer »jüdischen Weltpresse« steht schon seit der Hitlerzeit im antisemitischen Vokabular. Sicherlich gibt es vor allem in den USA mehr jüdische Journalisten, als dies dem jüdischen Anteil der Bevölkerung entspricht. Dies ist durch den hohen Stellenwert zu erklären, den das Lesen und Schreiben traditionsgemäß bei Juden einnimmt. Vor allem bei den Blättern der amerikanischen Ostküste sind viele Juden beschäftigt. Wie wenig sich das in der politischen Meinung dieser Blätter widerspiegelt, ist daraus ersichtlich, daß die meisten dieser Zeitungen die Republikanische Partei unterstützen, während die Juden Amerikas großteils die Demokratische Partei wählen. In Europa gibt es einflußreiche Blätter, vor allem in Deutschland, Österreich, der Schweiz, Schweden und Holland, bei denen kaum Juden tätig sind. Diese Publikationen unterscheiden sich in ihren Ansichten über internationale Probleme kaum von Zeitungen mit jüdischen Mitarbeitern.

Ein weiterer »Beweis« für die jüdische Weltmacht ist der angeblich große Einfluß, den die B'nai B'rith Loge auszuüben imstande ist. Es ist dies ein humanitärer Verein wie Rotary oder Lions, der sich zusätzlich die Pflege der jüdischen Kultur und Tradition zum Ziel gesetzt hat. Alle Publikationen der B'nai B'rith Loge sind öffentlich zugänglich. Die meisten ihrer Veranstaltungen können auch von Außenstehenden besucht werden. Sie wurde zu einer Zeit gegründet, als es Freimaurerlogen gab, die nicht bereit waren, Juden aufzunehmen.

Vorurteile und Stereotypen, wo und wann immer sie auftreten, verletzen drei grundlegende menschliche Normen: *den Anspruch auf Gerechtigkeit.* Jeder Mensch hat das Recht als Individuum, unabhängig von seiner Zugehörigkeit zu einer Rasse, einem Volk oder einer Religion beurteilt zu werden; *die Forderung nach Rationalität*, d. h. alle unsere Ansichten sollen logisch und widerspruchsfrei aus Tatsachen abgeleitet sein; und die *Pflicht zur Humanität*, die bis zur Menschenliebe zu gehen hat.

Soziale Triebfedern des Antisemitismus

Wir haben uns nun die Frage zu stellen, welche Kräfte der Gesellschaft hinter dem Antisemitismus stehen.
Die religiösen Wurzeln des Antisemitismus, die zum sogenannten Antijudaismus führen, sollen, weil sie heute noch von Bedeutung sind und vor dem 19. Jahrhundert sicherlich die wesentliche treibende Kraft waren, gesondert behandelt werden. Auch über den paganischen Antijudaismus wird dann berichtet werden. Wenden wir uns im folgenden dem wirtschaftlichen und politischen Antisemitismus zu.
Im Mittelalter bemühten sich zahlreiche Fürsten, Juden zur Niederlassung in ihren Ländern zu veranlassen, um so den Anschluß an den internationalen Handel zu finden und die für die Entwicklung der Wirtschaft notwendigen Mittel ins Land zu bringen. Juden wurden Privilegien erteilt, die mit der Zeit zum Stein des Anstoßes bei der bürgerlichen Konkurrenz wurden, was dann schrittweise nicht nur zu deren Beseitigung, sondern im weiteren zu fortschreitender Schlechterstellung der Juden bis hin zu ihrer vollständigen Entrechtung führte.

Anfänglich scheint in Europa das Zusammenleben von Christen und Juden relativ problemlos verlaufen zu sein. Erzbischof Agobard von Lyon (779–840), der aus seiner christlichen Überzeugung heraus den Juden feindlich gesinnt war, beklagte, daß Christen statt des Priesters den Rabbiner aufsuchten und eher dessen Predigt anhörten. Außerdem hielten sie mancherorts den Samstag anstelle des Sonntags arbeitsfrei. Sogar hochgestellte Persönlichkeiten baten Juden um ihren Segen. Agobard wollte deshalb die Mahl- und Wohngemeinschaften zwischen Juden und Christen unterbinden. Ein solches Verbot sprach auch noch die Wiener Provinzialsynode 1267 aus. Christen und Juden sollten nicht gemeinsam speisen, trinken und tanzen (!). Es müssen

Jude und Jüdin mit Kleiderzeichen. »Judenhandschrift«, Markus Lamm um 1544 (Hessische Landes- und Hochschulbibliothek, Darmstadt).

also enge Kontakte zwischen Christen und Juden zu dieser Zeit gang und gäbe gewesen sein, da sonst die Erlassung dieses Verbotes sinnlos gewesen wäre.
Hat damals das Fremde am Juden nicht Antisemitismus ausgelöst? – kann mit Recht gefragt werden. Waren die Juden zu dieser Zeit weniger »Fremde« als im 20. Jahrhundert? Wohl kaum. Vielen waren in ihrem Erscheinungsbild nicht von den anderen Bürgern zu unterscheiden, wiewohl sie durch die Bräuche der Religion als Juden bekannt waren. Daher forderte die Kirche wiederholt, die Juden sollten an ihrer Kleidung ein besonderes Zeichen anbringen. Und dieser Forderung wurde in vielen Fällen auch entsprochen (sh. Abb. S. 174). Man möge aber bedenken, daß die Fremdenaversion nur dann Antisemitismus im Gefolge hat, wenn zugleich auch andere Voraussetzungen, auf die noch eingegangen wird, gegeben sind.
In der Zeit des Feudalismus, und auch schon früher, waren die Bewohner nahegelegener Städte vielfach »Fremde«, da sie einer anderen Obrigkeit unterstanden oder Bewohner freier Städte waren. Die Menschen waren es gewohnt, Leuten in anderer Kleidung, mit anderem Gehabe, kurz, »Fremden« zu begegnen.
Mit der Entwicklung des Feudalismus verloren die Juden die Berechtigung, Landwirtschaft zu betreiben. Der Lehensnehmer mußte nämlich dem Lehensherrn den Feudaleid leisten, und als Eid zählte nur der christliche Eid.
Gleichzeitig wurden die anderen Wirtschaftszweige zünftisch organisiert. Da nur Christen in eine Zunft aufgenommen wurden, blieb den Juden im wesentlichen nur mehr das Pfandleihgeschäft als Erwerb. Das gespannte Verhältnis, das naturgemäß zwischen Pfandleiher und Schuldner besteht, wirkte sich sehr nachteilig

auf das Zusammenleben aus. Auch die Obrigkeit – soweit sie nicht selber Schuldner war – war an relativ hohen Zinssätzen interessiert, damit sie die Juden entsprechend hoch besteuern konnte. Noch bis vor wenigen Jahren ist man der Ansicht gewesen, der Geldverleih sei im Mittelalter und in der folgenden Zeit eine alleinige Domäne der Juden gewesen. Erst durch das Studium mittelalterlicher Grundbücher und anderer Schriften hat man herausgefunden, daß nicht wenige Christen sich als Leihgeber betätigten. Gelegentlich wurde ein Jude als Strohmann für den christlichen Leihgeber zwischengeschaltet, da das Eintreiben der fälligen Schuld der Reputation des Christen geschadet hätte.

Bürger und Bauer beim jüdischen Pfandleiher. Holzschnitt. Nürnberg um 1480 (Beth Hatefutsoth, Tel Aviv).

Der Handelsjude, der oft auch nicht eingelöste Pfänder vertrieb, gab gleichfalls Anlaß zu Kontroversen. Entweder war sein Preis zu wohlfeil, dann beklagten sich die christlichen Kaufleute über den unlauteren Wettbewerb, oder seine Preise waren zu hoch, dann erregten sie den

Unmut vor allem der Leute aus der ärmeren Bevölkerungsschicht, die auf die gebrauchten Waren angewiesen waren, denn neue konnten sie sich meist nicht leisten.

Für den bei den Kreuzzügen sich zusammenrottenden Pöbel waren die wohlhabenden jüdischen Gemeinden ein lohnendes Angriffsziel. Diese in ihrem Ausmaß und ihrer Grausamkeit bis zum 20. Jahrhundert ohne Parallele gebliebene Judenverfolgung drängte das Judentum noch weiter ins Abseits und setzte ein immer wieder zur Nachahmung verführendes Beispiel, wie man sich durch Judenverfolgungen bereichern kann.

Im weiteren gestaltete sich das Leben der Juden wechselhaft. Perioden der Verfolgungen und Vertreibungen, die, regional beschränkt, zu unterschiedlichen Zeiten einsetzten, wurden von Zeiten relativer Ruhe abgelöst. Juden, die eine Verfolgung oder Vertreibung überlebten, konnten so an anderen Orten, wo gerade friedliche Verhältnisse herrschten, Aufnahme finden.

Als im 18. Jahrhundert die merkantilistische Wirtschaftstheorie zum Durchbruch kam, ließ man Juden, um sie für die Gründung von Industrien zu interessieren, besondere Begünstigungen zuteil werden. Sie erhielten das Niederlassungsrecht und wurden von besonders entehrenden Abgaben befreit; so wurde ihnen der Leibzoll, auch als Leibmaut bekannt, erlassen, eine Abgabe, der nur Juden und Tiere unterworfen gewesen waren. Die industrielle Fertigung von Waren trieb danach viele Handwerksbetriebe in den Ruin, und die solcherart brotlos Gewordenen gaben zum Teil den jüdischen Fabrikbesitzern die Schuld für den Verlust ihres Einkommens.

Im 19. und zu Beginn des 20. Jahrhunderts wurden weitgehend alle Bestimmungen aufgehoben, die Juden aus bestimmten Berufszweigen ausschlossen. Die dadurch neu entstandene Konkurrenz war begreiflicherweise nicht gern gesehen, und so verbreitete sich der Antisemitismus mehr und mehr. Es wird immer wieder auf den hohen Prozentsatz jüdischer Rechtsanwälte und Ärzte, besonders in Österreich während der zwanziger und dreißiger Jahre dieses Jahrhunderts, hingewiesen und dabei übersehen, daß sich viele Juden deshalb selbständig machten, weil sie im Staatsdienst nur ausnahmsweise eine Anstellung erhielten. Im übrigen ist nicht einzusehen, warum Juden, wenn sie die Voraussetzungen dafür erbringen, nicht Ärzte oder Rechtsanwälte sein sollten.

Die antijüdische Stimmung wurde vom Ende des vorigen Jahrhunderts an immer wieder von rücksichtslosen Politikern zum Stimmenfang ausgenützt. Sie predigten teils von der Kanzel, teils bei politischen Versammlungen den Antisemitismus und heizten so antijüdische Gefühle auf. Die Weltwirtschaftskrise Ende der zwanziger Jahre dieses Jahrhunderts hatte eine beispiellose Massenarbeitslosigkeit zur Folge. Dies war der Nährboden, auf dem der politische Antisemitismus zu einer Volksbewegung wurde. Kein politisches Lager durfte von nun an den Antisemitismus ablehnen, ohne damit einen erheblichen Stimmenverlust bei den nächsten Wahlen zu riskieren.

Juden haben sich Ende des 19. Jahrhunderts und am Beginn des 20. Jahrhunderts mehr und mehr an ihre christliche Umgebung assimiliert. Viele ließen sich taufen und heirateten christliche Ehepartner aus fast allen gesellschaftlichen Schichten. Die Nachkommen dieser Juden hatten mit dem Judentum zumeist nicht mehr die geringste Verbindung. Wieder haben wir uns die Frage zu stellen, warum sie dennoch Ziel antisemitischer Ver-

folgungen waren. Hat also Fremdenaversion doch nichts mit Antisemitismus zu tun?
Es ist nicht die reale Erscheinung des Juden – so könnte die Antwort lauten –, die für den Antisemitismus maßgebend ist, sondern allein, wie der Nichtjude den Juden empfindet. Sicher gab es viele, die den assimilierten Juden nicht als »fremd«, als nicht hierher gehörig empfanden. Diese Menschen waren aber auch keine Antisemiten. Die Antisemiten haben demgegenüber stets den Juden als »Zugereisten« und nicht als »einen von uns« betrachtet.
Die »Rassentheorie« als wissenschaftliche Grundlage des Rassenantisemitismus war kläglich unwissenschaftlich. Trotz enormer Anstrengungen und unzähliger Schädel- und Körpermessungen konnte nicht ein Indiz zur Stützung dieser Theorie gefunden werden. Dies ist bei der schon geschilderten Vielfalt von Völkern, aus denen die Juden abstammen, keinesfalls erstaunlich. Die Rassenfanatiker selber hielten schließlich nicht viel von ihrer Theorie, wurden ja Christen, die Juden geholfen hatten, als »Judenknechte« auch nicht besser als Juden behandelt. Hinter dem Rassenantisemitismus darf man als Triebfeder die Befürchtung der Antisemiten vermuten, das für ihr Wohlbefinden unentbehrliche Haßobjekt Jude entziehe sich ihnen durch Assimilation.
Zur Verbreitung des Antisemitismus nach dem Ersten Weltkrieg in Österreich hat nicht zuletzt die große Zahl der aus Galizien vor den Kriegshandlungen in die Hauptstadt geflüchteten orthodoxen Juden beigetragen. Sie wurden durch ihren Habitus eindeutig als Fremde angesehen und nährten so antisemitische Gefühle. Diesen Antisemitismus bekamen dann die assimilierten Juden zu fühlen. Die letztere Gruppe war daher ihren galizischen »Brüdern« gegenüber alles andere als brüder-

lich eingestellt. Manche teilten sogar die antisemitischen Gefühle der Nichtjuden unter der Bedingung, daß diese nur auf die orthodoxen Juden mit Schläfenlocken und Kaftan beschränkt blieben.

Die wirtschaftliche Erschütterung, die der verlorene Erste Weltkrieg und die Bedingungen des Friedensschlusses mit sich brachten, führte zu einer hohen Arbeitslosigkeit, die dann durch die Weltwirtschaftskrise am Anfang der dreißiger Jahre noch bedeutend verstärkt wurde. Der Zusammenbruch von Banken und Unternehmungen, die zum Teil unter der Leitung von Juden standen, sowie Wirtschaftsskandale, in die u. a. auch Juden involviert waren (Castiglione, Phönix-Versicherung), führten ähnlich wie der Banken- und Börsenkrach im Jahre 1873 zu einem verstärkten Antisemitismus. Sowohl Priester als auch Politiker sicherten sich durch antisemitische Ansprachen die Gunst ihrer Gemeinde. Stimmen, die an die Vernunft und Einsicht appellierten, blieben vielfach ungehört.

Nach der Befreiung im Jahre 1945, die von einem Teil der Österreicher und Deutschen wegen ihrer gefühlsmäßigen Bindung an das Dritte Reich als nationale Niederlage empfunden wurde, kamen die vertriebenen Juden, soweit sie nicht durch die bei der Vertreibung erlittene Schmach das Interesse an ihrer Heimat völlig verloren hatten, nach Österreich und Deutschland zurück, um die ihnen weggenommenen Vermögenswerte zurückzuverlangen. Die Bundesrepublik Deutschland entschädigte ihre vertriebenen Mitbürger, soweit eine Entschädigung überhaupt möglich sein konnte, in großzügiger Weise. In Österreich erfolgte die Entschädigung widerwillig und nur zum Teil. So wurden vielen weder ihre frühere Wohnung noch ihre früheren Geschäftslokale zurückgegeben. Schon die Tatsache, daß

man Juden ihre früheren Vermögenswerte zurückgeben sollte, hatte eine verstärkte antisemitische Einstellung der Bevölkerung zur Folge. Es verbreiteten sich Gerüchte, wonach Juden, die früher nur eine Werkstatt gehabt hatten, nunmehr eine ausgebaute Fabrik zurückerhalten hätten oder daß man Juden Steuerbegünstigungen, sogar völlige Steuerfreiheit eingeräumt habe – Gerüchte, die in keinem einzigen Fall der Wahrheit entsprachen. Angesichts der Tatsache, daß die Vertriebenen nicht mit offenen Armen empfangen wurden, entschlossen sich viele, wieder in ihr Exilland, das manchen inzwischen zur (zweiten) Heimat geworden war, zurückzukehren. Die antisemitische Tradition und die antisemitische Naziindoktrination hatten sogar – wie dies aus den Ministerratsprotokollen jener Zeit entnommen werden kann – bei den führenden österreichischen Politikern »der ersten Stunde« Spuren hinterlassen.
Ihnen ist es allerdings zu verdanken, daß Österreich von den Siegermächten als »erstes Opfer Hitlers« anerkannt wurde. So erlangte unser Land weltweit viel Sympathie, aber einer schuldbefreienden »Katharsis« wurde so der Weg verbaut. Die posthume Distanzierung von Nazideutschland führte zu einer Verdrängung des Schuldkomplexes für die in dieser Zeit begangenen Verbrechen.
In der Öffentlichkeit spielte der Antisemitismus in der Politik, abgesehen von einigen wenigen »Entgleisungen«, bis zur »Waldheim-Affäre« kaum eine Rolle. Zu diesen »Entgleisungen« gehörte auch ein Plakat der Österreichischen Volkspartei im Wahlkampf zwischen den beiden Großparteien. Die ÖVP bezeichnete ihren Exponenten als »echten Österreicher«, wohl um ihn gegenüber dem von Juden abstammenden Exponenten der Sozialistischen Partei wählbarer erscheinen zu las-

sen. Unabhängig davon verlor die Österreichische Volkspartei diesen Wahlkampf und einige weitere, und so kam es – zum Erstaunen vieler, die Österreich als antisemitisch verschrien – dazu, daß Österreich an die vierzehn Jahre von einem Kanzler regiert wurde, der seine jüdische Abstammung nie verleugnet hatte.

Während der Affäre hörte man vom Bundespräsidenten Dr. Waldheim den Ausdruck »jüdische Weltpresse« und von Politikern der Österreichischen Volkspartei Aussprüche, die zumindest in antisemitischem Sinne ausgelegt werden konnten und geeignet waren, antisemitische Tendenzen in der Bevölkerung zu mobilisieren. Politiker beider Großparteien und ein Teil der Medien verurteilten den Gebrauch solcher Ausdrücke. Dies führte zu einer Sensibilisierung eines bedeutenden Teiles der Öffentlichkeit und auch der maßgebenden Politiker. So mußte der Generalsekretär der Österreichischen Volkspartei zurücktreten, weil er in einem unbedachten Moment geäußert hatte, Bundespräsident Waldheim müßte erst dann abdanken, wenn ihm nachgewiesen werde, daß er sechs Juden eigenhändig erwürgt habe. Gleichfalls zurückgetreten ist nach langem Zögern der Vizebürgermeister der Stadt Linz, Dr. Hödl, nachdem er in einem Brief an Herrn Bronfman, den Präsidenten des Vereins »World Jewish Congress« (WJC), die alte Mär über den von Juden an Jesus begangenen Gottesmord aufgefrischt hatte.

Die »Waldheim-Affäre« verursachte einen merklichen Anstieg des Antisemitismus in Österreich. Dieses zahlenmäßige Anwachsen des antisemitischen Lagers zeigt, wie schnell in einer vermeintlichen Konfliktsituation mit dem Judentum Vorurteile und stereotypes Denken hervorbrechen können. Jeder, der nur einigermaßen bereit war, sich über Urheber und Mittelsmänner

sowie über die Träger der Anti-Waldheim-Kampagne klarzuwerden, wußte, daß die, die den Anstoß zu den Anschuldigungen gegeben hatten – wer immer sie auch sein mögen – mit Sicherheit Österreicher und Nichtjuden waren. Wenn in der Folge die Exponenten des WJC, zumindest am Beginn der Kampagne, im guten Glauben an die Stichhaltigkeit der erhaltenen Informationen sich berufen fühlten, der Weltöffentlichkeit die Mitwirkung des früheren Generalsekretärs der UNO an der Kriegsmaschine offenzulegen, dann sicherlich deshalb, weil sie sich hierzu als Überlebende der Judenverfolgung ihren ermordeten Verwandten und Schicksalsgenossen gegenüber verpflichtet fühlten. Um dies zu illustrieren, sei erwähnt, daß Herr Singer, Generalsekretär des WJC, bei einem Besuch in Wien eine in Wien im März 1938 aufgenommene Photographie seines Vaters in einer Ausstellung entdeckte. Die Aufnahme zeigte, wie der Vater von Singer von Nazischergen gezwungen wurde, mit einer Zahnbürste nazifeindliche Aufschriften vom Gehsteig zu entfernen. Der WJC wollte auch mit seiner Kampagne noch nachträglich die araberfreundliche Politik, die Dr. Waldheim als Generalsekretär der UNO betrieben hatte, diskreditieren. Es sei daran erinnert, daß von den westlichen Staatsmännern Dr. Waldheim der einzige war, der die israelische Aktion zur Rettung der durch Terroristen in Entebbe gefangengehaltenen Geiseln verurteilte.
Als sich mit der Zeit herausstellte, daß für die Beschuldigung Dr. Waldheims als Kriegsverbrecher keine Beweise erbracht werden konnten, wandten sich viele Juden gegen die Kampagne des WJC. Der prominenteste unter ihnen war sicherlich Simon Wiesenthal, der sich wiederholt in diesem Sinne äußerte. Er, der der Verfolgung von Naziverbrechern um der Gerechtigkeit willen

und nicht aus Haß, wie er immer betont hat, sein Leben widmet, erklärte, daß er, im Gegensatz zum WJC, nie ohne Beweise einen Menschen einer Schuld bezichtige.

Dennoch war die Annahme, die Vertreter dieses Privatvereins mit seinen zwanzig bis dreißig Angestellten seien die offiziellen Repräsentanten des »Weltjudentums«, weit verbreitet und ließ rationale Überlegungen in den Hintergrund treten. Auch junge Menschen, die keiner antisemitischen Beeinflussung ausgesetzt waren, wandten sich plötzlich gegen die »Juden«.

Woher kam dieser Antisemitismus? War er tatsächlich in diesen Menschen latent schlummernd vorhanden gewesen und hatte nur durch äußere Einflüsse geweckt werden müssen?

Meinungsforscher haben nachgewiesen, daß Menschen, die sich keiner stereotypen ethnischen Einstellung bewußt sind, dennoch ein durch Vorurteile belastetes Bild ethnischer Gruppen mit sich herumtragen. Es ist auch wahrscheinlich, daß diese jungen Menschen irgendwann Bemerkungen über die Macht des Weltjudentums aufgeschnappt hatten und daß diese Erinnerungen durch die Erklärungen Herrn Singers im österreichischen Fernsehen in ihr Bewußtsein traten. Singer hatte erklärt, wenn die Österreicher Waldheim zum Bundespräsidenten wählten, würden die nächsten Jahre kein Honiglecken für Österreich sein. Auch die Erklärungen der Politiker sowie die Medienberichte konnten den latent vorhandenen Antisemitismus mobilisieren. Ähnliche Ressentiments wären sicherlich auch gegen Deutsche, wenn es sich um einen deutschen gegen Franzosen, wenn es sich um einen französischen Verein gehandelt hätte, der mit unbewiesenen Behauptungen einen prominenten Österreicher verfolgt, entstanden.

Wie hätten verantwortungsbewußte Österreicher in der damaligen Situation reagieren sollen? Ein Aufruf von neun prominenten Österreichern[7] wurde kaum zur Kenntnis genommen. Es hätten die Führungsgremien der politischen Parteien oder die Regierungsmitglieder, und vor allem Dr. Waldheim, einen ähnlichen Aufruf unterzeichnen sollen. Eine breite mediale Aufbereitung hätte dafür Sorge tragen müssen, daß die Bevölkerung nicht im WJC und dessen Exponenten »die Juden« sieht.

Untersuchungen mit dem Ziel, das Entstehen antisemitischer Vorstellungen bei Jugendlichen zu erforschen, haben Interessantes zutage gefördert.

Je jünger ein heranwachsender Mensch ist, desto eher wird er Vorurteile aufnehmen, und je früher Vorurteile sich bilden, desto schwieriger fällt es, von diesen loszukommen. Den von IFES 1988 veröffentlichten Zitaten aus Interviews mit Zeitzeugen – als Beilage zum Forschungsbericht »Wie kam es zu 1938?« – ist zu entnehmen, wie bestimmend für die Entwicklung einer antisemitischen Einstellung Bemerkungen sein können, die im jugendlichen Alter im Elternhaus vernommen werden. So beeindruckt es das Kind im besonderen Maße, wenn es hört, daß ein gewisser Herr sehr anständig sei, obwohl er Jude ist. Hätte man die Möglichkeit, mit den Eltern dieses inzwischen im reifen Alter stehenden Interviewten zu sprechen, dann würden diese sicherlich leugnen, jemals Antisemiten gewesen zu sein, möglicherweise auch auf ihre vielleicht sogar zahlreichen jüdischen Bekannten hinweisen.

Leider ist auch die Alltagssprache, die das Kind sprechen lernt, voll von antisemitischen Ausdrücken. So kann »Jud« eine Zigarette, die nicht zieht, oder eine verkehrt liegende Karte in einem Kartenpaket heißen, um nur zwei der vielen abwertenden Bedeutungen dieses Wortes zu erwähnen. Mit dem Ausdruck »christlicher Preis« meint man einen angemessenen Preis; insinuiert wird dabei, daß ein jüdischer Preis ein unangemessener Preis sei. Die »Judenschul« ist laut; christliche Kinder sind wohlerzogen und verhalten sich nicht so. Wenn ein Teig nicht aufgeht, dann sitzt ein »Jud am Dach und hat heruntergespuckt«. »Einen Rebbach zu machen« bedeutet, im Sinne der jüdischen Gewinnsucht zu handeln. Die Bezeichnung »alttestamentarisch« wird meistens mit den Worten Haß oder Rache in Verbindung gebracht. Die Aufzählung ließe sich beliebig fortsetzen. Sehr oft merken die Menschen, die diese Ausdrücke verwenden, gar nicht, daß sie auf diese Weise antisemitisches Gedankengut verbreiten, so sehr sind diese Sprachgewohnheiten schon verwurzelt. Es gibt viele »jüdische« Witze mit mehr oder weniger antisemitischem Inhalt, und manche harmlos scheinenden können antisemitisch wirken. Kinder, besonders wenn sie in einer Gruppe sind, verhalten sich oft herzlos und aggressiv. Jedes noch so geringe Abweichen von der »Norm« wird angeprangert und bloßgelegt. Deshalb können Jugendliche voneinander auch antisemitisches Verhalten lernen. Manchmal werden Vorurteile, die das Kind aufgenommen hat, in der Pubertät wieder abgelegt, besonders dann, wenn sich Gegensätze zum Elternhaus entwickeln und die Vorurteile dort ihren Ursprung hatten.

Noch vor nicht allzulanger Zeit wurde jedem heranwachsenden christlichen Kind zu Hause und im Religionsunterricht die Schuld der Juden an der Kreuzigung Jesu gelehrt. Kinder, die das von der Gottesmutter behütete Kind auf Bildern sehen, entwickeln den unbewußten Wunsch, ebenso wie das Jesusknäblein von der

Mutter verwöhnt zu werden. Dieser Identifikationswunsch kann dann dazu führen, daß das Bild des Gekreuzigten und vor allem das seiner »Mörder« sich tief in ihre Vorstellung einprägt. Es ist trotz der Lehren des 2. Vaticanums noch immer nicht abzusehen, wann diese Mär endgültig zum Verschwinden gebracht sein wird.
Kinder von Arbeiterfamilien werden zudem in manchen Fällen dann antisemitisch beeinflußt, wenn sie vernehmen, wie der Begriff Kapitalist mit dem des »Juden« gleichgesetzt wird.

Oft wird die Frage aufgeworfen, warum es »immer« die Juden gewesen sind, die seit Menschengedenken und fast überall Verfolgungen oder zumindest Diskriminierungen über sich haben ergehen lassen müssen. Blaise Pascal schrieb: »Différance engendre haine« (Unterschiede bewirken Haß); aber nicht nur Juden unterscheiden sich von der Mehrheit der Bevölkerung. Warum dann »immer« die Juden? Minderheiten werden und wurden in praktisch allen Teilen der Welt diskriminiert. Trotzdem ist die Ablehnung der Juden wesentlich häufiger anzutreffen als die Ablehnung anderer Minderheiten.

Eine Ursache dafür ist die weltweite Verbreitung der Juden. Negative Nachrichten über Juden haben deshalb immer und überall interessierte Zuhörer gefunden. »Wenn einer eine Reise tut, dann kann er viel erzählen«, sagt ein bekanntes Sprichwort. Judenfeindliche Anschuldigungen wie die Blutschuld und der Hostienfrevel – auf sie wird noch im Kapitel über die religiösen Wurzeln des Antisemitismus eingegangen – oder die Beschuldigung, durch Vergiftung der Brunnen an der Pest Schuld zu tragen, konnten so von Land zu Land verbreitet werden. Je weiter weg das Land war, aus dem die Nachricht über angebliche Untaten von Juden

stammte, um so schwieriger war es, die Nachricht auf ihren Wahrheitsgehalt zu überprüfen.
Eine weitere Ursache für die rasche Ausbreitung antisemitischer Gefühle ist der Umstand, daß Juden verschiedener Länder sicherlich bis zur Aufklärung, aber auch danach ähnliche Sitten und Gebräuche hatten. Man durfte daher annehmen, daß, wenn etwas über Juden an einem Ort berichtet wurde, dies auch auf Juden anderswo zutreffe.
Die Juden haben sich teils freiwillig, teils gezwungenermaßen von ihrer Umgebung abgeschieden gehalten. Dadurch sind sie, als abgegrenzte Minderheit, leichter faßbar gewesen als andere. Auch dieses Argument hat seit der Emanzipation an Stichhaltigkeit, wenn auch nur zum Teil, verloren.
Vor allem aber muß bei der Beantwortung der Frage, warum immer die Juden Zielscheibe der Minderheitendiskriminierung gewesen sind, berücksichtigt werden, daß religiöse, wirtschaftliche und politische Animositäten speziell gegen Juden gerichtet waren und weniger gegen andere Minderheiten.
Wir haben das Entstehen antisemitischer Einstellungen untersucht. Doch die negative Einstellung gegenüber dem Juden wird nicht immer zur judenfeindlichen Tat. Ob dieser Weg beschritten wird und wie weit er führt, hängt von den Umständen ab. Welche sind diese, und vor allem, wie konnte es zur Schoa* kommen?

* Schoa ist ein hebräisches Wort und bedeutet »Vernichtung«, »Zerstörung«, »Katastrophe«. Der Ausdruck Holocaust (totale Verbrennung) ist dem Brandopferritual entnommen und daher wenig sinnvoll.

Die Schoa

In der langen Geschichte menschlicher Greueltaten ist die Schoa ein einzigartiges, ohne Parallelen dastehendes Ereignis. Dies nicht nur wegen der extrem hohen Zahl von Opfern und Tätern. Noch nie hat man nämlich so systematisch eine Menschengruppe nach einer fast willkürlich vorgenommenen Qualifikation – »Nürnberger Gesetze« genannt – aus der Gesellschaft ausgesondert und sie als wehrlose Masse entmenschlicht, gequält und der Vernichtung zugeführt. Grundlage dieser Aussonderung bildete eine pseudowissenschaftliche Rassenlehre, die auch nicht einigermaßen einer kritischen Prüfung standzuhalten vermag. Die Maßnahmen wurden nicht von einzelnen verblendeten Menschen in einer Affekthandlung in die Tat umgesetzt, sondern ein Staat stellte sich mit seinem gesamten ihm zur Verfügung stehenden Apparat in den Dienst dieser Wahnidee. Dabei wurden von Zeit zu Zeit von den obersten Organen des Staates, ähnlich einem Süchtigen, der zu immer stärkeren Drogen greift, die Verfolgungsmaßnahmen verschärft, bis 1942 bei der Wannsee-Konferenz der Beschluß zur systematischen Vernichtung aller derer, die als Juden galten, gefaßt wurde. Obwohl schon viel früher verbale Drohungen in dieser Richtung verlautet waren, ist es wenig wahrscheinlich, daß der obersten Führung schon zum Zeitpunkt der Machtergreifung im Jahre 1933 dieses Ziel vorschwebte.
Die Umsetzung einer antisemitischen Einstellung in antisemitische Handlungen ist keiner Automatik unterworfen. Der einzelne entschließt sich hierzu erst, wenn sowohl bestimmte psychische als auch soziale Voraussetzungen gegeben sind. Von diesen hängt dann auch die Intensität der judenfeindlichen Handlung ab.

Über die psychischen Voraussetzungen der Aggression ist schon berichtet worden. Die sozialen Voraussetzungen sind durch die jeweils gültigen Verhaltensnormen gegeben. Ein judenfeindliches Verhalten wird erst dann möglich, wenn es zumindest im sozialen Milieu seines Trägers Zustimmung findet. Die Gemeinschaft gilt ja als Regulativ für Verhaltensnormen. Es wird getan oder unterlassen, was *man* tut oder was *man* nicht tut. In diesem Sinne werden auch religiöse und politische Einflüsse wirksam. Die erste, mildere Stufe einer antisemitischen Handlung ist die Verwendung antisemitischer Redefloskeln, zuerst im kleinen Kreis, später vielleicht sogar öffentlich. Die zweite Stufe: man verhält sich entsprechend dieser Einstellung. Man verkehrt nicht mit Juden bzw. nur in »Ausnahmefällen«. Man meidet auch im Wirtschaftsleben Kontakte mit Juden, wobei das vom Grad der damit eventuell verbundenen Einbußen abhängig ist. Die dritte Stufe: Je nach den Umständen beschließt man, einem antisemitischen Verein beizutreten, oder macht sich zum Zeugen von in die Tat umgesetztem Antisemitismus.

Die nicht protestierenden Zuschauer bei Ausschreitungen bestärken die Täter darin, daß Übergriffe bis hin zum Verbrechen an Juden erlaubt sind. Die meisten Verbrechen dieser Art sind so verübt worden. Jeder konnte sich dabei auf das moralische Urteil der anderen verlassen. Massen wirken besonders anfeuernd, helfen eventuelle moralische Bedenken zu zerstreuen. Wäre bei Ausschreitungen gegen Juden nicht so viel Zustimmung von den dabeistehenden unbeteiligten Zuschauern ausgegangen, wären die Täter möglicherweise nicht so weit gegangen. Die Zuschauer haben außerdem den Betroffenen das Demütigende ihrer Lage noch stärker fühlbar gemacht. Aus vielen Straßenszenen des März

1938 in Wien, die photographisch festgehalten worden sind, sowie aus Berichten von Augenzeugen, etwa dem des Journalisten Geyde, geht hervor, daß die Zuschauer das Quälen der Menschen als Belustigung empfanden. Eine Hatz oder Hetze ist ja auch eine »Hetz« und dient zur Belustigung und Unterhaltung. Es sei nur auf die römischen Circusspiele verwiesen, wo Sklaven und Christen, zum Ergötzen der zuschauenden Massen, sich entweder gegenseitig umbringen mußten oder wilden Tieren vorgeworfen wurden. Heutzutage begnügt man sich, nolens volens, mit Freistilringer- oder Boxveranstaltungen. Vom unbeteiligten, zustimmenden Zuschauer zum Täter ist es dann ein weiterer Schritt auf dem Weg zur »moralischen Abrüstung« (Herbert A. Strauss).

Die vierte Stufe: Tätlichkeiten gegen Juden. Sie richten sich möglicherweise zuerst nicht gegen die Person selbst, sondern »nur« auf seine Vermögenswerte. Die Gewinnsucht ist gleichfalls ein mächtiger Helfer zur Überwindung moralischer Bedenken. Die Lust zu plündern oder Schuldscheine womöglich samt dem Gläubiger zu verbrennen hat schon im Mittelalter wiederholt zu Judenverfolgungen geführt. Die Zahl der Menschen, die in der Nazizeit mit der Arisierung jüdischer Vermögen gute Geschäfte machten, ging in die Zehntausende.

Schließlich wäre die direkteste Form der Aggression, die Tätlichkeit gegen die Person, anzuführen, wobei es bis hin zum physischen Auslöschen eine Skala oft kleiner, fast »unmerklicher« Übergänge gibt.

Welche Befehle waren es, die schließlich zur Vernichtung von an die sechs Millionen Juden führten?

Der erste Beschluß zur organisierten und systematischen Tötung eines am Krieg völlig unbeteiligten Perso-

nenkreises war das Euthanasieprogramm, das mit Führererlaß vom 1.9. 1939 verlangte, geistig Behinderte (»unwertes Leben«) auszulöschen. 90 000 Menschen starben, bevor der Protest einiger prominenter deutscher Geistlicher im August 1941 zur *offiziellen* Einstellung der Morde an diesen unglücklichen Kranken führte. Inoffiziell ging aber das Morden weiter.
Mit »Führererlaß« vom 7. 10. 1939 wurde die Vernichtung der polnischen Intelligenz angeordnet. Diesem folgte der sogenannte »Kommissarenerlaß«, der in der Ansprache Hitlers vom 30. 3. 41 an seine Generäle zum Ausdruck kam: Die Beseitigung der bolschewistisch-jüdischen Intelligenz werde das russische Volk zerreißen. Sowjetische Kommissare und Funktionäre seien nicht als Kriegsgefangene zu behandeln, sondern der Einsatzgruppe, der Sicherheitspolizei und dem SD zu übergeben. Wo dies nicht möglich sei, seien sie von der Truppe zu erschießen.
Alle Juden, derer die Nazis habhaft werden konnten, umzubringen, die sogenannte »Endlösung« – das hat Hitler mündlich im Frühjahr 1941 Himmler befohlen. Über die Endlösung existiert ein schriftlicher Befehl Görings an Heydrich vom 30. 3. 1941.
Heydrich teilte wenige Tage vor dem 22. Juni 1941, dem Beginn des Rußlandfeldzuges, den »Einsatztruppen« der SS und der SD mit, daß auch Frauen und Kinder in das Ermordungsprogramm einzuschließen seien. Ende 1941 wurden die ersten mobilen Mordkammern, die »Gaswagen«, in Betrieb genommen. Sie töteten während des Fahrens die in luftdichten Kabinen eingesperrten Menschen durch das dorthin geleitete Abgas. Seit etwa Januar 1942 wurde in Auschwitz Zyklon B zur Tötung in den Gaskammern verwendet.[8]
Wenn man sich ohne Emotionen den geschilderten Ab-

lauf der Schoa vor Augen hält, kann man nur vollinhaltlich folgender Meinung beipflichten: Hier traten wirklich uranimalische Triebe der Menschen aus einem Bereich zutage, die man schon als zugeschüttet und erloschen betrachtet hatte, obwohl bei den Ausführenden in vielen Fällen die Antriebsfeder nicht das Böse schlechthin, sondern der vermeintliche Zwang zum Gehorsam es war, der zum Morden führte. »Vermeintlich« deshalb, weil wegen Verweigerung eines Mordbefehls keiner füsiliert wurde. Die wenigen Menschen, die die Ausführung der Mordbefehle verweigerten, hatten in manchen Fällen mit Strafversetzung zu rechnen, wobei ihre Überlebenschancen in den sogenannten Strafkompanien gering waren.

Andere haben aus blindem Gehorsam die Mordbefehle ausgeführt. Sie haben sich auf den dem Führer geleisteten Schwur berufen und gemeint, daß es ihre Pflicht sei, Befehle auszuführen. Der Pflichterfüllung wird in der abendländischen Moral mit Recht ein hoher Stellenwert eingeräumt. Die Pflicht aber, differenziert zu betrachten und die Worte der Apostel, »man soll Gott mehr gehorchen als dem Menschen«[9], in den Vordergrund aller Überlegungen zu stellen, sie wurde weder vom staatserhaltenden Bürger noch vom Staat, der mit der Verläßlichkeit seiner Armee im Krieg rechnen können wollte, als Erziehungsziel angesehen.

Die »Mitläufer«, die durch Indoktrination oder aus wohlgemeintem Eigeninteresse bewußt das Nazisystem unterstützten und an Verfolgungshandlungen teilnahmen, taten das weder aufgrund ihrer Persönlichkeitsstruktur noch aus wildem Antisemitismus. Viele verabscheuten diese Handlungen sogar. Sie meinten aber: »Wo gehobelt wird, dort fallen Späne«, und nahmen wohl oder übel die Judenverfolgungen in Kauf, um die

Glückseligkeit des Tausendjährigen Reiches herbeizuführen. Sie traten der Partei bei, »um das Schlimmste zu verhüten«. Als dieses dennoch eintrat, trösteten sie sich mit dem Gedanken, es sei für die Allgemeinheit besser, ein kleiner Teil leide, wenn dies, ähnlich einer Amputation, zur Genesung des Ganzen beitrage. Und die Sadisten unter ihnen freuten sich, ungestraft ihre Triebe ausleben zu können. Schließlich gab es die von der Naziideologie Besessenen, von denen einige, als sie das Ausmaß des unendlichen Leides und der Zerstörung sahen, das der von Nazideutschland entfesselte Krieg über die eigene Bevölkerung gebracht hatte, sich in letzter Konsequenz selbst das Leben nahmen.
Den Nachgeborenen wird es für immer unbegreiflich bleiben, warum es nur ganz vereinzelt zum Widerstand sowohl der Verfolgten als auch der unbeteiligten Bevölkerung gegen die zutage getretenen, unmenschlichen Grausamkeiten kam. Nur wenige Völker, wie die Dänen und die Bulgaren, haben durch ihre praktisch einheitliche Haltung die Rettung ihrer jüdischen Bevölkerung erreicht. Ein Großteil der Tschechen und der Holländer versuchte, den Verfolgten beizustehen. In den anderen Ländern bildeten solche Aktionen leider eher die Ausnahme. Sicherlich darf bei der Beurteilung der Haltung der Bevölkerung das hohe Risiko nicht vergessen werden, das jeder einzelne, der den Verfolgten half, eingehen mußte. Dieses Risiko war in den Ländern, wo ein Teil der Bevölkerung bereitwilligst Spitzeldienste für die Nazis verrichtete, naturgemäß um vieles höher als in den Ländern, wo der Nationalsozialismus eine eher einmütige Ablehnung fand. Durch die langsam fortschreitende Verschärfung der Verfolgungsmaßnahmen haben sich viele durch die Ereignisse überrollt gefühlt. Es ist möglich, daß der Widerstand der Bevölkerung gegen

die Verfolgungen größer gewesen wäre, wenn Juden aus ihren Wohnungen direkt vor Erschießungskommandos geführt worden wären. Mit der Planung des Baus der Gaskammern sowie bei der Produktion des dort zur Anwendung gekommenen Gases war allerdings eine relativ große Zahl von Intellektuellen beschäftigt, denen der Verwendungszweck der Anlagen bzw. der dafür benötigten Produkte nicht verborgen bleiben konnte. Im besten Falle haben sie sich für ein Rädchen in einem großen Getriebe gehalten und gedacht, es hätte keinen Sinn, Widerstand zu leisten, da sonst ein anderer ihre Stelle einnehmen würde. Diese und ähnliche Überlegungen führten zur systematischen Korrumpierung von zahlreichen Menschen – ein Vorgang, den aus heutiger Sicht nachzuvollziehen kaum möglich erscheint. Vergessen wir nicht, welcher Zahl von Beamten es allein bedurfte, um die Organisation des Transports solcher Menschenmengen zu den Gaskammern zu bewerkstelligen. Auch diese Mithelfer mußten wissen, zu welchem Zweck sie ihre Arbeit verrichteten, da sie genau beobachten konnten, daß die Züge vollbeladen immer nur in eine Richtung fuhren.

Viele wußten nichts von dem Ausmaß des Verbrechens. Und falls sie in der Lage waren, die Unmenschlichkeiten zu ahnen, vermieden sie, dies zu tun. Die Verdrängung ist so weit gegangen, daß viele sich auch beim besten Willen an manches, das sie sicherlich gesehen haben müssen, nicht mehr erinnern können. Ein prominenter Grazer, ein geistig hochstehender Mann, erzählte mir, als wir über die Kristallnacht sprachen, wie eigenartig es sei, daß er, obwohl er damals in Graz gewesen sei und nicht weit von der in jener Nacht abgebrannten Synagoge wohnte, an diesen Brand nicht die geringste Erinnerung habe. Gerüchte über Atrozitäten und Massenerschießungen, die die auf Urlaub Heimgekehrten in Umlauf brachten, wurden als Feindpropaganda abgetan. Nicht einmal die Verfolgten glaubten solche als »Greuelmärchen« eingestuften Nachrichten. Die Bevölkerung war vor allem durch Entbehrungen und später durch Kriegshandlungen mit ihren eigenen Problemen und Ängsten beschäftigt, so daß das Interesse für das Schicksal der deportierten Juden in den Hintergrund trat.

Warum aber haben sich nicht mehr Juden zur Auswanderung entschlossen, um so der Vernichtung zu entgehen? Dies wäre ja bis Kriegsbeginn theoretisch möglich gewesen. Bezeichnenderweise entschlossen sich dazu nur ungefähr die Hälfte der deutschen Juden, aber rund zwei Drittel der österreichischen. Die deutschen Juden waren viel mehr in die deutsche Gesellschaft integriert als die österreichischen. Sie waren im Durchschnitt auch schon über mehrere Generationen hindurch in Deutschland. Auch gab es in Deutschland in der Bevölkerung ein stärkeres patriotisches Bewußtsein als im erst seit 1919 bestehenden »Rest-Österreich«, und die deutschen Juden teilten dieses nationale Selbstverständnis. Golo Mann berichtet, daß in Emigrantenkreisen die deutschen Juden als »*les* bei uns« genannt wurden, weil sie immer wieder die französischen Verhältnisse mit den deutschen verglichen und feststellten, daß dies und jenes »bei uns« viel besser sei.

Die christlichen Freunde der deutschen Juden bestärkten die Juden in ihrer optimistischen Haltung; beim Volk der »Dichter und Denker« wäre es unmöglich, daß die Diskriminierung der Juden von Dauer sein könne; dies seien nur anfängliche Konzessionen, die der Führer den Radau-Antisemiten mache, später würden die Juden an der nationalen Erneuerung teilhaben.

In Österreich brachen die judenfeindlichen Maßnahmen »über Nacht« aus und hatten daher auf die Verfolgten einen stärkeren psychischen Einfluß als in Deutschland, wo es seit 1933 schrittweise und zum Teil nur zögernd zu judenfeindlichen Gesetzen kam. Andererseits muß bedacht werden, mit welchen Schwierigkeiten das Auswandern verbunden war. Die Gründung einer neuen Existenz in völlig neuer Umgebung und in einer Zeit weltwirtschaftlicher Stagnation hielt viele von diesem Schritt ab. Fremdsprachenkenntnisse waren nur einer dünnen, kulturell interessierten Schicht vorbehalten. Vor allem aber war es ihr stark ausgeprägtes Gefühl der Verbundenheit mit der Familie, das sie zum Ausharren veranlaßte. Es gab in fast jeder Familie alte und gebrechliche Personen, von denen man sich nicht trennen wollte. Später kam es gezwungenermaßen dazu, daß Auswanderer ihre älteren Familienangehörigen zurücklassen mußten, die dann meistens der Vernichtungsmaschinerie der Nazis zum Opfer gefallen sind. Viele der Emigranten können sich bis heute nicht verzeihen, ihre Eltern oder Großeltern zurückgelassen zu haben.

Der auswanderungswillige Jude hatte eine Reihe von Hindernissen zu überwinden. Wenn er vermögend war, mußte er unter den verschiedensten Titeln sein Hab und Gut abführen und hierüber die vorgeschriebenen Bestätigungen beibringen. Dann kam die Schwierigkeit, ein Einwanderungsvisum zu bekommen. Oft wurde als Vorbedingung für die Erteilung des Visums verlangt, daß ein Staatsbürger des eigenen Landes für den Unterhalt des Einwanderers garantiere. Um solche Garantien zu erhalten, wurden ausländische Telefonbücher beschafft, und viele Juden schrieben an in diesen Büchern aufgefundene Leute gleichen Namens in der Hoffnung,

einer von ihnen sei ein entfernter Verwandter. Nicht wenige erhielten auf diese Weise das begehrte Affidavit, wie diese Garantieerklärung genannt wurde.
Es ist eigentlich nicht verwunderlich, daß die Juden einen durch die späteren Ereignisse nicht gerechtfertigten Optimismus an den Tag legten und – so wie übrigens fast die ganze Welt – die wahren Absichten Hitlers nicht zur Kenntnis nehmen wollten. Fast jeder Jude glaubte, daß er, selbst wenn es zum Ärgsten käme, von diesem Schicksal nicht betroffen sein werde. Es wurden hierfür die mannigfaltigsten Gründe gesucht und auch gefunden. So war man überzeugt, der Verfolgung zu entgehen, wenn man im Ersten Weltkrieg Frontsoldat gewesen war oder wenn man eine wertvolle wirtschaftliche Tätigkeit entfaltete. Viele sozial eingestellte Unternehmer glaubten sich von ihren Arbeitern hinlänglich geschützt. Die orthodox-religiösen Juden waren darüber hinaus überzeugt, daß ihr »Tate«* im Himmel sein Volk behüten werde und sie daher frei von jeder Sorge sein könnten.
Über das Schicksal der Emigranten, die den Krieg überlebten, gibt es leider keine Untersuchungen. Soweit man zahllosen Berichten entnehmen kann, haben viele die seelischen Anstrengungen der Auswanderung nur sehr schlecht überstanden. Ein Zeichen hierfür ist die hohe Scheidungsrate der Ausgewanderten. Meistens gelang es nur den jüngeren, Fuß zu fassen und eine Karriere aufzubauen.
Wieso kam es aber nur vereinzelt zum Widerstand der Verfolgten?
Für sinnvollen Widerstand hätte es einer Organisation bedurft. Eine solche gab es aber nur bei den Zionisten.

* Jiddisch; liebevolle Bezeichnung für Vater.

Diese aber beschäftigten sich in erster Linie mit der Rettung möglichst vieler jugendlicher Zionisten, die sie zum Großteil trotz erheblicher Schwierigkeiten nach Palästina bringen konnten. Individueller Widerstand schien derart aussichtslos, daß Juden, die zu allem entschlossen waren, eher den Freitod als den Angriff auf ihren Verfolger wählten. Man konnte sich auch nicht vorstellen, daß die gegen Juden unternommenen Maßnahmen zum Tode des Großteils der Verfolgten führen würden. Jeder hoffte daher, daß er, wenn er geduldig die ihm zugefügte Schmach und das Leid ertrüge, schließlich doch mit dem Leben davonkommen werde.

Wer ist für diese Verbrechen verantwortlich?

Die Idee, daß das Kollektiv für den einzelnen zu büßen habe, ist faschistisches Gedankengut. Was für den Verfolgten gilt, hat auch für den Verfolger zu gelten: Jeder hat Anspruch auf eine individuelle Beurteilung. Wenn man sich aber als Patriot betrachtet, dem sein Land mehr bedeutet als bloß Lebensraum oder die formale staatsbürgerliche Zugehörigkeit, dann ist die Geschichte des Landes auch die eigene Geschichte, sind die international beachteten Erfolge der Landsleute eigene Erfolge, die einen mit Stolz und Freude erfüllen. Haben wir dann nicht auch in gewisser Weise zu den Verbrechen zu stehen, die unsere Landsleute begangen haben? Oder huldigen wir nur einem Schönwetter-Rosinenkuchenpatriotismus? Es steht uns daher an, für diese gräßlichen Taten unserer Landsleute Bedauern und Scham zu empfinden. Ich weiß, daß solche Ansichten unpopulär sind und auf Widerstand stoßen. Wer schämt sich schon gern für Taten, die er nicht selbst zu verantworten hat?

Ist es eine Ironie des Schicksals oder vielleicht ein tieferer Sinn der Geschichte, daß ein und dieselbe Genera-

tion der Juden nicht nur die größte Niederlage, die das Judentum je erlitten hat, sondern auch den größten Triumph nationaler Erneuerung erleben durfte?
Das Wiedererstehen eines jüdischen Staates war am Ende der dreißiger Jahre unseres Jahrhunderts nur ein Traum, den ein kleiner Teil der Juden träumte. Rund 80 Jahre nach der Vernichtung Judäas, am Anfang des sechsten vorchristlichen Jahrhunderts, kamen Nachkommen der nach Babylon verschleppten Juden in ihre Heimat zurück. Mehr als dreihundert Jahre verflossen, bis es zur nationalen Selbständigkeit unter den Haschmonäern kam. Nach der neuerlichen Zerstörung der Heimstätte der Juden im Jahre 70 n. Chr. dauerte es sogar fast 1800 Jahre, bis eine zionistische Bewegung entstand und Juden in einer größeren Anzahl nach Palästina einzuwandern begannen. Ohne Nationalsozialismus wäre der Zionismus möglicherweise nach wie vor der Herzenswunsch von relativ wenigen Juden geblieben, und diese wenigen wären kaum imstande gewesen, den arabischen Kräften Widerstand zu leisten.
Die Wiedergeburt Zions hat aber »neue« (?) Gegenkräfte ins Spiel gebracht.

Der Antizionismus

Antisemitismus tarnt sich in jüngster Zeit mitunter als Antizionismus, indem nicht »die Juden« als Zielscheibe des Angriffs gewählt werden, sondern der jüdische Staat Israel oder die Israelis. Selbstverständlich kann und soll man sowohl Staatsbürger dieses Landes als auch Ereignisse bzw. Erscheinungen in Israel so wie bei anderen Staaten einer Kritik unterziehen dürfen. Dies ist nicht nur statthaft, sondern auch wünschenswert, weil jeder die Verpflichtung hat, weltweit für die Menschenrechte einzutreten und begangenes Unrecht aufzuzeigen. Wenn aber Einzelerscheinungen generalisiert oder Verletzungen der Menschenrechte durch völlig einseitige Berichterstattung »den Israelis« angelastet werden, dann können wir mit Fug und Recht Antisemitismus als Triebfeder hinter der »Empörung« vermuten. Es sollen hier Ausschreitungen weder beschönigt noch verharmlost werden. Das Schicksal des palästinensischen Volkes ist ein bitteres Schicksal, und wer für diese Menschen kein Mitgefühl aufzubringen vermag, wird auch dem Schicksal des jüdischen Volkes gegenüber indifferent bleiben.

Wir müssen allerdings die heutige Situation im Lichte der Geschichte betrachten. Als die Vereinten Nationen am 29. November 1947 die Teilung Palästinas in einen jüdischen und einen arabischen Staat proklamierten, waren es die Juden, die diese Resolution ohne Wenn und Aber akzeptierten. Die Antwort der Araber auf diese Resolution war genauso einmütig: Fünf arabische Staaten fielen mit ihren zahlen- und ausrüstungsmäßig bei weitem überlegenen Streitkräften über Israel her. Die arabischen Staaten waren von ihrem Sieg derart überzeugt, daß sie die im jüdischen Staat lebenden Araber pausenlos über das Radio aufforderten, ihre Wohnstätten zu verlassen und auf arabisches Gebiet zu flüchten. Sie würden dadurch vermeiden, sich durch die Kampfhandlungen zu gefährden, und könnten dann in wenigen Wochen, nachdem die Juden »ins Meer getrieben« worden sein würden, wieder zu ihren angestammten Wohnsitzen zurückkehren.

In Haifa zum Beispiel beschworen die jüdischen Repräsentanten der Stadtverwaltung die Araber, die Stadt nicht zu verlassen. Sie verwiesen auf das gute Einver-

nehmen zwischen den beiden Volksgruppen und wollten den Arabern jede nur gewünschte Garantie geben, daß dies unter israelischer Hoheitsverwaltung auch weiterhin der Fall sein werde. Die arabische Bevölkerung wurde aber von der arabischen Heerführung derart unter Druck gesetzt, daß sie sich dennoch zum Verlassen der Stadt entschied. Da Haifa der bedeutendste Hafen des jungen jüdischen Staates war und die Hafenarbeiter zum Großteil Araber waren, glaubten die Generäle der angreifenden Armeen, daß sie durch den Exodus der arabischen Bevölkerung den Hafenbetrieb lahmlegen könnten. Dies traf zwar nicht zu, aber für die Geflüchteten, die in den angrenzenden arabischen Staaten in Flüchtlingslager zusammengepfercht wurden, hatte von nun an die UNO-Hilfskommission allein die Verantwortung zu tragen. Dort, wo zwischen den beiden Bevölkerungsgruppen ein gespanntes Verhältnis herrschte, hat die jüdische Bevölkerung durch ihre feindliche Haltung den Arabern ihren Entschluß zu fliehen erleichtert. Ein bedeutender Teil der arabischen Bevölkerung blieb aber weiterhin in dem Israel durch die Vereinten Nationen zugesprochenen Landesteil.
Nachdem Israel den Unabhängigkeitskrieg siegreich bestanden hatte, wurden mit den arabischen Staaten Waffenstillstandsverträge abgeschlossen. Die arabischen Staaten weigerten sich aber in der Folgezeit, mit dem jüdischen Staat Friedensverhandlungen aufzunehmen. Genausowenig wollten sie den von ihnen besetzten Teil Palästinas den Palästinensern überlassen, damit dort im Sinne der UNO-Resolution 1947 ein palästinensischer Staat entstünde. Den Palästinensern wurde von den arabischen Staaten lediglich das Recht eingeräumt, Guerillatruppen auszubilden und zu stationieren. Diese Gruppen überschritten immer wieder die

Waffenstillstandslinie und griffen auf israelischem Gebiet die Zivilbevölkerung an. Es waren zahlreiche Opfer zu beklagen, und deshalb entschloß sich die israelische Regierung, solche Guerillalager fallweise militärisch anzugreifen. Diese Spannungen führten im Jahr 1967 zum Aufmarsch der ägyptischen Truppen auf der ägyptischen Seite der Waffenstillstandslinie; Jordanien und Syrien mobilisierten, und Präsident Nasser forderte die UNO-Truppe, die die Meerenge bei Sharm-el Sheik bewachte, um dort die Durchfahrt der israelischen Schiffe von und nach Eilath zu gewährleisten, auf, abzuziehen. Damit verstieß Präsident Nasser bewußt gegen den Status quo, so daß sich Israel berechtigt und durch die Übermacht der an seiner Grenze massierten arabischen Armeen genötigt fühlte, durch einen Präventivangriff den Sechstagekrieg auszulösen. Nach diesem für Israel erneut siegreichen Krieg, der zur Besetzung des arabischen Teiles Palästinas führte, erklärten die besiegten arabischen Staaten bei ihrer Konferenz in Khartum, mit dem israelischen Staat weder einen Waffenstillstand abschließen noch Friedensverhandlungen führen zu wollen und auf keinen Fall diesen Staat anzuerkennen. Dieses dreifache Nein von Khartum nahm auf die palästinensische Bevölkerung überhaupt keine Rücksicht. Die Flüchtlinge in den arabischen Ländern wurden weiterhin unter menschenunwürdigsten Bedingungen in Lagern gehalten und nicht in den jeweiligen Staat integriert. Es sollte so weiterhin ein Israel feindlich gesinntes Menschenreservoir erhalten bleiben. Die unhaltbare Situation des Lagerlebens führte dann auch, wie erwartet, zur Explosion, die sich aber gegen die arabischen Staaten selbst richtete. In Jordanien wurde der Aufstand blutig niedergeschlagen; im Libanon lösten die Palästinenser den heute noch anhaltenden Konflikt

zwischen den diversen religiösen Gruppen aus. In den Schulen der Flüchtlingslager wurde die heranwachsende Jugend gegen ein friedliches Zusammenleben mit den Juden indoktriniert. So wurde tatsächlich Subtraktion anhand des folgenden Beispiels unterrichtet: Wenn du von 18 Juden 7 umbringst, wieviel Juden müssen noch umgebracht werden?
Die Israelis bemühten sich erfolgreich, in den besetzten Gebieten der Bevölkerung einen möglichst hohen Lebensstandard zu sichern. Nicht gelang es den Israelis aber – und in diesem Punkt wird die israelische Politik auch im Lande selbst kritisiert –, eine vertrauensvolle Atmosphäre menschlichen Zusammenlebens zu schaffen. Sie versuchten, die zivile Verwaltung der besetzten Gebiete in die Hand gemäßigter arabischer Notabeln zu legen. Die PLO sah dadurch ihren Plan gefährdet, ihrer Charta gemäß auf dem gesamten Gebiet der früheren britischen Mandatsverwaltung, das heißt mit Einschluß des Staatsgebietes Israels, einen palästinensischen Staat zu schaffen. Sie bedrohten diese arabischen Notabeln und brachten auch nicht wenige, die sich ihrem Druck widersetzten, um. So wurde der Plan, eine arabische zivile Verwaltung aufzubauen, zu Fall gebracht.
Die Militärverwaltung hat sicherlich berechtigte Anliegen der Bevölkerung der besetzten Gebiete zu wenig berücksichtigt. Sie war auch psychologisch nicht entsprechend geschult, um die Sensibilität der arabischen Bevölkerung genügend zu respektieren. Die jahrzehntelange militärische Besetzung hat in der arabischen Bevölkerung – die Palästinenser sind ein stolzes Volk – schwere Wunden hinterlassen. Da sich keine Verhandlungspartner zur Erzielung eines Friedensabkommens anboten – mit der PLO wollte man erst dann verhan-

deln, sobald diese Organisation glaubhaft das Existenzrecht Israels anerkennen und ihre Terrortätigkeit einstellen werde –, wäre Israel nur der Abzug aus den besetzten Gebieten übriggeblieben. Wenn man die geographische Lage Israels betrachtet – an einer Stelle ist das Land nur 15 bis 20 Kilometer breit –, dann kann ein solcher Schritt aus strategischen Gründen – und auch angesichts der immer drohenden Guerillaangriffe der Palästinenser – den Israelis nicht zugemutet werden. Nichtsdestoweniger ist zu wünschen, daß israelische Politiker durch eine flexible Haltung baldmöglichst eine Friedenskonferenz herbeiführen. In der Zwischenzeit aber kann das israelische Militär die besetzten Gebiete nicht räumen, da niemand in der Lage ist zu garantieren, daß von dort aus keine Terrorangriffe auf Israel unternommen werden.

Soldaten kann man aber auch nicht die Rolle von Schießbudenfiguren zumuten und sie dazu anhalten, sich wehrlos Steinwürfen auszusetzen. Sicherlich ist das Militär des öfteren mit ungebührlichen und daher eindeutig abzulehnenden Retorsionsmaßnahmen vorgegangen. Solche Vorfälle stoßen nicht nur außerhalb Israels auf Ablehnung. Auch die israelische Öffentlichkeit lehnt dies vehement ab. Die Medien in Israel, besonders das Fernsehen, berichten darüber ausführlich und mit gebotener Empörung. Wie das Militär auf steinewerfende Jugendliche »angemessen« zu reagieren habe, um weder sich noch unbeteiligte Araber zu gefährden – auf diese Frage hat jedoch keiner der Kritiker Israels eine Antwort parat. Noch weniger weiß man, wie der durch die *Intifada* – so wird der Ende des Jahres 1987 begonnene Widerstand in den besetzten Gebieten genannt – heraufbeschworene gegenseitige Haß wieder abgebaut und ein gegenseitiges Verständnis, ohne das

sich ein friedliches Zusammenleben unmöglich verwirklichen läßt, herbeigeführt werden soll.
Von antisemitischen Kreisen wird mit einer gewissen Schadenfreude das sich aufbauende negative Image Israels registriert. Es werden genüßlich Parallelen zwischen den Untaten der Nazis und der Israelis gezogen, an deren Ende die Feststellung steht: »Die sind auch nicht besser als wir!« Es ist richtig, daß Untaten Untaten sind – doch vergleichen läßt sich die von einem Staatswesen organisierte Vernichtung eines Volkes mit manchmal auch aus sadistischen Regungen einzelner begangenen Verbrechen nicht.
Dem Satz von der prinzipiellen Gleichheit aller Menschen kann man hingegen vorbehaltlos zustimmen. Weshalb und warum auch sollten die Juden besser sein als andere Völker? Menschliche Anlagen ändern sich nicht in wenigen tausend Jahren, deshalb kann kein Volk behaupten, wertvollere genetische Anlagen zu besitzen als ein anderes. Es ist schon richtig, daß es früher kaum jüdische Mörder gab und noch heute Mord bei Juden nicht so häufig vorkommt wie bei anderen Völkern. Dies ergab sich aber aus der besonderen sozialen Situation und aus der starken moralischen Indoktrination durch die Religion. Seitdem aber Juden »freie Menschen« in einem eigenen Staat geworden sind und sich auch vielfach als frei von den moralischen Zwängen ihrer Religion betrachten, ist der Unterschied in der Quote der Blutverbrechen im Schwinden begriffen.

Das jüdische Volk und das Judentum im Wandel der Zeit

In den ersten beiden Kapiteln dieses Buches wurde der religiöse Hintergrund des Judentums beschrieben. Mit dem Schwinden der Bedeutung der Religion im Leben der Juden stellt sich die Frage, inwiefern sich die Säkularisierung auf das Judentum ausgewirkt hat und inwiefern sich der Einfluß des Antisemitismus auf das Verhalten der Juden niederschlägt. Generationen hindurch in feindlich gesinnter Umgebung gelebt haben zu müssen, kann nicht ohne Einfluß auf ein Volk geblieben sein. Wiederholt hat man das jüdische Leben als ein Doppelleben bezeichnet. Der manchmal nur schwer zu ertragenden Realität setzten die Juden mit Erfolg eine religiöse Welt der Geborgenheit entgegen. Dort pflegten sie in Verbundenheit mit der Familie und der Gemeinschaft die Tradition und die Lehre. Sie waren überzeugt, mit Gott in einem besonders innigen Kontakt zu stehen. Dies verlieh ihnen eine erstaunliche Kraft, den Anfeindungen der Welt zu trotzen und zumindest psychischen Widerstand zu leisten. Abgesehen von der Zeit des Rassenwahns, stand jedem von ihnen die Möglichkeit offen, durch Annahme der Taufe sein weltliches Los zu verbessern. Aber bis zur Aufklärung machte nur ein verschwindend kleiner Teil davon Gebrauch. Durch ihr Gottvertrauen waren sie von einem – heute wissen wir es – irrealen Optimismus erfüllt.
Sie nahmen zumeist jede sich bietende Gelegenheit – im Sprachgebrauch der Gegenwart heißt es Marktnische – zum Geldverdienen wahr. Dies taten auch Nichtjuden, aber bei den Juden war dies nicht nur ein Mittel, ihren Lebensunterhalt zu bestreiten oder ihren sozialen Status zu verbessern. Geld oder andere mobile Vermö-

genswerte wie Schmuck zu besitzen, bedeutete gegebenenfalls, das eigene Leben, das der Familie oder der Gemeinschaft retten zu können. Deshalb ist es verständlich, daß Juden, wenn sie von ihrem Wohnort wegziehen mußten, schon wenige Jahre später, wenn Aussicht auf eine Verdienstmöglichkeit bestand, sich am selben Ort wieder ansiedelten. Solche Vertreibungen erfolgten meistens auf Betreiben des Klerus und des gehobenen Bürgertums. Leidtragende waren nicht nur die Juden, sondern auch die ärmere Bevölkerung. Den Schriften der kaiserlichen Ratskammern ist zu entnehmen, daß nur zwei bis drei Jahre nach der Vertreibung der Juden aus Wien (1679/80) Kaiser Leopold I. Vorschläge zur Wiederaufnahme der Juden unterbreitet wurden, da die Preise der Handelswaren in die Höhe geschnellt waren und dem Fiskus die Judensteuer abging. Sicherlich verachteten die Juden die »gottlose« Gesellschaft der Welt und waren besonders in Zeiten der Verfolgung auch der christlichen Religion und deren Repräsentanten, die mitunter solche Verfolgungshandlungen veranlaßten oder tolerierten, feindlich gesinnt.

Überall dort aber, wo es zu einem friedlichen Zusammenleben mit der nichtjüdischen Bevölkerung kam, indem die Obrigkeit judenfeindliche Handlungen unter Strafsanktionen stellte und damit Ausschreitungen – die meistens vom Pöbel ausgingen – unterband, gab es zwischen Juden und Christen gutnachbarliche Verhältnisse.

Wenn man die Geschichte der Juden in Europa betrachtet, dann springen einem vor allem die Verfolgungen ins Auge. Dadurch ist man geneigt, solche friedlichen Zwischenperioden, die je nach Ort und Zeit von kürzerer oder längerer Dauer waren, zu übersehen.

Wegen der immer wieder vorgekommenen Vertreibungen von Juden entsteht der falsche Eindruck, daß Juden einen besonders stark ausgeprägten Wandertrieb hätten. Sicher waren manche von ihnen wandernde Trödler oder Kaufleute, die sich in der Fremde fast überall an Juden wenden konnten, die ihnen freundlich gesinnt waren; auch verheirateten solche Juden des öfteren ihre Kinder mit Juden, die in einer fremden Stadt lebten. Dennoch bezeugen die vielen erhalten gebliebenen schriftlichen Eingaben die Hartnäckigkeit, mit der sie für ihr Verbleiben kämpften, so daß nur ein Vertreibungsdekret der Obrigkeit sie zum Verlassen ihrer Heimstatt zwingen konnte. Man versteht kaum, warum sie sich trotz der judenfeindlichen Gesinnung ihrer christlichen Umgebung nicht zum Auswandern entschließen konnten.

Um diesen Zwiespalt zwischen Bleiben und Davongehen zu verdeutlichen, hat man sich das schwere Los jener Menschen vor Augen zu führen, die zum Verlassen ihrer Heimat gezwungen wurden. Sie mußten ihr Hab und Gut bis auf das Wenige, das sie mitnehmen konnten, zu Spottpreisen veräußern. Unterwegs waren sie, wenn sie mit Kleinkindern und mit betagten Familienangehörigen samt ihren Habseligkeiten einer ungewissen Zukunft entgegenzogen, der feindlich gesinnten Bevölkerung und der Witterung fast schutzlos ausgesetzt. Also hat man sich wirklich erst in äußerster Not zur Emigration entschlossen.

Die besondere Situation, in der sich die Juden befanden, ließ bei ihnen ein über das herkömmliche Maß hinausgehendes Gefühl für die Volksgemeinschaft entstehen. Es ist bezeichnend, daß sich bei den Juden das Wort »Schicksalsgemeinschaft« für »Volksgemeinschaft« eingebürgert hat. Damit will man zum Ausdruck bringen, daß jemand, der als Jude geboren worden ist, sein Schicksal vorgezeichnet erhält und dieses gemeinsame jüdische Schicksal ein Verbindungselement der Gemeinschaft darstellt.

Im Mittelalter und in der Neuzeit entwickelte sich vielerorts eine ausgeprägte jüdische Gemeindeautonomie. Jede nennenswerte Gemeinde unterhielt Institutionen, die sich um Arme und Kranke kümmerten, wobei diese zwischen Juden der eigenen Gemeinde und fremden Juden keinen Unterschied machten. Nichtjuden wurden in solchen Gemeinschaftseinrichtungen gleichfalls verpflegt. Die erwähnte Solidarität unter den Juden bestand nur prinzipiell; in der Realität war sie sehr begrenzt. So konnten fremde Juden das Niederlassungsrecht in einer jüdischen Gemeinde zumeist nur dann erwerben, wenn sie entweder vermögend oder Schriftgelehrte waren. Die Kopfsteuer der Juden wurde nämlich von der Obrigkeit so hoch bemessen, daß sie oft an die Grenze des wirtschaftlichen Leistungsvermögens der Gemeinde ging. Für die rechtzeitige Bezahlung waren die Vorsteher der Gemeinde verantwortlich. Sie mußten den einzelnen Mitgliedern, ihrem Einkommen entsprechend, die Abgabe vorschreiben und für die Einhebung Sorge tragen. Deshalb war jede Gemeinde vor allem dann an neu zugezogenen Juden interessiert, wenn diese wohlhabend waren. Schriftgelehrte zu unterstützen war nicht nur religiöse Pflicht, diese Menschen waren auch der Stolz jeder Gemeinde.

Die Aufklärung brachte auch für die Juden eine Verweltlichung der traditionellen, religiös betonten Lebensformen mit sich. Juden öffnete sich mehr und mehr die Möglichkeit, sich außerhalb des Geldverleihs und des Handels zu betätigen. Anstelle der Religion, die bei vielen ihre lebensbestimmende Bedeutung verlor, entwickelte sich als psychischer Halt gegenüber den ihnen

weiterhin zuteil werdenden Schmähungen der sogenannte »jüdische Ehrgeiz«. Juden wollten sich und der Umwelt zeigen, daß sie mindestens genauso wertvolle und tüchtige Mitglieder der Gesellschaft sein konnten, wie die Christen vorgaben, es zu sein.
Mein Vater hat mir einen für diese jüdische Einstellung typischen Vorfall aus seiner Gymnasialzeit erzählt. 1912 besuchte er in Budapest die siebente Gymnasialklasse. Er hatte einen jüdischen Mathematikprofessor, der ihn bei der Benotung stets benachteiligte. Eines Tages ging mein Vater nach einer Unterrichtsstunde, in der ihm wieder Unrecht widerfahren war, zu ihm, um sich über die schlechte Note zu beschweren. Sein Professor hörte ihn ruhig an, gab ihm recht und sagte: »Du, mein Sohn, bist der einzige Jude in der Klasse, und du mußt lernen, daß du, wenn du im Leben dasselbe erreichen willst wie deine nichtjüdischen Kollegen, mehr leisten mußt als sie.«
Mit der Zeit betrachtete der Großteil der Juden der westlichen Welt die Bestimmungen der Religion, die sie von ihrer Umgebung absonderten, als nicht mehr zeitgemäß. Sie paßten sich in möglichst allen Dingen des täglichen Lebens den christlichen Bürgern an. Die Speisegesetze und die allzu strengen Schabbatruhegebote, die das gesellschaftliche Zusammenleben mit Nichtjuden behinderten, wurden vom Reformjudentum aufgehoben.
Die der jüdischen Lehre innewohnende Flexibilität lieferte hierfür die theologische Grundlage. Sie wollten nicht mehr als Fremde, sondern als Gleiche unter Gleichen gelten. Viele verließen ihre Religion und ließen sich taufen, da sie in der neuen Religionsrichtung nur ein ausgehöhltes, seines Sinnes beraubtes Judentum sahen, das sie nicht mehr binden konnte. Als trotz der Assimilation der Antisemitismus weiter anhielt, ent-

stand Ende des 19. und besonders zu Beginn des 20. Jahrhunderts der jüdische Nationalismus in Form des Zionismus.

Eine besonders abwegige Erscheinung tritt bei den assimilierten Juden vor allem im 20. Jahrhundert zutage. Der Jude paßt sich derart der Umgebung an, daß er auch die antisemitischen Vorurteile mit übernimmt. Dadurch kommt es zum jüdischen Selbsthaß. Der Jude gibt hierbei dem Jüdischen in sich die Schuld für alle erlittene Unbill und versucht sich davon durch Bekämpfung und Bloßstellung des Judentums zu befreien. Um das Jüdische in sich völlig auszulöschen, begeht er in letzter Konsequenz Selbstmord. Ein Beispiel für diesen jüdischen Selbsthaß war der Philosoph Otto Weininger, der 1901 mit 23 Jahren seinem Leben freiwillig ein Ende machte.

J.B. Gitter untersuchte 1972 das Verhalten jüdischer Amerikaner unter antisemitischem Einfluß. Er stellte folgende Verhaltensreaktionen fest: Ärger und Schmerz, Vermeidung von Kontakten mit Nichtjuden, Überempfindlichkeit, Selbsthaß, Selbstisolierung, Assimilation, betontes Sichbekennen zur jüdischen Kultur und Herkunft, Militanz und Protest.

Es wären noch andere Verhaltensweisen anzuführen, so der schon erwähnte betonte Patriotismus, die penible Beachtung gesellschaftlicher Regeln, der jüdische Humor.

Auf eine typische Verhaltensweise hat u. a. H. H. L. Kitano 1974 hingewiesen. Es handelt sich um die Aggressions-Verschiebung. Die Aggression und Feindseligkeit gegenüber der Majoritätsgruppe wird zum Teil auf Mitglieder der eigenen Gruppe gelenkt. Diese Reaktion kann auch bei Karl Kraus (1874–1936) nachgewiesen werden.

Welche Tendenzen können nun im heutigen Judentum geortet werden?
Bis zum 19. Jahrhundert war die Religiosität das Fundament des jüdischen Selbstverständnisses – die Religiosität, nicht die Religion, weil, wie wir schon ausgeführt haben, im Judentum keine einheitliche Auffassung über die Religion besteht. Für den Großteil der Juden standen der Talmud und sein Studium im Mittelpunkt des religiösen Selbstverständnisses, wobei sephardische Juden, die von früher in Spanien lebenden Juden abstammten, andere Bräuche hatten als die aschkenasischen Juden, deren Vorfahren in Deutschland und in Nordfrankreich lebten.
Andere Juden, die Chassidim, legten auf das Studium des Talmud weniger Wert. Sie versammelten sich um charismatische religiöse Führer – die Zaddik oder Wunderrabbi genannt wurden – und versuchten durch inniges Beten, Singen und Tanzen zu einem mystischen Einvernehmen mit Gott zu gelangen.
Durch die Aufklärung mit ihrer Säkularisierungstendenz entfernten sich immer mehr Juden von diesen Arten der Religiosität. Sie assimilierten sich im äußeren Erscheinungsbild und nahmen auch die Umgangsformen ihrer Umgebung an. Ebenso wurden die geltenden Wertvorstellungen übernommen. Juden, die bei der Assimilation nicht so weit gingen, sich taufen zu lassen, lösten sich von vielen der 613 Vorschriften des Talmud, die sie als nicht mehr zeitgemäß ansahen. Es entstanden Gemeinden, die sich voneinander im Grad der Beachtung der durch den Talmud formulierten Gebote unterschieden. Diese Gemeinden gründeten Synagogen mit gleichfalls in Einzelheiten, wie Gebetsordnung, musikalischer Begleitung etc., voneinander abweichenden Arten des Gottesdienstes. Ein

bedeutender Teil dieser »modernen« Juden verlor die religiöse Bindung, wenn auch in unterschiedlichem Ausmaß. Die folgenden Generationen verstanden kaum noch Hebräisch, deshalb wurde in manchen Synagogen der Gottesdienst zum Großteil in der Landessprache abgehalten.
Die Verbundenheit vieler Juden mit dem Judentum bestand nur noch in ihrer gefühlsmäßigen Verbundenheit mit der Tradition. Folgende Anekdote ist für diese Einstellung bezeichnend: Nach dem Gottesdienst am Schabbat fragt ein Jude den anderen: »Ist es denn wahr, daß du Atheist geworden bist?« Dieser bat ihn, am nächsten Tag seine Frage zu wiederholen, dann werde er antworten. Am nächsten Tag fragte der erste wieder: »Bist du denn wirklich Atheist?« Der andere antwortete, ohne überlegen zu müssen: »Ja.« – »Aber warum hast du mir denn gestern meine Frage nicht beantwortet?« fragte der erste erstaunt. Die Antwort: »Bist du meschugge (verrückt), an einem Schabbes?«*
Mit Beginn des 19. Jahrhunderts begann sich in den Kreisen der assimilierten Juden eine neue spirituelle Richtung mit unterschiedlichem Erfolg zu verbreiten: das Reformjudentum. Diese gläubigen Juden fanden, ihre Art der Religionsauffassung entspreche dem Sinn und der großen Linie der jüdischen Tradition. Ihrer Auffassung nach war der jüdischen Religion schon immer eine Pluralität zu eigen gewesen, sie sei nie statisch, sondern immer schon dynamisch gewesen, ohne die wichtigsten ethisch-moralischen Grundsätze in Frage gestellt zu haben.
Diese neue Richtung ermöglichte Juden, die vor allem nicht mehr an den Speisevorschriften und an den

* Schabbes: jiddischer Ausdruck für Schabbat.

Schabbatgeboten festhalten wollten, sich trotzdem als aufrechte Juden zu fühlen, wenn sie die wesentlichen Gebote menschlichen Verhaltens erfüllten.
Die konservative Religionsauffassung nahm zwischen dem Reformjudentum und der Orthodoxie eine Mittelposition ein.
Heute sind schätzungsweise bis zu fünfzehn Prozent der Juden orthodox, zwanzig bis fünfundzwanzig Prozent konservativ, zehn bis fünfzehn Prozent sind der Reform zuzurechnen, und an die vierzig Prozent sind Agnostiker oder Atheisten, die aber dennoch zum Großteil zumindest dem jüdischen Ritus gemäß begraben werden wollen. Die Tendenz zeigt aber, daß sich immer mehr Juden wieder der Religion zuwenden.
Israel nimmt bei einem Großteil der Juden eine zentrale Position in ihrem jüdischen Selbstverständnis ein. Das Land symbolisiert im religiösen Denken und Fühlen die Hoffnung und die Sehnsucht, frei von Unterdrückung leben zu können. Für die Juden, die Israelis geworden sind, ist die Zugehörigkeit zum Judentum auch ohne religiöse Bindung nicht in Frage gestellt. Bei vielen, die nicht in Israel leben, ist das jüdische Selbstverständnis eng mit der Vorstellung der Schicksalsgemeinschaft verknüpft. Da sich das gemeinsame Schicksal mehr durch äußere Umstände, besonders durch die Auswirkungen des Antisemitismus, als durch innere Berufung ergibt, ist diese Bindung inkonsistent. Das Aufwallen bzw. Abebben nationaler Begeisterung zeigt sich an vielen Beispielen der Geschichte.
Zu einem Volk zu gehören bedeutet doch vor allem, seine Geschichte und seine Kultur, womöglich auch seine Sprache zu kennen, um sich als Glied einer langen Kette betrachten zu können. Ohne Bildung und Wissen ist das nicht zu erreichen. Die schon zitierte Antwort

Hillels (1. Jahrhundert v. Chr.) an den Heiden, der zum Judentum übertreten wollte und den Gelehrten bat, ihm das Wesen des Judentums möglichst kurzgefaßt zu erläutern, lautete nicht nur: »Was du nicht willst, daß man dir tut, das tue auch niemand anderem«, sondern auch: »Nun gehe und *lerne.*«
Ein Teil der Juden, vor allem in den USA, in England und in Frankreich, fühlt sich nicht an Israel gebunden. Sie wollen einzig und allein Amerikaner, Engländer oder Franzosen jüdischen Glaubens sein und meinen, daß die innere Beziehung zu einem anderen Staat ihre nationale Loyalität mindern würde. Der Großteil der nicht in Israel lebenden Juden kann aber seine nationale Loyalität mit seinem Zugehörigkeitsgefühl zum jüdischen Volk in Einklang bringen, ohne daß dadurch die Loyalität zu der Nation, deren Staatsangehörige sie sind, in Mitleidenschaft gezogen würde. Zu jeder Nation gehören Menschen verschiedener Völker, und wenn zu den vielen Loyalitäten, die wir alle haben (Familie, Religionsgemeinschaft, Vereine, Heimatgemeinde, Bundesländer), noch die Loyalität zu einem Volk hinzukommt, dann muß diese Loyalität keine Schmälerung der nationalen Loyalität bedeuten.

Ausblick

Werden aber Nichtjuden dieses jüdische Selbstverständnis akzeptieren? Wird man einmal statt »deutsche«, »österreichische« oder »Schweizer« Juden ausschließlich die Ausdrücke »jüdische Deutsche«, »jüdische Österreicher« oder »jüdische Schweizer« gebrauchen? Wird es vor allem zu einem Rückgang bis zum völligen Verschwinden des Antisemitismus kommen?

Wie stehen die Aussichten eines friedfertigen Zusammenlebens zwischen Juden und Nichtjuden gleicher Nationalität?
Eva Reichmann führt hierzu folgendes aus: »Die jüdische Emanzipation in Deutschland ist vernichtet worden. Ist sie auch gescheitert? Hat sich die Lebensform, die durch sie geschaffen wurde, als ein Fehlschlag erwiesen? Von dieser Frage ist unsere Untersuchung ausgegangen. Sie steht als eine Drohung über der jüdischen Gegenwart, weil eine falsche Beantwortung die Zukunft der Juden überall mit neuen Gefahren belasten würde. Auf Grund unserer Untersuchung haben wir das Recht, die Frage kategorisch zu verneinen. Die Lebensform der Juden in Deutschland, also die kulturelle Angleichung und weitgehende Identifizierung mit der Umwelt bei Beibehaltung jüdischen Lebenswillens und jüdischer Eigenleistung, ist weder durch die Zerstörung der Emanzipation noch durch die Vernichtung der deutschen Judenheit ad absurdum geführt worden.... Nein, die Lebensform des gleichberechtigten Zusammenlebens von Juden und Nichtjuden ist durch die Katastrophe in Deutschland nicht als gescheitert zu betrachten, es sei denn, man würde auch die Arbeiteremanzipation, die Frauenemanzipation und die Demokratie als gescheitert betrachten, da ja auch sie sämtlich durch den Nationalsozialismus in Deutschland vorübergehend vernichtet worden sind.«
Wie sind die speziellen Verhältnisse in Österreich?
Die »Waldheim-Affäre«, verstärkt durch das darauffolgende Bedenkjahr, hatte auch ihre positiven Seiten. Viele, die früher die Ansicht vertreten haben, daß die im 19. Jahrhundert um sich greifende antisemitische Welle mit ihrem traurigen Kulminationspunkt in der Nazizeit durch das Nichtrühren an der Frage nach den Ursachen

des Antisemitismus und nach der Verantwortung für antisemitische Aktionen von alleine abebben werde, sind eines anderen belehrt worden. Es steht nunmehr außer Zweifel, daß *jeder* in *jeder* Generation immer wieder vorbeugend gegen Antisemitismus und gegen Fremdenhaß sensibilisiert und immunisiert werden muß, da nie voraussehbar ist, ob nicht Umstände eintreten, die die im Menschen schlummernden Neigungen zum Fremdenhaß zum Ausbruch bringen. Hierbei ist der jeweils aktuelle Stand des aufgrund von Umfrageergebnissen ermittelten Anteiles an Antisemiten weniger von Bedeutung als das situationsbedingte Mobilisierungspotential. Und wenn manche die Juden weiterhin als »fremd« empfinden wollen, dann sollte das biblische Gebot »Liebe den Fremden« genauso in das Allgemeinbewußtsein überführt werden wie das Gebot »Du sollst nicht töten«. Letzteres wird ja doch schon von den meisten Menschen befolgt.

Mit Recht wird nun die Frage gestellt, wie dies erreicht werden könnte. In unserer immer mehr ethnische Gruppen integrierenden Gesellschaft, in der jeder mit einer stets steigenden Zahl von Fremden in Berührung kommt, ist bei der Erziehung diesem Konfliktpotential durch Einführung psychohygienischer Lehrgänge Rechnung zu tragen. Der junge Mensch soll in der Schule lernen, mit den anderen friedlich umzugehen und nicht seine Frustration und inneren Spannungen durch Aggressionen abzureagieren. Kürzlich hat man in Lehrbüchern fremdenfeindliche Witze aufgenommen, um dem Lehrpersonal die Möglichkeit zu geben, den Schülern die gesellschaftszersetzende Kraft des Fremdenhasses näherzubringen. Es wird sich erst erweisen müssen, ob diese Methode zum gewünschten Ziel führt. Besser wäre es, Spiele mit verteilten Rollen zu veranstalten, bei denen ein Schüler – möglichst der tonangebendste – einen »Fremden« zu verkörpern hat und die anderen ihm gegenüber ihre Ablehnung auszudrücken haben. Die sich dabei ergebenden Szenen sind dann zu analysieren. Mit solchen und ähnlichen Unterrichtsmethoden hat man in amerikanischen Schulen gute Ergebnisse erzielt. Dies berichtet Gordon W. Allport in seinem Buch »The Nature of Prejudice«, unter Berufung auf zwei Untersuchungen[10]. Vor allem wären das soziale Engagement, das Verantwortungsgefühl für den Mitmenschen in den Mittelpunkt aller Erziehungsmaßnahmen zu stellen. Das Elternhaus, die Geistlichkeit, die Schule, die Medien und die Meinungsmultiplikatoren sollten idealerweise in dieser Richtung zusammenwirken. Es wäre zu wünschen, daß Psychohygieniker und Erziehungsfachleute zu diesem Zweck ein mittelfristiges Programm erstellen. Das alles mit dem Ziel, dem Menschen bewußt zu machen, daß, wenn er sich von einer Person oder einer Personengruppe abgestoßen fühlt, dies nur deshalb so ist, weil diese Gruppe ihm »fremd« erscheint. Somit ist seine Reaktion nicht das Ergebnis einer besonderen Erkenntnis, sondern nur uraltes Relikt einer früheren Entwicklungsstufe. Deshalb sollte den Jugendlichen der Mechanismus der Vorurteils- und der Stereotypenbildung erklärt und sie auf diesen vorhandenen Widerspruch aufmerksam gemacht werden. Parallel dazu ist auf die Vorteile, die ethnische Minderheiten in einer Zeit weltweiter Integrationsbestrebungen bieten, hinzuweisen. Diese Gruppen können für jene Wirtschaftszweige, die auf Fremde angewiesen sind, etwa der Tourismus und der Außenhandel, durch ihre Scharnierwirkung wertvolle Leistungen erbringen. Information über »Fremde« in jeder Form ist sicherlich dann von Nutzen, wenn sie in einer Art und

Weise dargeboten wird, die bereitwillige Aufnahme finden kann. Ein forciertes Überangebot an Information, wie am Endes des Bedenkjahres 1988, stößt a priori auf Ablehnung und ist daher mehr schädlich als nützlich. Es kann sogar vermutet werden, daß damit nur eine Alibihandlung gesetzt wurde, um einmal nachweisen zu können, welche Anstrengungen in dieser Richtung unternommen würden.

Dem besseren Kennenlernen von Juden in Deutschland und Österreich ist aufgrund ihrer geringen Bevölkerungsanteils eine natürliche Grenze gesetzt. Reisen nach Israel könnten dieses Manko ersetzen, wenn dabei die Möglichkeit gegeben ist, eingehendere Kontakte mit der Bevölkerung anzuknüpfen. Der Eindruck, den man von den einzelnen Menschen bekommt, gewinnt dann gegenüber dem Bild »Jude« an Gewicht. Nur der, der den einzelnen nicht wahrzunehmen gewillt ist, glaubt, daß die »Fremden« alle gleich sind.

Eine richtig konzipierte Information hätte mehrere Aufgaben wahrzunehmen. Sie sollte das bessere Kennenlernen der jüdischen Religion und der jüdischen Eigenart erleichtern, um das Gefühl des »Fremden« abbauen zu helfen. Gordon W. Allport bemerkt hierzu, daß niemand seine Kultur kennt, wenn er *nur* seine Kultur kennt. Es ist des weiteren der positive Beitrag der Juden für die Nation, der sie angehören, zu vermitteln. So haben jüdische Österreicher durch Industriegründungen im Eisenbahnbau, im Bankwesen sowie durch ihre Export- und Importtätigkeit maßgebend zur Entwicklung der Wirtschaft des Landes beigetragen. Sie haben die österreichische Literatur Ende des vorigen und am Beginn dieses Jahrhunderts zu einer Blüteperiode mitentwickelt. Österreichische Juden haben als Mäzene der bildenden Kunst viel zu deren Entwicklung beigetragen. Es gab hervorragende Musiker und Schauspieler unter ihnen. Am Entstehen der berühmten Wiener medizinischen Schule waren jüdische Ärzte maßgeblich beteiligt. Jüdische Juristen trugen zur Entwicklung des österreichischen Rechtssystems bei. Die lange Liste jüdischer Wissenschaftler und Forscher spricht eine beredte Sprache. Aber auch an der Landesverteidigung nahmen sie teil. Im Ersten Weltkrieg überstieg, wie schon erwähnt, der Anteil gefallener jüdischer Frontsoldaten den Anteil der Juden an der Bevölkerung. Nicht unerwähnt sollen auch die Leistungen der jüdischen Sportler bleiben, die bei internationalen Wettbewerben oft erfolgreich für Österreich angetreten sind. Genauso erheblich war der Beitrag, den jüdische Deutsche und Schweizer für ihr Land leisteten[11].

Wenig hilfreich scheint dagegen das Verhalten mancher Juden, vor allem der jüngeren Generation, zu sein, die glauben, durch Verweigerung des Gespräches mit Menschen, die sie als Antisemiten abstempeln, einen Beitrag zur Isolierung und Diskreditierung des Antisemitismus zu leisten.

Durch ihre militante Haltung meinen sie, der Generation ihrer Eltern und Großeltern eine Lektion zu erteilen, weil sie nicht begreifen können, daß diese sich widerstandslos Verfolgungen ausgesetzt haben. Sie gehen dabei von dem falschen Glauben aus, »Antisemiten« hätten nichts Vordringlicheres zu tun, als sich durch Gespräche mit Juden rehabilitieren zu wollen. Auf die Frage, wofür oder für wen diese Antisemiten ein »Alibi« benötigten, fällt ihnen die Antwort schwer. Es ist zu hoffen, daß mit der Zeit auch sie sich der diffizilen Aufgabe, Brücken zu bauen, zuwenden werden.

Das heißt nicht, daß antisemitische Äußerungen stillschweigend übergangen werden sollten. Ganz im

Gegenteil! Nur sollte man dabei berücksichtigen, daß Aggression wieder Aggression hervorruft.
Neben der Aufklärung soll aber auch die soziale Inakzeptanz antisemitischer Äußerungen erreicht werden. Hierzu ist in Fällen von Uneinsicht das »An-den-Pranger-Stellen« sicherlich zu befürworten. Dabei soll man nicht dieselben Fehler des Verallgemeinerns begehen wie die Antisemiten; ein Satz wie »Österreich ist ein antisemitisches Land« ist eine schwere und inakzeptable Beleidigung, die uns alle trifft und darüber hinaus das Odium einer »self-fulfilling-prophecy« in sich trägt. Meinungsumfragen beweisen[12], daß der Anteil der Antisemiten im Abnehmen begriffen ist. Dies ist ein jahrelanger Trend, der durch die Waldheim-Affäre und vielleicht auch durch die überforcierte Information in den letzten Monaten des Bedenkjahres nur vorübergehende Rückschläge erlitten hat.
Juden sollten auch versuchen, Überempfindlichkeiten abzubauen und nicht jede persönliche Benachteiligung dem Antisemitismus zuzuschreiben.
Der Jahrhunderte währende blutige Konflikt zwischen Frankreich und England endete in der Waffenbrüderschaft zweier Weltkriege. Der ganz Europa von Grund auf erschütternde religiöse Konflikt zwischen Reformierten und Katholiken ist – wenn man von Nordirland absieht – nur mehr in Ansätzen vorhanden. Die Erbfeindschaft zwischen Deutschen und Franzosen ist für die heutige Generation eine überwundene geschichtliche Episode. Solche verschwundenen Konflikte zeigen, daß es gelingen kann, Feindbilder, Vorurteile und Stereotypen abzubauen. Sicherlich ist das im Fall einer Minorität, die über die ganze Welt verstreut lebt, um vieles schwieriger. Aber auch hier gibt es ermutigende Anzeichen. So haben die Katholische Kirche und der Weltkir-

chenrat den Antijudaismus für unvereinbar mit der christlichen Lehre erklärt. Dies wird früher oder später den Gläubigen zur Kenntnis gelangen, und damit könnte eine wesentliche Quelle des Antisemitismus beseitigt werden. In dieser Richtung wirkt der höhere Klerus. Darüber hinaus wird zunehmend der christlich-jüdische Dialog als unerläßlich für die Vertiefung des jüdischen und christlichen Glaubens und für das gegenseitige Verstehen angesehen.

Nur die verstärkten Anstrengungen aller Menschen guten Willens werden uns vom Antisemitismus befreien[13].

IV. Die sieben Sünden im Verhältnis Christentum – Judentum

Einleitung

»Ja, die Kirche beklagt nochmals durch mich, mit den Worten des bekannten Dekretes Nostra Aetate (Nr. 4) ›alle Haßausbrüche und Verfolgungen, alle Manifestationen des Antisemitismus, die sich zu irgendeiner Zeit und von irgend jemandem gegen die Juden gerichtet haben‹, ich wiederhole, von wem auch immer.«[1]

Versuchen wir uns zwei Szenen, wie sie sich in nicht allzu ferner Vergangenheit täglich ereigneten, vorzustellen:
Jüdische Männer und Frauen, Kinder und Greise schaufeln mit eigener Hand eine Grube. Sie werden vor diese Grube gestellt und durch Gewehrsalven getötet.
In die als Duschräume getarnten Gaskammern treibt man nackte Menschen. Die Türen werden verschlossen, und aus den Brauseköpfen strömt Giftgas.
In unserer Vorstellung sehen wir die Opfer. Das Bild der Täter sehen wir dagegen nur verschwommen. Wir sind außerstande, Menschen, die solcher Verbrechen fähig sind, zu begreifen. Deshalb sträubt sich unsere Phanta-

sie, das Bild dieser Leute vor unserem inneren Auge entstehen zu lassen. Die zentrale Stelle der Landesjustizverwaltung in Ludwigsburg schätzt die Zahl der Deutschen und Österreicher, die direkt durch Verfolgungshandlungen Schuld auf sich luden, auf 180 000. In dieser Ziffer sind die Mitläufer aus den von Hitler besetzten Gebieten nicht enthalten. Die Schoa ist nur eines von vielen Verbrechen, die an der Menschheit begangen worden sind; wahrscheinlich das schwerwiegendste der Geschichte. Gibt es doch kaum eine Nation auf der Erde, die sich nicht für irgendwelche von ihr begangenen Grausamkeiten schämen müßte. Die Untaten der Nazizeit sind aber von Angehörigen zivilisierter Nationen mit einem ausgeprägten kulturellen Selbstbewußtsein verübt worden, deren Vorfahren schon vor langer Zeit das Christentum angenommen haben und von denen man daher Verbrechen gegen die Humanität am allerwenigsten erwarten durfte.

Wie im vorhergehenden Kapitel ausgeführt, hat die unglückselige Entwicklung, die letzthin zur Schoa führte, eine Reihe von Triebfedern gehabt. Eine von diesen, zu manchen Zeiten vielleicht am mächtigsten wirksam, war der religiöse Antisemitismus, auch Antijudaismus genannt. Es handelt sich zweifelsohne um die verabscheuungswürdigste Form aller dieser den Haß auf Juden schürenden Lehren, ist sie doch eine Pervertierung des von Jesus so eindrucksvoll verkündeten, auf die jüdische Bibel zurückgehenden obersten Gebotes der Menschenliebe.

Obwohl das 2. Vaticanum und der Ökumenische Rat der Kirchen gegen judenfeindliche Anschauungen eindeutige Beschlüsse gefaßt haben, glauben noch heute viele Christen:

– daß der Gott der Juden ein Gott der Rache ist;

- daß die Juden, statt am Glauben, nur am Gesetz hängen;
- daß die Juden, indem sie sich als das auserwählte Volk betrachten, sich gegen andere Völker verschworen haben, um über sie zu herrschen;
- daß die Juden an der Kreuzigung Jesu Schuld tragen und durch ihre damalige Selbstverfluchung und durch ihre spätere Verstocktheit zur Synagoge des Teufels wurden;
- daß die Juden allen Nichtjuden feindlich gesinnt und nur darauf aus sind, ihnen Schaden zuzufügen;
- daß die Pharisäer Heuchler waren; und schließlich
- daß der Talmud die Bibel des Teufels ist.

Prüfen wir diese Vorwürfe im einzelnen auf ihre Stichhaltigkeit.

These 1

Der Gott der Juden ist ein Gott der Rache. Erst durch das Neue Testament ist aus ihm der Gott der Liebe geworden.

Diese Auffassung ist deshalb unrichtig, weil schon das Alte Testament den liebenden, gnadenvollen und verzeihenden Gott kennt, der sich wünscht, von den Menschen geliebt zu werden. Gott sagt: »Mit ewiger Liebe habe ich dich geliebt, darum habe ich dir so lange die Treue bewahrt.«[2] Und: »Mit menschlichen Fesseln zog ich sie an mich, mit den Ketten der Liebe.«[3] Das Hohelied, gleichfalls ein Buch des Alten Testaments, besingt die gegenseitige Liebe eines Brautpaars und ist Hunderte von Jahren vor Jesu Geburt geschrieben worden. Laut jüdischer Auffassung symbolisiert es die Liebesbeziehung zwischen Gott und seinem Volk. Die Verse 2,4f.

lauten: »Sein Zeichen über mir heißt Liebe. Stärkt mich mit Traubenkuchen, erquickt mich mit Äpfeln; denn ich bin krank vor Liebe.« Die Anführung ähnlicher Zitate ließe sich beliebig fortsetzen.

Aber nicht nur die Bibel spricht vom Gott der Liebe. Auch der Talmud, die Midrasch-Sammelwerke und alle weiteren der zahlreichen rabbinischen Schriften orientieren sich einzig und allein an dieser Gottesvorstellung. Bezeichnend dafür ist folgender Satz aus dem Talmud: »Überall, wo du die Größe des Heiligen, gepriesen sei er, findest, findest du auch seine Milde.«[4]

Woher – können wir mit Recht die Frage stellen – stammt dann die Bezeichnung »Gott der Rache«?

Der Ausdruck geht auf eine falsche Übersetzung des Psalms 94 durch Luther zurück. Gott wird in diesem Psalm beschworen, dem Frevler seine Strafe und dem Gerechten seinen Lohn zuteil werden zu lassen. Deshalb heißt es in der Einheitsübersetzung, dem hebräischen Ausdruck entsprechend, »Gott der Vergeltung«, der dem Menschen das Böse, aber auch das Gute vergilt. So steht im Matthäusevangelium gleich zweimal: »Dein Almosen soll verborgen bleiben, und dein Vater, der auch das Verborgene sieht, wird es dir vergelten.«[5] Es sehen also nicht nur die Juden, sondern ebenso auch die Christen das Walten der Gerechtigkeit in der Welt als ein göttliches Zeichen an. In beiden Religionen ist der Glaube verankert, daß, wenn auf dieser Welt den Bösen Gutes und den Guten Böses widerfährt, dies in der »Kommenden Welt« bei weitem aufgewogen werden wird. Paulus bringt diese Meinung im Brief an die Römer zum Ausdruck: »Weil du aber starrsinnig bist und dein Herz nicht umkehrt, sammelst du Zorn gegen dich für den ›Tag des Zornes‹, den Tag der Offenbarung von Gottes gerechtem Gericht. Er wird jedem vergelten, wie es seine Taten verdienen: denen, die beharrlich Gutes tun und Herrlichkeit, Ehre und Unvergänglichkeit erstreben, gibt er ewiges Leben, denen aber, die selbstsüchtig nicht der Wahrheit, sondern der Ungerechtigkeit gehorchen, widerfährt Zorn und Grimm.«[6]

Die Weisen des Talmud betonen aber, daß Gott nicht nur ein Gott der Vergeltung ist, sondern auch ein Gott der Gnade. »Man fragte die Weisheit: ›Was ist die Bestrafung des Sünders?‹ Sie sagte: ›Unglück verfolgt die Sünder.‹ Man fragte die Prophetie: ›Was ist die Bestrafung des Sünders?‹ Sie sagte: ›Die Seele, die sündigt, soll sterben.‹ Man fragte den Heiligen (Gott), gesegnet sei er: ›Was ist die Bestrafung des Sünders?‹ Er sagte: ›Er soll Umkehr üben, und es wird ihm Sühne verschaffen, wie geschrieben steht: ... darum weist er die Irrenden auf den rechten Weg‹. [Der Vers meint:] Er weist dem Sünder den Weg, Umkehr zu tun.«[7]

Es finden sich – könnte man einwenden – an einigen, wenn auch wenigen Stellen der Bibel göttliche Weisungen, die dem Volk Israel befehlen, fremde Völker und Stämme auszurotten. Prinzipiell ist hierzu zu bemerken, daß Gott als gerechter Richter das Ausmaß der Strafe dem Ausmaß der begangenen Untat angleicht. Aber mit der Gerechtigkeit Gottes kann man solche Weisungen weder erklären noch rechtfertigen. Wie können daher die von Juden und Christen als heilig angesehenen Bücher solche Aussagen beinhalten? Vermutlich aus dem ersten Jahrhundert n. Chr. ist der Spruch eines Bibelgelehrten überliefert, der, zurückgehend auf eine längere jüdische Tradition, folgendes sagte: »Wenn Du (Gott) das Recht suchst, so kann die Welt nicht bestehen, und wenn Du den Bestand der Welt willst, so kann das Recht nicht bestehen.«[8]

Die Welt ist somit auf die Gnade Gottes angewiesen.

Wo aber war diese Gnade bei der Besiedlung Kanaans durch das jüdische Volk, als Gott befahl, die dort ansässigen Völker zu vernichten? Die Erklärung für den Widerspruch zwischen diesen Gottesworten und der jüdischen und christlichen Sicht Gottes als Gott der Liebe und Gnade ist in der vielschichtigen Überlieferung zu erblikken. Man kann annehmen, daß die unser religiöses Empfinden störenden Stellen der Bibel aus einer Zeit stammen, als der Gott der Juden noch nicht der Universalgott, sondern ein Stammesgott war. Spätestens durch die Propheten – die ältesten überlieferten Schriftpropheten wirkten Mitte des 8. vorchristlichen Jahrhunderts – entstand der auch heute nach wie vor gültige Gottesbegriff, der dann in der Zeit nach dem ersten Exil, Ende des 6. Jahrhunderts v. Chr., allein gültig war.
Folgende Anekdote, die einen wahren Kern hat, soll diese Entwicklung schildern:
Zu Martin Buber kommt ein religiöser Jude und ersucht ihn, das Kapitel 15 des Buches 1 Samuel zu erklären. Es wird in diesem Bibelabschnitt berichtet, wie der Prophet Samuel von Gott den Auftrag erhält, zu König Saul zu gehen, um diesem zu verkünden, daß er verstoßen sei. Saul ist nämlich dem göttlichen Auftrag, alle Amalekiter zu töten, nicht nachgekommen und hat den gefangengenommenen Amalekiterkönig Agag am Leben gelassen. Samuel, nachdem er Saul Gottes Worte überbracht hat, läßt sich den gefesselten König vorführen, zieht das Schwert und »hieb ihn in Stücke«. Der Besucher Bubers, entsetzt über diese biblische Erzählung, meint, daß das Verhalten des Propheten Samuel zutiefst gegen die hohen Prinzipien der jüdischen Religion verstößt. Wie konnte Gott so ein Verbrechen gewollt haben? Buber antwortet nach einigem Nachdenken: »Es scheint, daß Samuel Gott mißverstanden hat.«

Buber bekundet mit diesem Ausspruch seine Auffassung – die übrigens der Ansicht vieler katholischer Theologen entspricht –, wonach nicht alle Worte, die die Bibel Gott in den Mund legt, auch wirklich göttlichen Ursprungs sind.
Die jüdische Lehre verlangt vom Menschen, »auf Gottes Wegen zu wandeln«[9], und meint damit, daß er die durch Gott verkörperten höchsten Ideale menschlichen Verhaltens nachzuahmen habe. Dasselbe bringt auch Paulus in seinem Brief an die Epheser zum Ausdruck: »Ahmt Gott nach ...«[10] heißt es da. Einzige Ausnahme von diesem Gebot ist das Verbot, für erlittene Schmach Rache zu nehmen. »Mein ist die Rache und die Vergeltung ...« erklärt Gott[11]. Es ist daher dem Menschen untersagt, aus Rache Vergeltung zu üben. Der gleiche Gedanke wird an einer anderen Stelle des »Alten Testaments« folgendermaßen zum Ausdruck gebracht: »Sag nicht: Wie er mir getan hat, so will ich auch ihm tun, einem jeden will *ich* vergelten, wie es seine Taten verdienen.«[12]
Die Stereotype des »rachedurstigen Juden« in Anlehnung an die Vorstellung eines jüdischen Rachegottes verkörpert auch Shakespeares Shylock. Beeinflußt wurde Shakespeare dabei von einem typischen Vorurteil jener Zeit. Da damals keine Juden in England lebten, hatte Shakespeare gar nicht die Möglichkeit, das Vorurteil anhand eigener Erfahrungen zu überprüfen.*
An dieser Stelle muß auch auf das mißverstandene Gebot »Aug um Aug, Zahn um Zahn« hingewiesen werden. Diese gleichfalls aus sehr frühen Schichten des Bibeltextes stammende Weisung hatte einen restriktiven

* Die Juden wurden 1290 aus England vertrieben und durften sich erst wieder 1655 in England niederlassen.

Charakter, d. h. es sollte niemand mehr vom Täter verlangen, als der von diesem angerichtete Schaden ausmachte. Verstanden wurde sie so, wie dies Martin Buber übersetzt hat: »Augeswert für Auge und Zahneswert für Zahn« – als Verpflichtung zur Leistung von Schadensersatz. Der Talmud führt dieses Prinzip der Schadensvergütung auf die Tora zurück, da dort verfügt wird, daß bei Mord eine Schadensvergütung ausgeschlossen sei: »Nehmet kein Sühnegeld für das Leben eines Mörders ...«[13] Wenn daher nur bei Mord eine Schadensvergütung ausgeschlossen ist, dann bedeute das, daß bei anderen Vergehen, wie beim Ausschlagen eines Auges oder eines Zahnes, Schadensvergütung zu leisten ist. Auch ein anderer Toravers gab Anlaß zu Mißverständnissen. »Bei denen, die mir feind sind, verfolge ich die Schuld der Väter an den Söhnen, an der dritten und vierten Generation; bei denen, die mich lieben und auf meine Gebote achten, erweise ich Tausenden meine Huld.«[14] Schriftgelehrte führen andere Stellen der Heiligen Schrift an[15], wo ausdrücklich auf den Tod als Folge der eigenen Sünde hingewiesen wird, und meinen, daß die Übertragung der Schuld von einer Generation auf die nächste nur insofern erfolge, als diese die Sünden nachvollziehe. Christliche Theologen haben in ähnlicher Weise die Erbsünde interpretiert.

In Nachahmung der Liebe Gottes zu den Menschen soll auch der Mensch den anderen Menschen lieben, da er ja als Ebenbild Gottes erschaffen worden ist. Dabei weiß die Tora, daß der Mensch nicht zu übermenschlicher Liebe fähig ist, und befiehlt deshalb »nur«: »Liebe deinen Nächsten *wie dich selbst.*«[16] Bis heute glauben viele, dieses Gebot stamme aus dem »Neuen Testament«. Vielleicht auch deshalb, weil Jesus, wie es in den Evangelien steht[17], dieses Gebot zusammen mit dem eben-

falls aus der Tora stammenden Gebot, Gott zu lieben, als die größten Gebote bezeichnet hat.
Der antijudaistischen Auffassung, wonach es einen Gegensatz zwischen dem Gott der Juden und dem Gott der Christen gebe, widerspricht auch, daß Jesus als Jude geboren worden ist, als Jude gelebt hat und als Jude gestorben ist. Diese geschichtliche Tatsache ist im Bewußtsein der Christen in den Hintergrund gerückt worden. Bezeichnend dafür ist das christliche Neujahrsfest, das ursprünglich als achter Tag nach der Geburt Jesu als

»Die Blutschuld«, Simon von Trient. Schedelsche Weltchronik. Holzschnitt nach Entwürfen von M. Wolgemut und W. Pleydenwurff. Nürnberg 1492 (Österreichische Nationalbibliothek, Wien). Man beachte die ikonographische Nähe zu den Beschneidungsdarstellungen (siehe Abb. 14 und 15) sowie das Judenzeichen an den Kleidern und den Judenhut.

Fest seiner Beschneidung begangen wurde. In der jüdischen Religion ist es ein Gebot, am achten Tag die Beschneidung an jedem männlichen Neugeborenen zu vollziehen, um seine Aufnahme in den mit Gott am Sinai geschlossenen Bund zu symbolisieren. Wie aus der Abbildung 14 zu entnehmen ist, hat man die Beschneidung Jesu häufig auf eine Weise dargestellt, daß im Betrachter das Gefühl aufkommen mußte, die Juden trachteten mit dem viel zu groß dargestellten Messer dem Jesuskind nach dem Leben. Es wird noch durch die schutzsuchenden Gebärden des Kindes verstärkt. Solcherart wurde die Vorstellung vom jüdischen Rachegott auf das »rachedurstige« jüdische Volk übertragen.

Diese und ähnliche Vorstellungen verdichteten sich immer mehr, bis man im 12. Jahrhundert Juden, zunächst in Norwich (1144), beschuldigte, kleine Kinder getötet zu haben, um deren Blut zum Backen des Mazza für das Pessachfest zu verwenden.

Vergeblich trat man diesen unsinnigen Behauptungen, auch von seiten des hohen Klerus, mit dem Hinweis auf das Verbot des mosaischen Gesetzes, Blut zu essen, entgegen. Die »Blutschuld« der Juden wurde in ganz Europa über Jahrhunderte mit Marter und Verbrennung von Tausenden Unschuldigen geahndet.

Wegen einer Bemerkung des Weihbischofs Krenn in einem Radiointerview im Jahr 1988 haben sich katholische Geistliche in Österreich veranlaßt gefühlt, vom Vatikan eine Klarstellung bezüglich dieser Anschuldigungen zu verlangen. Im Antwortschreiben stellten die römischen Kongregationen für den Gottesdienst und für die Sakramente fest, daß die Ritualmordbehauptung »eine tief anstößige und schandbare Verleumdung gegen das jüdische Volk« sei.

Der Martertod der der Blutschuld »überführten« Juden in Trient 1475. Zeitgenössischer Holzschnitt, Deutschland (Foto: Beth Hatefutsoth, Tel Aviv).

Die Abbildung auf S. 233 zeigt die ikonographische Ähnlichkeit zwischen der Beschneidung und der Tötung von Kleinkindern. Die Vorstellung des Kindsopfers geht auf die heidnische Vergangenheit der Menschen zurück. Bezeugt doch der Kirchenschriftsteller Tertullian (ca. 160 – ca. 220), die frühen Christen wären gleichfalls von den Heiden auf diese Weise verleumdet worden.
In weiterer Folge hat man dann Juden beschuldigt, die heilige Hostie, Sinnbild des Leibes Christi, durchstochen zu haben. Die Abbildungen auf den S. 236/237 zeigen, wie verbreitet dieser Aberglaube war, der sich bis in unsere Zeit gehalten hat.

Ein grawsamlich gelchicht Geschehen zu passaw Von den Juden als hernach volgt:

Eine fürchterliche Geschichte von den Juden, die sich zu Passau folgendermaßen zugetragen hat:

Hye stylt Cristoff acht partickel des sacramēt auß der kirchē. legt das in sein taschē. hat dy darinnē drei tag behaltē

Hier stiehlt Christoph acht Hostienpartikel aus der Kirche, gibt sie in seine Tasche und bewahrt sie drei Tage lang auf.

Hye schuet er die sacrament den juden auff den tisch die vnuermaßligt gewesen sein. darumb sy im ein guldē gaben

Hier schüttet er die Hostien, die unbeschädigt gewesen sind, den Juden auf den Tisch. Sie geben ihm dafür einen Gulden.

Hye tragen die judē vñ schulklopffer. die sacrament yn ir synagog. vnd vberantwurtden dye den Juden.

Hier tragen die Juden und die Schulklopfer (= jüd. Synagogendiener) die Hostien in ihre Synagoge und überantworten sie den Juden.

Hye stycht pfeyl Jud das sacrament auff irem altar. ist plut darauß gangen das er vñ ander juden gesehen haben.

Hier sticht der Jude Pfeil in die Hostie, die auf ihrem Altar liegt. Blut ist daraus hervorgetreten, was er und andere Juden gesehen haben.

Hye teylten sy auß dye sacramēt schicken zwen partickel gen Prag. zwē gen salczpurg. zwen yn die Newenstat

Hier verteilten sie die Hostien: zwei Partikel schickten sie nach Prag, zwei nach Salzburg und zwei nach Wiener Neustadt.

Hye verprenten sy die sacramēt versuchen ob vnser glaub gerecht wer floge auß dem offen zwen engel. vñ. ij. taubē

Hier verbrannten sie die Hostien, um zu prüfen, ob unser Glaube der richtige sei. Da flogen zwei Engel und zwei Tauben aus dem Ofen.

Hier fängt man alle Juden aus Passau, die die Hostien gekauft, verschickt, gestohlen und verbrannt haben.

Hier führt man sie vor das Gericht und verurteilt die vier Getauften: Fackel, Mand, Kolman und Walich sind geköpft worden.

Hier foltert man den Pfeil und den Vettel, die die Hostien behalten, hernach gestochen und verbrannt haben.

Hier verbrennt man sie mitsamt jenen Juden, die in ihrem Glauben verblieben sind und von den Hostien gewußt haben.

Hier wird Christoph, der Hostienverkäufer, auf einem Wagen mit glühenden Zangen gefoltert.

Hier beginnt man, unserem Herrn zum Lob, aus der jüdischen Synagoge eine Kirche zu bauen.

Hostienfrevel. Passau 1470. Zeitgenössischer Holzschnitt. Münden, Kupferstichkabinett (Foto: Beth Hatefutsoth, Tel Aviv).

These 2
Die Juden hängen nur am toten Buchstaben des Gesetzes, die Christen dagegen haben den Glauben in den Mittelpunkt der Religion gestellt.

Diese dem Judentum immer wieder vorgeworfene Pervertierung des religiösen Bekenntnisses ist falsch und geht am Wesen des jüdischen, aber auch des christlichen Glaubens vorbei. Um den Unterschied der Auffassung von Religion bei Juden und Christen – ein solcher Unterschied darf nicht im mindesten geleugnet werden – richtig beurteilen zu können, muß man der verschiedenen Bedeutung der Begriffe »Glaube« und *emuna* (in der hebräischen Sprache kommt dieses Wort dem Wort »Glaube« am nächsten) nachgehen. Für den christlichen Begriff »Glaube« ist vielleicht der folgende Vers aus dem Johannisevangelium am bezeichnendsten: »Wer an ihn glaubt, wird nicht gerichtet; wer nicht glaubt, ist schon gerichtet, weil er an den Namen des einzigen Sohnes Gottes nicht geglaubt hat.«[18] Der Glaube bedingt aber auch eine entsprechende Lebensform; aus ihm muß die Pflicht, gute Taten zu vollbringen, abgeleitet werden. So kann gefolgert werden, daß jene dem Reiche Gottes teilhaftig werden, die die Werke der Liebe tun[19]. Deshalb ist die Ansicht irrig, daß der Unterschied zwischen christlicher und jüdischer Religion darin gelegen sei, daß die erste nur eine Glaubensreligion ist, während die zweite nur die »Werke« im Auge hat. Der eigentliche Unterschied betrifft das Wesen des Glaubens:

Im ersten Buch der Tora steht: »Abraham glaubte dem Herrn, und der Herr rechnete es ihm als Gerechtigkeit an.«[20] Der Unterschied in der Bedeutung des Wortes

emuna, gegenüber »Glaube«, kommt hier deutlich zum Ausdruck. Es heißt nämlich nicht, Abraham glaubte *an* Gott, sondern, er glaubte Gott. Der Glaube *an* Gott war für das Judentum ja nie in Frage gestanden. Das Vertrauen in Gott – und das ist die zusätzliche Bedeutung dieses Wortes – war für das Judentum von viel größerer Bedeutung. Angesichts vieler persönlicher Schicksalsschläge – und welcher Mensch erlebt solche nicht im Laufe seines Lebens? – ist immer wieder das Vertrauen auf Gottes Zusagen über ein menschengerechtes Leben auf dieser Welt ins Wanken gekommen. Insbesondere traf dies für eine Zeit zu, wo nicht nur dem einzelnen, sondern auch dem gesamten jüdischen Volk, »dem Volke Gottes«, der Untergang drohte.
Einen anderen Aspekt des Wortes *emuna* ersehen wir aus einem Spruch des »alttestamentarischen« Propheten Habakuk: »Wer nicht rechtschaffen ist, schwindet dahin, der Gerechte aber bleibt wegen seiner Treue am Leben.«[21] An dieser Stelle ist richtigerweise das Wort *emuna* mit »Treue« übersetzt.
Der Unterschied zwischen »glauben an« und »glauben« im Sinne von »vertrauen« berührt das Wesen beider Religionen. Im Sinne des »glauben an« steht im Christentum die Frage nach der Wesenheit Gottes im Mittelpunkt. So entstand die christliche Theologie und in weiterer Folge die Dogmatik. Notwendigerweise beschäftigt sich die christliche Religion mit diesen Fragen viel mehr als die jüdische. Sicherlich gibt es in der jüdischen Lehre auch Glaubensgrundsätze wie den Monotheismus oder die in die Religion eingebundenen ethischen Gesetze, aber für die Festlegung einer Lehre über den Messias oder für die Auferstehung in der »Kommenden Welt« ist nie eine allgemein als gültig angesehene Definition gefunden worden, die alle Glaubensrichtungen

innerhalb des Judentums befriedigt hätte. Auch gibt es im Judentum keine Körperschaft, noch weniger eine Einzelperson, die die Vollmacht hätte, für alle Juden verbindliche Glaubensentscheidungen zu treffen. Es gilt bezüglich der »letzten Dinge« die Meinung, wie sie im Talmud zum Ausdruck kommt, wonach es nicht die Aufgabe der Gelehrten sei, über solche Fragen nachzudenken. Obwohl im »Alten Testament« immer wieder Bezeichnungen wie »heiliger Geist«, »Gottes Sohn«, »Menschensohn« vorkommen, hat man es vermieden – andere würden vielleicht sagen: verabsäumt –, zu erörtern, ob diese Ausdrücke mehr symbolisch oder mehr faktisch zu verstehen seien.

Wenn aber das Vertrauen in Gott das Wesen der jüdischen Religion ausmacht, wozu sind dann von den Weisen des Talmud in Anlehnung an die Bibel den gläubigen Juden 613 Gebote und Verbote auferlegt worden?

Diese Frage stellte auch Nahmanides (1194–1270), um sie folgendermaßen zu beantworten: Nicht der Geist der Menschen bestimmt sein Tun, sondern das Tun bestimmt den Geist. Er meinte damit, daß die regelmäßige Befolgung der Gebote den Menschen zu Gott lenke, und der Mensch so eine [mystische] Einheit mit dem Willen Gottes bilde.

Extreme Auslegungen einer Lehre können aber, wie dies immer wieder zu beobachten ist, Menschen in die Irre führen. Dies ist auch Juden widerfahren. Zahlreich sind deshalb die Warnungen der Propheten und der späteren Schriftgelehrten davor, vordergründigen rituellen Handlungen mehr Aufmerksamkeit zu schenken als der tätigen Nächstenliebe. Der Prophet Hosea geißelte die Juden, die nur die formalen Gebote der Religionsausübung befolgten: »Liebe will ich und nicht Schlachtopfer, Gotteserkenntnis statt Brandopfer.«[22]

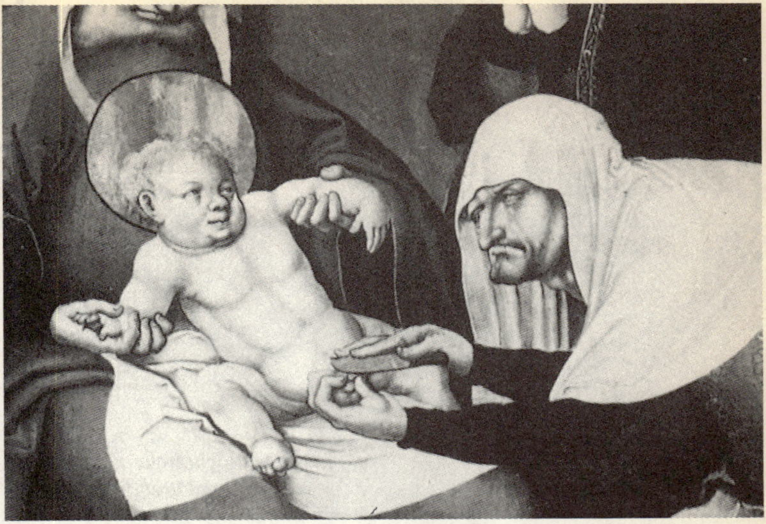

14 Beschneidung Christi (Ausschnitt). Aggsbacher Altar. Jörg Breu 1501. Stift Herzogenburg. (Aufnahme: Bundesdenkmalamt Wien)

15 Beschneidung Christi (Ausschnitt). Roggendorfer Altar. Ende 15. Jhdt. (N. Ö. Landesmuseum Wien. Foto: Bernhart)

Dialog zwischen der Synagoge und der Ecclesia

»Wohin ist dein Geliebter gegangen, du schönste der Frauen? Wir wollen ihn suchen mit dir.« (Hld. 6,1)

»Des Nachts auf meinem Lager suchte ich ihn, den meine Seele liebt.« (Hld. 3,1)

16 *(links) Ecclesia und Synagoge. Aus dem Evangeliar Heinrichs des Löwen. Ende 12. Jhdt. (Mit freundlicher Genehmigung des Insel Verlages, Frankfurt/Main)*

17 (unten links) Die Judenkirche Ecclesia ex Circumcisione) und lie Heidenkirche (Ecclesia ex Gentibus). Mosaik um 430, Rom, Santa Sabina. (Bildarchiv der Österreichischen Nationalbibliohek)

18 (oben rechts) Hostienfrevel Ausschnitt). Meister der Historia um 1525, Flügelaltar Heilig-Blut-Kirche, Pulkau. (Aufnahme: Bundesdenkmalamt Wien). Man beachte das aus der Hostie entschwebende Jesuskind.

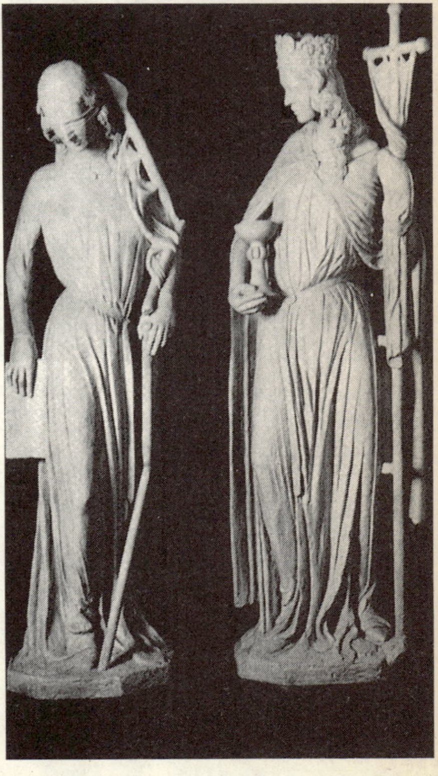

19 (unten rechts) Synagoge und Ecclesia nach 1230, Kathedrale Straßburg. (Zur Zeit im Frauenhausmuseum Straßburg) Man beachte die verbundenen Augen, den gebrochenen Fahnenschaft und die fehlende Krone sowie die gebeugte Haltung der Synagoge.

20 Geburt Christi. Aus dem Altenberger Altar. Mittelrheinischer Meister um 1340. (Städelsches Kunstinstitut, Frankfurt/Main. Foto: Ursula Edelmann) Man beachte Josef mit dem Judenhut.

Allerdings darf man aus solchen Zurechtweisungen nicht folgern, daß die jüdische Lehre dem rituellen Gottesdienst je eine höhere Bedeutung beigemessen hätte als dem durch die Religion gebotenen Menschendienst[23].
So heißt es im Talmud: »Wenn jemand nur mit der Tora und nicht mit den Werken der Liebe sich befaßt, so ist es ebenso, als hätte er keinen Gott.«[24]
Wie sehr beide Religionen, die christliche wie auch die jüdische, das Umsetzen der ethischen Gebote der Bibel in die Tat fordern, soll der Satz des Jakobus-Briefes, der die Lehren einer dem Judentum noch sehr nahestehenden christlichen Gruppe zum Ausdruck bringt, belegen: »Denn wie der Körper ohne den Geist tot ist, so ist auch der Glaube tot ohne Werke.«[25] Und: »Wer... nicht nur hört, ... sondern danach handelt, der wird durch sein Tun selig sein.«[26]
Wir sehen also, daß die beiden Religionen sich nur in ihrem Glaubensinhalt, aber nicht in ihren ethischen Glaubensgrundsätzen voneinander unterscheiden.

These 3

Die Juden halten sich für das »auserwählte Volk«, um sich über die anderen Völker zu erheben und diese zu beherrschen.

Dieser Satz enthält eine Fülle von Fehlurteilen. Nicht nur der jüdische Glaube, sondern auch die christliche Religion bestätigt diese ihre Auserwähltheit. Wobei die Christen als »Gottesvolk« diese Auserwähltheit in der Nachfolge Israels auch auf sich beziehen. So schreibt Paulus an die Korinther: »Ihr sollt wissen, Brüder, daß unsere Väter alle unter der Wolke waren, alle durch das

Meer zogen ...«[27], und meint damit, daß die geistigen Väter aller Christen beim Auszug der Israeliten aus Ägypten mit dabei waren. In seinem Brief an Titus bezieht er sich wörtlich darauf: »Paulus, Knecht Gottes und Apostel Jesu Christi, berufen, um die Auserwählten Gottes zum Glauben und zur Erkenntnis der wahren Gottesverehrung zu führen ...«[28]

Ausschlaggebend für die richtige Beurteilung der Auserwähltheit ist die Frage, welche Bedeutung man der Auserwähltheit beimißt. Die Juden haben schon immer die Meinung vertreten, daß dies nicht mit größeren Rechten, sondern nur mit größeren Pflichten verbunden ist. Nirgends in der Heiligen Schrift findet sich auch nur eine Andeutung, daß den Juden durch ihre besondere Beziehung zu ihrem Gott mehr Rechte eingeräumt würden als irgendeinem anderen Volk. An zwei Stellen der Bibel wird sogar auf das Recht Gottes hingewiesen, auch andere Völker, darunter auch solche, die mit Israel verfeindet waren, als seine Völker zu betrachten[29].

»Ihr seid Zeugen gegen euch selbst, daß ihr euch für den Herrn und für seinen Dienst entschieden habt. Sie antworteten: ›Das sind wir.‹«[30] Vorstehendes Bibelzitat macht deutlich, daß das Erwähltsein nicht Vorrechte, sondern vielmehr die freiwillige Übernahme von mehr Pflichten, als andere Völker sie Gott gegenüber haben, bedeutet. Die Auserwähltheit war und ist ja zweiseitig, weil nicht nur Gott Israel als sein Volk erwählt hat, sondern auch Israel Gott als seinen Gott: »... wir wollen dem Herrn dienen; denn er ist unser Gott.«[31] Die Pflichten ergeben sich aus dem Auftrag Gottes: »... ihr aber sollt mir als ein Reich von Priestern und als ein heiliges Volk gehören.«[32] So legt die Tora nach rabbinischer Auffassung den Juden auf, 613 Gebote und Verbote zu befolgen, um als ebenso gerecht angesehen zu werden wie Nichtjuden, wenn diese nur sieben Gebote befolgen. Die sieben Gebote hat Gott, wie schon im 2. Kapitel ausgeführt, Noach und seinen Vorvätern, von denen das gesamte Menschengeschlecht abstammt, verkündet. Sie umfassen das Verbot der Götzenanbetung, der Gotteslästerung, des Tötens, des Raubes, des Inzests, des Essens eines Teiles von einem noch lebenden Tier und schließlich das Gebot, im Rahmen eines Rechtssystems zu leben. Der gläubige Jude soll, fordert der Talmud, weder aus Furcht vor göttlicher Strafe noch wegen seines Seelenheils die Gesetze befolgen: »Seid nicht wie Diener, die nur des Lohnes willen dienen.«[33] Er soll in der Auserwähltheit eine Gnade Gottes erblicken und mit Freude sowie aus Liebe zu Gott die Gebote befolgen. Der Prophet Amos, der um die Mitte des achten vorchristlichen Jahrhunderts wirkte, fordert das Volk auf, sich seiner Verpflichtungen eingedenk zu sein und gesetzestreu zu leben. Er sagt im Namen Gottes: »Nur euch habe ich erwählt aus allen Stämmen der Erde; darum ziehe ich euch zur Rechenschaft für alle eure Vergehen.«[34] Das Leiden des jüdischen Volkes hat später der als Deuterojesaja bezeichnete Prophet in der Person des Gottesknechtes dargestellt und dieses als Sühne für die Völker der Welt verstanden[35]. Dieser Auffassung folgend, haben später die Christen in Jesus den Messias gesehen, der durch sein Leid die an ihn Glaubenden erlöst.

Das Recht auf das eigene Land ergibt sich nicht aus der Wahl zum Gottesvolk, sondern daraus, daß Gott Israel wie auch anderen Völkern den Besitz ihres Landes zugesagt hat. Die Zukunftsvision der staatlichen Selbständigkeit wird in der Bibel vielleicht am prägnantesten mit folgenden Worten beschrieben: »Ich lasse aus Jakob Nachkommen hervorgehen und aus Juda einen Erben

für meine Berge. Meine Auserwählten sollen das Land besitzen, und meine Knechte sollen dort wohnen.«[36]
Christlicherseits wurde manchmal unter Hinweis auf die Tora die Ansicht vertreten, daß die Juden ihren Anspruch auf Auserwähltheit verwirkt hätten: »Denn ich habe ihn (Abraham) dazu auserwählt, daß er seinen Söhnen und seinem Haus nach ihm aufträgt, den Weg des Herrn einzuhalten und zu tun, was gut und recht ist, *damit* der Herr seine Zusage an Abraham erfüllen kann.«[37]
Ist die Auserwähltheit widerrufbar? Aus obigem Zitat wurde dies unzulässigerweise abgeleitet. Demgegenüber heißt es aber: »Sie sollen ihre Schuld sühnen, weil sie immer wieder meine Vorschriften mißachtet und meine Satzungen verabscheut haben. Aber selbst wenn sie im Land ihrer Feinde sind, werde ich sie nicht mißachten und nicht verabscheuen, um ihnen etwa ein Ende zu machen und meinen Bund mit ihnen zu widerrufen: denn ich bin der Herr, ihr Gott.«[38] Aus diesen Versen geht eindeutig das Weiterbestehen des Bundes hervor.
Nach einer viele Jahrhunderte andauernden Auseinandersetzung über diese Frage beschloß die vatikanische Kommission für die religiösen Beziehungen zum Judentum im Jahre 1985 unter anderem folgendes: »Auf jeden Fall muß man sich von der traditionellen Auffassung freimachen, wonach Israel ein bestraftes Volk ist, aufgespart als lebender Beweis für die christliche Apologetik. Es bleibt das auserwählte Volk.«
Zum Schluß soll noch der kulturhistorische Aspekt dieser Auserwähltheit zur Sprache kommen.
Der jüdische Gott war am Anfang der Entwicklung ein Stammesgott und wurde so verehrt, wie viele andere Stämme zu dieser Zeit ihre Götter verehrten. Spuren

dieses alten Glaubens können in den Urschichten der Bibel zur Genüge nachgewiesen werden. Alle Stämme betrachteten die Beziehung zu ihrem Gott als eine spezifisch enge Beziehung. Das beiderseitige Erwähltsein des Gottes Israels und des Volkes Israel entsprach daher dieser verbreiteten Vorstellung. Weltgeschichtliche Bedeutung erhielt die Lehre von der Auserwähltheit erst durch die Erhebung des Gottes Israels zum Gott des Universums, vornehmlich durch die Propheten.

Anzufügen ist, daß die Hinweise der Bibel auf andere, mit dem jüdischen Gott gleichberechtigte Stammesgötter* von den orthodoxen Juden negiert werden, da diese der Meinung sind, daß die am Sinai offenbarte Lehre von Anfang an universelle Geltung gehabt habe und es keine Entwicklung vom Mehrgottglauben über den Stammesgottglauben zum Eingottglauben gegeben habe.

Es ist sicherlich unbefriedigend, die Religion allein aus einem kulturhistorischen Gesichtspunkt zu betrachten, da so auf manche wesentlichen Fragen keine Antwort gefunden werden kann. Eine dieser Fragen wäre, wie es diesem zahlenmäßig unbedeutenden Volk der Juden als einzigem Volk gelingen konnte, nicht nur über 3000 Jahre eine ungebrochene Tradition bis in unsere Zeit zu erhalten, sondern auch wesentliche Elemente seiner Lehre durch die Christenheit über die ganze Welt zu verbreiten.

Wie wir der Bibel entnehmen können, nahm das Volk Israel nur zögernd diesen Universalitätsanspruch als fundamentales Prinzip des Glaubens an. Immer wieder geißeln Propheten das Volk Israel, die Verehrung ande-

---

* Z. B.: »Ist es nicht so: Wen Kemosh, dein Gott, vertreibt, dessen Besitz nimmst du, und wen immer der Herr, unser Gott, vor unseren Augen vertreibt, dessen Besitz nehmen wir.« (Ri. 11,24.)

rer Götter in seiner Mitte zu dulden. Erst vom babylonischen Exil im 6. Jahrhundert v. Chr. an wurde für Juden die Verehrung des einen Gottes und somit ihre Auserwähltheit ein bestimmendes Element ihres Selbstverständnisses.
Durch die Trennung der Juden und Christen löste sich die ursprüngliche Religionsgemeinschaft auf, und es begann zwischen Juden und Christen ein vehement und oft blutig geführter Kampf um die Gläubigen der früheren Gemeinschaft. Jede Gruppe wünschte möglichst viele Anhänger zu gewinnen, wobei die Juden nur die Heiden an sich ziehen wollten, die mit der Taufe auch das Judentum annahmen. Aus der Apostelgeschichte[39] geht hervor, daß innerhalb der Urkirche die verschiedenen Auffassungen aufeinanderprallten. Die dort geschilderte Entscheidung des Jerusalemer Apostelkonzils (ca. 48 n. Chr.), Heiden zu taufen, ohne sie auf die Gesetze des Judentums zu verpflichten, hat früher oder später zur Auflösung der christlich-jüdischen Gemeinschaft führen müssen. Zuerst gab es noch an vielen Orten Gruppen, die sich der jüdischen Tradition verpflichtet fühlten und deshalb die Gesetze der jüdischen Bibel befolgten, aber gleichzeitig in Jesus den Messias sahen. Nach der Trennung mußte natürlich den Christen der Anspruch der Juden, von ihrem Gott, der nach Meinung der Christen auch der Gott der Christen ist, auserwählt zu sein, aber den Gott der Christen dennoch abzulehnen, als ein Skandalon erscheinen.
Trotzdem blieb das Bewußtsein weiter lebendig, daß es Heidenchristen und Judenchristen gebe und daß daher die jüdische Tradition ein integrierender und integrierter Teil des Christentums sei. Dies bezeugt ein Mosaik in der Kirche Santa Sabina in Rom (sh. Abb. 17). Hier findet sich vielleicht die erste Darstellung der Ecclesia als Sinnbild für die von der christlichen Glaubensge-

meinde gebildeten Kirche. Während aber in den späteren Ecclesiabildern immer nur *eine* Frauengestalt dieses Symbol verkörpert, finden wir in dieser Kirche zwei Frauen, die eine als die »Ecclesia ex circumcisione«, d. h. die Judenkirche, und die zweite als die »Ecclesia ex gentibus«, d. h. die Heidenkirche. Beide Gestalten sind ohne jede Diskriminierung gleich majestätisch dargestellt. Dabei ist das Mosaik, wie die Inschrift beweist, Mitte des 5. Jahrhunderts und somit Jahrhunderte nach der Auflösung der jüdisch-christlichen Glaubensgemeinschaft entstanden. Die Art der Darstellung läßt die Interpretation zu, daß zumindest ein Teil der damaligen Christen, im Sinne der Paulusworte »Ihr sollt wissen, Brüder, daß unsere Väter alle unter der Wolke waren, alle durch das Meer zogen und alle auf Mose getauft wurden«, im Bewußtsein lebte, nicht nur geistige, sondern auch leibliche Nachkommen des auserwählten Volkes zu sein.
In späteren Darstellungen allerdings – lt. Prof. Dr. Albrecht Raddatz vom 9. Jahrhundert an – wird die Ecclesia als die siegreiche Kirche der gedemütigten Synagoge gegenübergestellt. Zu dieser Zeit scheint der Mehrzahl der Christen die jüdische Wurzel ihres Glaubens und ihre »Auserwähltheit« nicht mehr gewärtig gewesen zu sein, sonst hätte es nicht zu einer derartigen Ächtung der eigenen geistigen Vorfahren kommen können. Dies ist am eindrucksvollsten an den beiden Statuen am Straßburger Dom (sh. Abb. 19) zu sehen. Es wäre gefehlt, wenn man im Sinne einer Schwarzweißmalerei die parallel dazu verlaufende projüdische Einstellung der Kirche übersehen wollte. Immer wieder gab es weltliche und Kirchenfürsten, die, im Bewußtsein der engen Bande zwischen den beiden Religionen, Juden freundlich gesinnt waren. Ein Bilddokument für so eine Gesin-

nung findet sich im Evangeliar Heinrichs des Löwen vom Ende des 12. Jahrhunderts. (sh. Abb. 16)

Die lateinischen Inschriften geben ein Gespräch zwischen der Synagoge und der Ecclesia wieder, wobei der Text dem biblischen Buch »Das Hohelied« entnommen ist:

Die Synagoge sagt zur Ecclesia: »Wohin ist dein Geliebter gegangen, du schönste der Frauen? Wir wollen ihn suchen mit dir.« Die Ecclesia antwortet: »Des Nachts auf meinem Lager suchte ich ihn, den meine Seele liebt.«[40]

Noch heute könnte man den Sinn eines christlich-jüdischen Gespräches nicht schöner und treffender ausdrücken.

Für die langsame Verdrängung der jüdischen Herkunft Jesu aus dem Bewußtsein der Christen ist auch bezeichnend, daß die in der Frühgotik vorkommende Darstellung Josefs mit dem Judenhut mit der Zeit immer seltener wurde. (sh. Abb. 20) Dieses abhanden gekommene Verständnis für den Glauben des anderen kommt besonders deutlich in der Frage zum Ausdruck, die Christen oft Juden stellen: Warum denn die Juden nicht bereit seien, die Taufe zu empfangen? Wir, meinen sie, können doch auch gut damit leben, und die Probleme, die der Antisemitismus unserer Gesellschaft verursacht, könnten so mit einem Schlag beseitigt werden. Abgesehen von der Überzeugung vieler Juden, daß ihr Glaube der richtige sei, und dem unveräußerlichen Recht der Glaubensfreiheit, übersehen diese Christen, wie wichtig für sie und für die zukünftige Entwicklung der Menschheit die Vielfalt nicht nur der religiösen, sondern auch der kulturellen Lebensäußerungen ist. Wir leiden alle darunter, daß die Welt sich in Richtung einer Einheitskultur zu entwickeln droht. Dies ist schon so weit gedie-

hen, daß man oft den Eindruck hat, fast überall werde gleich gebaut, gemalt, Theater gespielt oder Musik komponiert und aufgeführt. Freuen wir uns doch über die Vielfalt auch im Glauben, und pflegen wir sie! Auf diese Weise können wir viel voneinander lernen und einander bereichern.
Nichtsdestoweniger könnte sich sowohl bei den Christen als auch bei den Juden in stärkerem Maße die Überzeugung verbreiten, ein einiges Gottesvolk, allerdings mit unterschiedlichem Glaubensverständnis, zu bilden. Papst Paul VI. drückte diesen Gedanken bei seiner Ankunft in Israel im Jahre 1964 mit den Worten aus: »Ich bin Josef, euer Bruder.«[41] Da die Zugehörigkeit zu einem Volk mangels anderer Kriterien vom Selbstverständnis des einzelnen abhängt, müßte dies für den Begriff »Gottesvolk« um so mehr gelten. Auf diese Weise kann der lange Streit über die »Auserwähltheit« sinnvoll beigelegt werden.

These 4

Die Juden sind die Mörder Jesu, sie haben damals sich und ihre Nachkommen verflucht, sie sind verstockt, da sie die Erlösung durch Jesus Christus nicht sehen wollen. Diese widernatürliche Verstocktheit kann nur das Werk des Teufels sein. Die Juden sind daher die Synagoge des Teufels.

Seit dem Altertum, verstärkt dann im Mittelalter und in der beginnenden Neuzeit, hat man den Juden diesen Vorwurf gemacht. Es konnten damit Menschenmassen mobilisiert und fanatisiert werden. Zahllose Juden verloren ihr Leben oder wurden von ihren Wohnsitzen vertrieben. Ihre Kinder wurden oft geraubt, um getauft zu werden; sie selbst wurden, manchmal sogar unter Gewaltanwendung, zur Taufe gezwungen. Den »vom Teufel besessenen Juden« – so meinte man – sei alles Böse zuzutrauen. Man schwelgte in Vorstellungen von grausamen Untaten der Juden: Sie schlachteten Kinder, um mit deren Blut das ungesäuerte Brot (Mazza) für die Pessach-Feierlichkeiten zuzubereiten; sie vergifteten Brunnen, um die Pest zu verbreiten; sie beschafften sich geweihte Hostien, um sie zu durchbohren.

Alles das hat man bis in die jüngste Zeit geglaubt, obwohl kirchliche Kommissionen diese Anschuldigungen wiederholt geprüft und entkräftet haben und sogar Päpste gegen diese Verleumdungen auftraten.

Wie steht es nun mit der Schuld der Juden am Tode Jesu?

Das Schlußdokument des 2. Vatikanischen Konzils, Nostra aetate (Nr. 4), bemerkt hierzu: »Obgleich die jüdische Obrigkeit mit ihren Anhängern auf den Tod Christi gedrungen haben, kann man dennoch die Ereignisse seines Leidens weder allen damals lebenden Juden ohne Unterschied noch den heutigen Juden zur Last legen. Gewiß ist die Kirche das neue Volk Gottes, trotzdem darf man die Juden nicht als von Gott verworfen oder verflucht darstellen, als ob dies aus der Heiligen Schrift zu folgern sei.«

Wird das aber nicht, könnte man einwenden, durch die Worte des Matthäus-Evangeliums wiederlegt: »[Pilatus] ließ ... Wasser bringen, wusch sich vor allen Leuten die Hände und sagte: ›Ich bin unschuldig am Blut dieses Menschen. Das ist eure Sache!‹ Da rief das ganze Volk: ›Sein Blut komme über uns und unsere Kinder!‹ «[42]

Beachten wir zuerst die Aussage des Redaktionskomitees, das im Auftrag der Bischöfe Deutschlands, Österreichs und der Schweiz sowie im Auftrag des Rates der evangelischen Kirche Deutschlands – um nur die bedeutendsten Auftraggeber zu nennen – die Einheitsübersetzung der Heiligen Schrift anfertigte (1980): »Ihre literarische Form zeigt an, daß die Evangelien sogenannte Sammelwerke, ursprünglich einzeln weitergegebene Überlieferungsstützen über Worte und Taten Jesu sind, von den Evangelisten gesammelt und durch redaktionelle Überleitungen zu einem Ganzen zusammengefügt wurden.«

Als Abfassungszeit des Matthäusevangeliums wurde beiläufig das Jahr 80 angenommen. Eine Zeit also, als feindselige Auseinandersetzungen zwischen Juden und Christen schon im Gange waren. Da das Christentum sich im römischen Machtbereich ausbreitete, war es für die Christen wichtig, die Schuld am Tod des Gründers dieser neuen Religion nicht den Römern, sondern den Juden zuzuschieben. Die Apostelgeschichte scheint hierbei objektiver zu werten als das Matthäusevangelium. Sie lastet die Schuld am Tode Jesu Herodes, Pilatus, den Heiden und an letzter Stelle den Stämmen Israels an[43].

Es muß darauf hingewiesen werden, daß zum Zeitpunkt der Abfassung des »Neuen Testaments« die Auseinandersetzung zwischen Juden und Christen in vollem Gange war, so daß man bei der Beurteilung der Texte von einer retrospektiven Geschichtsauffassung ausgehen kann. Wiederholt haben Religionswissenschaftler und Juristen, die sich mit den Rechtsverhältnissen der Zeit Jesu beschäftigten, bemerkt, daß die Beschreibung des Prozesses Jesu in den Evangelien mit dem damaligen römischen und jüdischen Gesetz in Widerspruch stehe. Zudem wäre die Selbstverfluchung mit Nachwirkung auf die nächste Generation nach jüdischem Brauch und jüdischer Auffassung nicht möglich gewesen. Wäre sie dennoch erfolgt, so müßte dies – abgesehen davon, daß sie keine Wirksamkeit gehabt hätte – in der Auseinandersetzung zwischen Juden und Christen von solcher Bedeutung gewesen sein, daß die anderen drei Evangelien gleichfalls darüber hätten berichten müssen. Nehme man aber als gegeben an, daß das Volk Pilatus zugerufen habe: »Sein Blut komme über uns und unsere Kinder!«, dann schließe das wiederum den in der Apostelgeschichte überlieferten Ausspruch des Hohenpriesters aus. Dieser beschuldigt nämlich die Apostel, die Lehre, daß Jesus der Messias sei, deshalb zu verbreiten, um erst dadurch das »Blut dieses Menschen über uns zu bringen.«[44]

Auf die judenfeindliche Haltung des Redakteurs des Matthäusevangeliums wird noch bei der Besprechung der Vorurteile gegen die Pharisäer eingegangen werden.

Wie irrig die Ansicht ist, daß das jüdische Volk in seiner Gesamtheit Jesus ablehnend gegenüberstand und sogar seinen Tod verschuldet hat, zeigen folgende Zitate aus den Evangelien: »Die Hohenpriester und die Schriftgelehrten hörten davon und suchten nach einer Möglichkeit, ihn umzubringen. Denn sie fürchteten ihn, weil *alle* Leute von seiner Lehre sehr beeindruckt waren.« – »Sie hätten ihn gern verhaften lassen; aber sie fürchteten sich vor den Leuten, weil *alle* ihn für einen Propheten hielten.« – »Die Hohenpriester, die Schriftgelehrten und die übrigen Führer des Volkes aber versuchten ihn umzubringen. Sie wußten jedoch nicht, wie sie es machen sollten, denn *das ganze Volk* hing an ihm [Jesu] und hörte ihm gerne zu.«[45] Diesen Versen ist eindeutig zu entnehmen, daß Jesus vom Volk geliebt und geachtet wurde und nur die geistige Oberhoheit ihm feindlich gegenüberstand. Zudem hatten die Juden nur eine eingeschränkte Gerichtsbarkeit; nur die Römer durften damals Todesurteile fällen. Sofern man also überhaupt von einer Schuld reden kann, trifft sie sicherlich nur auf eine Minderheit zu.

Schließlich haben wir zu bedenken, daß es eigentlich müßig ist, im Zusammenhang mit dem Tod Jesu von Schuld zu sprechen. Müßig deshalb, weil Jesu diesen Opfertod[46] ja selber gesucht hat und offenen Auges seinen »Verderb« herbeigeführt hat. Wäre sein Tod gegen seinen Willen, nur durch äußere Umstände herbeigeführt worden, so hätte der Tod Jesu völlig seinen Sinn verloren. Aus diesem Grund sind diese Jesusworte so wesentlich: »Deshalb liebt mich mein Vater, weil ich mein Leben hingebe, um es wieder zu nehmen. Niemand entreißt es mir, sondern ich gebe es aus freiem Willen hin.«[47] Es kann daher mit Bestimmtheit angenommen werden, daß der Bericht des Matthäus über die Selbstverfluchung ein späterer Zusatz ist.

Warum haben die Juden damals Jesus nicht angenommen? Bei dieser Frage ist zu unterscheiden, ob sie sich auf die Person Jesu als Lehrer (Rabbi), als Messias oder als Gott bezieht.

Die Berichte der synoptischen Evangelien – so werden die ersten drei Evangelien wegen ihrer vielen ähnlich verlaufenden Berichte genannt – zeigen die historische Person Jesu als einen Lehrer, einen Rabbi, der fest im jüdischen Leben verwurzelt war, praktisch ausschließlich mit Juden Umgang pflegte und dessen überlieferte Worte nur solche Gedanken ausdrückten, die jeder Jude als zutiefst jüdisch verstehen konnte. Jesu Wirken fiel in eine Zeit, als unter Juden sehr unterschiedliche Ansichten über die jüdische Religion herrschten. So lehnte die religiöse Gruppe der Saduzzäer – zu ihnen gehörten die Priester und die wohlhabenden Bürger, im Gegensatz

zu der Gruppe der Pharisäer, deren Anhängerschaft vor allem aus den ärmeren Schichten stammte – das Leben nach dem Tod, die Auferstehung sowie den Messiasgedanken ab. Ihr Glaube beruhte allein auf der Schrift, und sie waren in ihrer Lebensform eher der hellenistischen Kultur aufgeschlossen als die Pharisäer, die die mündliche Überlieferung – als eine Möglichkeit der Bereicherung des Glaubens – als gleichrangig neben der schriftlichen Überlieferung betrachteten.
Andere Gruppen – man faßt sie allgemein unter dem Begriff Apokalyptiker zusammen – hingen einer pessimistischen Betrachtungsweise an; sie sprachen den Menschen die Möglichkeit ab, sich zu bessern, und rechneten mit einem nahe bevorstehenden Ende dieser Welt.
Die Essener, eine dieser ordensähnlichen Gemeinschaften, befolgten besonders strenge Reinheitsvorschriften und sahen in einer mönchsartigen Lebensform die Verwirklichung ihrer Idealvorstellungen. Sie glaubten aber auch, so wie die Pharisäer, an das Kommen des Messias.
Der letztgenannten Gruppe, den Pharisäern, stand Jesus am nächsten, mit ihnen führte er auch die meisten überlieferten Gespräche. Die dabei geschilderten Auffassungsunterschiede betrafen ausschließlich rabbinische und nicht biblische Gebote. Bei den weit auseinanderklaffenden Meinungen innerhalb des Judentums muß man diese Divergenzen als geringfügig bezeichnen. Anders wäre der jahrzehntelange, relativ problemlose Verbleib verschiedener judenchristlicher Gruppen, wie die der Judenchristen um den Herrenbruder Jakobus, innerhalb der jüdischen Gemeinde nicht erklärbar. Die Mehrzahl der Juden konnte allerdings der Auffassung der Judenchristen, in Jesus sei der Messias zu

sehen, nur mit Unverstand begegnen, da im jüdischen Glauben andere Vorstellungen über die nachmessianische Zeit herrschten. Aus den überlieferten Reden Jesu ist nicht eindeutig zu entnehmen, welche Messiasvorstellung er hatte. Wenn von seiner Anhängerschaft – es handelte sich dabei zu Lebzeiten Jesu ausschließlich um Juden – Nahzeiterwartungen gehegt wurden, dann müssen diese durch den Kreuzestod schwer enttäuscht worden sein. Was bei den Jüngern Jesu auch der Fall war, die nach Lukas meinten: »Wir aber hatten gehofft, daß er der sei, der Israel erlösen werde.«[48]
Die jüdische Vorstellung über den Messias ist nämlich von der späteren christlichen Vorstellung völlig verschieden. Messias heißt auf hebräisch – so wie Christus auf griechisch – »der Gesalbte«. Mit diesem Ausdruck bezeichnete man einen kommenden königlichen Herrscher, der aufgrund der Weissagung an David – »Dein Haus und dein Königtum sollen durch mich auf ewig bestehen bleiben; dein Thron soll auf ewig Bestand haben.«[49] – von König David abstammen werde.
Wohl gab es neben dem Bild des siegreichen Messias auch das Bild des Erlösung bringenden, leidenden Gottesknechtes[50], aber die Erlösung durch den Messias wurde jedenfalls noch in dieser Welt erwartet. Sie sollte zumindest die nationale Freiheit und das friedliche Zusammenleben der Menschheit herbeiführen. Für letzteres war sicherlich ein neue Gesinnung vonnöten, so wie dies die Apostelgeschichte beschreibt. »Für euch zuerst hat Gott seinen Knecht erweckt und gesandt, damit er euch segnet und jeden von seiner Bosheit abbringt.«[51]
Die gnadenvolle Aufnahme der Seelen bei Gott war nach pharisäischer Vorstellung auch ohne messianische Erlösung möglich. Denn diese war den Gerechten sicher und den meisten Sündern nach dem Fegefeuer

ebenfalls. Typisch für diese Einstellung ist das Verhalten eines Schriftgelehrten, der, als er glaubte, das Blasen des Schofars gehört zu haben, das nach der Tradition das Kommen des Messias ankündigt, zum Fenster ging, eine Weile das Geschehen vor seinem Hause betrachtete und dann einsah, daß er sich geirrt habe.

Jesus als der Gottessohn oder als der Menschensohn klang hingegen für jüdische Ohren nicht skandalös. Solche Bezeichnungen, die die Vater-Sohn-Beziehung eines Juden zu seinem Gott beschrieben, wurden immer wieder gebraucht.

Erst im Laufe der Zeit kristallisierte sich die Lehre von der Trinität (Dreifaltigkeit) heraus; sie wurde 325 durch das Konzil von Nicäa (Sohn gleichen Wesens mit dem Vater) und 381 beim Konzil von Konstantinopel (Heiliger Geist als dritte göttliche Wesenheit) festgelegt. Für die Juden ergab sich aus der Trinitätslehre insofern ein Problem, als sie unschlüssig waren, ob diese Lehre das Abgehen der Christen vom Monotheismus bedeute. Der Eingottglaube ist ja, wie oben bereits geschildert, eine der Voraussetzungen, um Andersgläubige im Sinne der noachitischen Gesetze als gottgerecht anzusehen. Nach eingehender Prüfung wurde dann von den Schriftgelehrten die Trinitätslehre als monotheistisch verstanden, indem die Gottesperson als Assoziation des einen Gottes gedeutet wurde[52]. Das Mysterium der Gottessohnschaft in der Menschwerdung Gottes ist allerdings den gläubigen Juden stets verschlossen geblieben, da dies ihrer abstrakten Gottesvorstellung widerspricht.

These 5
Das Gebot der Nächstenliebe gilt bei den Juden nur für deren Glaubensbrüder, den Christen und Fremden sind sie feindlich gesinnt.

Der Vorwurf der Fremdenfeindlichkeit der Juden hat eine lange Tradition. Er läßt sich noch auf den hellenistischen heidnischen Antisemitismus zurückführen, als die Welt nicht verstehen konnte, daß ein einziges unbedeutendes kleines Völkchen nicht bereit war, sich genauso zu verhalten wie die übrige Menschheit, nämlich fremde Götter mitzuverehren. Die Juden gestatteten damals nicht einmal, daß Ausländer solche Götter in Palästina anbeteten, und lehnten sogar ab, zu Mahlzeiten der Heiden zu gehen, da solche zumeist mit Weinopferritualen verbunden waren. Da der jüdische Gott nicht bildhaft dargestellt werden durfte, folgerten die anderen daraus, daß es gar keinen jüdischen Gott gebe und die Juden daher gottlos sowie Feinde der Götter und der Völker seien. Hier wird einfach eine glaubensmäßige Abgrenzung als Fremdenfeindlichkeit gedeutet.
Schon ein oberflächliches Studium der jüdischen Bibel zeigt, wie falsch und ungerecht es ist, wenn man der jüdischen Religion Fremdenfeindlichkeit vorwirft. An zahlreichen Stellen der Heiligen Schrift wird auf die Rechte des Fremden eingegangen. Im Talmud wird ebenfalls wiederholt die Schutzbedürftigkeit des Fremden angesprochen. So heißt es da: »Wenn jemand das Recht des Fremdlings beugt, so ist es ebenso, als würde er das Recht des Höchsten beugen...«[53] Es galt aber nicht nur, den Fremden rechtlich zu schützen; die jüdische Religion verlangt auch ausdrücklich, den Fremden zu lieben. »Wenn bei dir ein Fremder in eurem Land

lebt, sollt ihr ihn nicht unterdrücken. Der Fremde, der sich bei euch aufhält, soll euch wie ein Einheimischer gelten, und du sollst ihn lieben wie dich selbst; denn ihr seid selbst Fremde in Ägypten gewesen.«[54] Und schon aus dem Gebot der Nächstenliebe, »Liebe deinen Nächsten wie dich selbst«[55], geht hervor, daß unter dem Begriff »Nächster« jeder, gleich welcher Volkszugehörigkeit, zu verstehen ist. Im erwähnten Gebot ist das Wort »Nächster« die Übersetzung des hebräischen Wortes *rea*. Mit demselben Wort *rea* wird aber auch der Ägypter bezeichnet, und zwar zu einer Zeit, als die Juden von den Ägyptern unterdrückte und ausgebeutete Sklaven waren[56].*

These 6
Die Juden sind »Pharisäer« und Heuchler.

Im heutigen Sprachgebrauch ist das Wort Pharisäer ein Synonym für Heuchler und Scheinheilige. Dies ist ein eklatantes Unrecht. Die Pharisäer bildeten, wie die Sadduzäer und die Essener, innerhalb des Volkes eine Glaubensgruppe. Nach der Katastrophe im Jahre 70, als die Römer Palästina infolge eines jüdischen Aufstandes eroberten und dabei das zentrale Heiligtum in Jerusalem zerstörten, blieb nur mehr das pharisäische Judentum erhalten. Die Sadduzäer, die in der jüdischen Oberschicht und vor allem im Priestertum vertreten und sowohl existentiell als auch glaubensmäßig an den Tempeldienst gebunden waren, verloren damals ihre Lebensgrundlage. Die Apokalyptiker erwarteten nach

* In der Einheitsübersetzung wird in diesem Vers das Wort *rea* mit »Nachbar« übersetzt.

einer Katastrophe dieses Ausmaßes das Auftreten des Messias. Als diese Hoffnung auch in der Folgezeit nicht in Erfüllung ging, schlossen sie sich der pharisäischen Richtung des Judentums an. Diese Entwicklung entsprach ganz der Lage nach dem durch die Römer im Jahre 70 niedergeschlagenen Aufstand. Nach dem Ausscheiden der Sadduzäer als geistiger Führerschicht und nach der Vernichtung des jüdischen Zentralheiligtums übernahmen es nun die Pharisäer, die heiligen Überlieferungen zu pflegen und das Brauchtum weiterzuentwickeln. Somit mußten die Pharisäer in Gegensatz zur jüdisch-christlichen Gemeinde kommen, die ja beim Apostelkonzil in Jerusalem (ca. 48 n. Chr.[57]) das Gebot der Einhaltung der für die Pharisäer wichtigen Beschneidungs- und Speisegesetze für alle aus dem Heidentum stammenden Glaubensbrüder aufgehoben hatte. Man kann daher das pharisäische Judentum mit Fug und Recht als Bewahrer und Erschaffer des normativen Judentums ansehen. Die Judenchristen richteten ihre Bekehrungstätigkeit innerhalb des Judentums hauptsächlich auf die Pharisäer, da diese dem jüdisch-christlichen Glauben am nächsten standen.
Von den vier als heilig erklärten Evanglien ist das Markusevangelium das älteste, das Matthäusevangelium stammt aus einem Kreis, der eng mit den Pharisäern zusammenlebte und mit ihnen in Konflikt stand, während dem Kreis, aus dem das Lukasevangelium stammt, die Auseinandersetzung mit dem Pharisäertum kein vordringliches Anliegen war. Daher enthält die Apostelgeschichte, die dem Apostel Lukas zugeschrieben wird, kein einziges pharisäerfeindliches Wort; die Pharisäer werden sogar sehr positiv geschildert[58]. Das am spätesten verfaßte Evangelium, das Johannesevangelium, nimmt die Gegnerschaft zum Judentum und besonders

zum Pharisäertum wieder stärker wahr. Es ist daher nicht verwunderlich, daß das Matthäusevangelium den Gegensatz Jesu zu den Pharisäern im Lichte späterer Auseinandersetzungen besonders betont.
In der dogmatischen Konstitution des 2. Vatikanischen Konzils über die Offenbarung wird in aller Deutlichkeit auf das geschichtliche Werden und die geschichtliche Bedingtheit der jeweiligen biblischen Aussage hingewiesen. Es wird dort die Forderung erhoben, daß diese Aussagen nicht wörtlich verstanden werden sollen, sondern daß erst der überzeitliche Charakter aus der jeweiligen Aussage eruiert werden müsse. Unter diesen Voraussetzungen erhalten auch die negativen Aussagen über die Juden einen geringeren Stellenwert als den, den man ihnen bisher meist zugemessen hat[59].
Im »Neuen Testament« werden die Pharisäer wiederholt auch in einem sehr positiven Licht geschildert[60]. Wie feindlich und polemisch die Einstellung des Matthäusevangeliums gegenüber den Pharisäern ist, sieht man deutlich, wenn man zwei Berichte des Matthäusevangeliums mit den Parallelberichten anderer Evangelien vergleicht. Matthäus[61] beschreibt, wie ein Pharisäer Jesus »auf die Probe stellen will« und ihn fragt, welches Gebot das wichtigste sei. Markus[62] hingegen leitet dieselbe Fragestellung in einem ganz anderen Sinn ein: »Ein Schriftgelehrter hatte ihrem Streit zugehört; und da er bemerkt hatte, wie treffend Jesus ihnen antwortete, ging er zu ihm hin und fragte ihn ...«
Jesus antwortet, indem er aus der jüdischen Bibel zitiert: »Höre, Israel, der Herr, unser Gott, ist der einzige Herr. Darum sollst du den Herrn, deinen Gott, lieben mit ganzem Herzen und ganzer Seele, mit all deinen Gedanken und all deiner Kraft. Als zweites kommt hinzu: Du sollst deinen Nächsten lieben wie dich selbst. Kein anderes

Gebot ist größer als diese beiden.« Über die weiteren Worte Jesu zu dem Pharisäer, nachdem dieser zustimmend geantwortet hat, berichtet nur das Markusevangelium, nicht aber das Matthäusevangelium: »Du bist nicht fern vom Reich Gottes.«

Die positive Beurteilung eines Pharisäers durch Jesus sowie die wohlwollende Fragestellung war mit der judenfeindlichen Einstellung des Matthäusevangeliums anscheinend unvereinbar.

Matthäus schildert weiter, wie Jesus die Pharisäer schmähte. Dies fand laut diesem Bericht in der Öffentlichkeit vor dem Volk statt[63]. Lukas berichtet gleichfalls von dieser Schmährede, aber mit einem wesentlichen Unterschied: Jesus wird von einem Pharisäer zum Essen geladen und hält bei dieser Gelegenheit diese Rede[64]. Solcherart bekommen die Worte Jesu eine ganz andere Signifikanz.

Auch heute ist es Brauch, daß bedeutende Rabbiner zum Essen eingeladen werden, wobei der Rabbiner nach der Mahlzeit eine Ansprache hält. Fällt eine solche Veranstaltung auf einen der Schabbate, wo aus der Tora ein Abschnitt über das sündige Verhalten des Volkes Israel vorgelesen wird, dann hält der Rabbiner traditionsgemäß seinen Zuhörern auch die Sündhaftigkeit ihres Verhaltens vor. Solche Vorhaltungen sind auch im Talmud überliefert, wo »gefärbte« Pharisäer erwähnt werden, die ihre Frömmigkeit nur zur Schau tragen. Eine andere Stelle im Talmud zeigt sieben Arten von Pharisäern auf.

1) Pharisäer, für die die Gebote eine Last bedeuten. 2) Pharisäer, die in Zeitnot leben und zu Gott sagen: »... warte ein wenig, ich werde [später] das Gebot erfüllen.« 3) Pharisäer, die rechnen. Damit sind die gemeint, die eine Schuld auf sich laden und ein Gebot erfüllen

und dann eins mit dem anderen verrechnen wollen. 4) Pharisäer, die über die Armut klagen: »Von dem Wenigen, das ich besitze, will ich absparen, um ein Gebot erfüllen zu können.« 5) Pharisäer, die aus Furcht das Gebot erfüllen. 6) Pharisäer, die eine Schuld begehen und diese wiedergutmachen. 7) Pharisäer, die aus Liebe das Gebot erfüllen.[65]

An einer anderen Stelle des Talmud werden Pharisäer, die sich als solche nur ausgeben, es aber im Herzen nicht sind, in derselben Weise ausführlich kritisiert. Schließlich wird bemerkt: »Das große (Jüngste) Gericht aber wird an denjenigen Vergeltung üben, die sich in Kaftane hüllen.«[66]

Die Pharisäer, die von Jesus so hart geschmäht worden sind, verlassen keineswegs beleidigt das Haus des Gastgebers, ganz im Gegenteil, sie stellen Jesus schwierige Fragen, damit der berühmte Rabbi seine Gelehrsamkeit durch gescheite Antworten unter Beweis stellen könne. Lukas berichtet, wie Jesus immer wieder bei Pharisäern zum Essen eingeladen wird[67]. Wir können daraus ersehen, welche Bedeutung eine solche Einladung gehabt hat. Das Lukasevangelium berichtet auch über Pharisäer, die Jesus schützen wollten und ihn warnten, man werde ihm nach dem Leben trachten. Sie gaben ihm den Rat, Jerusalem zu verlassen[68]. Jesu Naheverhältnis zu den Pharisäern geht auch aus anderen Stellen in den Evangelien hervor, wo ihre Anwesenheit bei den Predigten Jesu oft hervorgehoben wird. Die meisten Judenchristen kamen aus dem Kreis der Pharisäer. So wie Jesus glaubten nämlich auch sie an das Leben nach dem Tode, an den Messias sowie an überlieferte mündliche Lehre. Die Art, wie Jesus symbolische Vergleiche anstellt und Schlüsse zieht, entspricht, wie unschwer aus dem Talmud entnommen werden kann, der pharisäi-

schen Tradition. Die Liebe und Gnade Gottes, sein Verzeihen, die Buße und die Umkehr stehen ebenfalls im Mittelpunkt pharisäischen Denkens. Jesu tiefe jüdische Überzeugung ergibt sich aus seinem Ausspruch, wonach das Heil von den Juden komme[69].
Ob es je gelingen wird, die Sprachgewohnheiten der Menschen zu ändern, damit das Wort Pharisäer wieder wertfrei wird, sei dahingestellt.

These 7
Der Talmud ist die Bibel des Teufels.

Der Talmud besteht aus der Mischna und der Gemara, die folgendermaßen entstanden sind: Zwei- bis dreihundert Jahre vor der Wende der Zeitrechnung begann man die auf der Tradition beruhende mündliche Lehre, die die schriftlich in der Bibel überlieferte Lehre teils ergänzt, teils kommentiert, zu sammeln und zu sichten. Es entstanden Schulen von Bibelgelehrten, die dieses Material weiter bearbeiteten und von Generation zu Generation mündlich überlieferten. Um 200 n. Chr. erst wurde diese mündliche Überlieferung, die Mischna, von Jehuda ha-Nasi endredigiert und schriftlich festgehalten. Weitere Generationen von Weisen beschäftigten sich nun mit der Mischna. Ihre Ansichten und Auslegungen, erweitert durch legendenhafte Erzählungen, wurden zuerst wieder nur mündlich überliefert, bis sie in Palästina um 450 n. Chr. gesichtet und im sogenannten »Palästinensischen Talmud« niedergeschrieben wurden. In Babylonien, wo eine große jüdische Kolonie lebte, verfuhr man im 6. Jahrhundert n. Chr. gleichermaßen. Es entstand der weitaus bekanntere, sogenannte »Babylonische Talmud«.

Der Talmud, nach seinem Umfang mit einer Enzyklopädie zu vergleichen, enthält zu gleichen Themen auch extrem gegensätzliche Ansichten. Er ist mit einem Sitzungsprotokoll zu vergleichen, das divergierende Meinungen festhält. Oft wird eine Einigung, die meistens dem goldenen Mittelweg entspricht, erzielt, sehr oft aber bleibt die Kontroverse unentschieden. Es ist daher leicht, im Talmud Zitate zu finden, die die widersprüchlichsten Ansichten bestätigen. Der Talmud beschäftigt sich vor allem mit dem richtigen Verhalten in so unterschiedlichen Lebensbereichen wie Familie, Erwerb, Lehren und Lernen sowie mit der richtigen Art der Religionsausübung. Über Glaubensfragen, besonders wenn sie die »letzten Dinge« betreffen, finden sich nur selten Hinweise. Über den Glauben von Nichtjuden wird kaum berichtet; dementsprechend fehlen Auseinandersetzungen mit fremden Glaubensinhalten so gut wie ganz. Gelegentlich werden Ansichten von Häretikern angeführt, die den Sammelbegriff *Minim* erhalten. Ob auch Judenchristen so bezeichnet wurden, kann nicht mit Bestimmtheit nachgewiesen werden. Auf Jesus, der als Häretiker bezeichnet wird, beziehen sich ganz wenige Bemerkungen, wobei es gleichfalls unentschieden bleibt, ob Jesus von Nazareth gemeint ist. Jesus (Joschua) war ein sehr häufiger jüdischer Name, und weder die Angaben über sein Leben noch über seine Lehre lassen eindeutige Schlüsse zu. In zwei Fällen könnte eine Identität vermutet werden.
Die christlichen Angriffe auf den Talmud begannen erst relativ spät, und zwar im 12. Jahrhundert. 1240 wurde nach längeren Überlegungen und Vorbereitungen von den kirchlichen Behörden der erste Disput über den Talmud veranstaltet, dem noch weitere folgten. Hierbei durften Juden mehr oder weniger frei den Talmud ver-

teidigen. Sowohl der Ablauf dieser Disputationen als auch die von anwesenden Christen verfaßten Protokolle waren stark vom Vorurteil gegen den Talmud und gegen die Juden beeinflußt. Man warf dem Werk vor, die Juden in ihrem Glauben zu bestärken, und vertrat die Ansicht, die Juden lehnten wegen der vom Talmud vertretenen Lehre die Taufe ab. Die Christen beschuldigten den Talmud, auch eine für die Religion abträgliche Geheimlehre zu enthalten, zu der sie keinen Zugang hätten. Er enthalte des weiteren blasphemische Äußerungen über Jesus und Maria und stelle eigentlich eine jüdische Irrlehre dar. Die Kirche hielt sich nicht nur für die Reinhaltung der christlichen, sondern auch für die Reinhaltung der jüdischen Lehre kompetent und ließ deshalb, das erste Mal im Jahr 1242 in Frankreich, alle Exemplare des Talmud beschlagnahmen. Es waren 30, nach einer anderen Quelle 40 Wagenladungen Talmudbücher und andere jüdische Schriften, die nach Paris gebracht und dort öffentlich verbrannt wurden. Bis in die Mitte des 18. Jahrhunderts erfolgten in verschiedenen Teilen Europas solche Bücherverbrennungen.

Immer wieder haben namhafte christliche Wissenschaftler, die Hebräisch und Aramäisch beherrschten – die Gemara ist großteils Aramäisch abgefaßt –, es unternommen, den Talmud zu verteidigen. Zu diesen gehörten auch der große deutsche Humanist Johannes Reuchlin (1455–1522) und der Hebräist Andreas Masius (1514/15–1573). Letzterer meinte, die Vorstellung, die die Kardinäle vom Talmud hätten, sei vergleichbar mit der Vorstellung eines Blinden von den Farben.

Das Studium des Talmud ist heutzutage durch deutsche und englische Übersetzungen vielen zugänglich. Nicht nur für Theologen, sondern auch für alle Wissenschaftler, die die Geschichte und die Kultur des vorderasiatischen Raumes im Altertum erforschen wollen, bildet der Talmud eine unersetzliche Quelle.

Reflexionen

Es ist entsetzlich, wieviel Blut auf dieser Welt nur aus Glaubensgründen geflossen ist und wieviel Leid der Glaube über die Menschen gebracht hat – der Glaube, der eigentlich zur Glückseligkeit des Menschen führen soll. Die Anfeindungen, denen die Juden so lange Zeit hindurch ausgesetzt gewesen sind, gehören sicherlich zu den dunkelsten Kapiteln der Glaubensverfolgungen. Deshalb ist es so wichtig, die angeführten Beschuldigungen genau zu kennen und sie in ihrer Haltlosigkeit und Polemik durchschauen zu lernen.
Dazu sollen die Ausführungen von Herrn Prof. Kurt Schubert[70] wiedergegeben werden:
»Auf dem Zweiten Vatikanischen Konzil wurde die ›Erklärung über die Juden‹ mit großer Mehrheit angenommen, die mit den Worten beginnt: ›Bei ihrer Besinnung auf das Geheimnis der Kirche gedenkt die Heilige Synode des Bandes, wodurch das Volk des Neuen Bundes mit dem Stamme Abrahams geistlich verbunden ist.‹ Weiters wird darauf hingewiesen, daß das Alte Testament die Basis auch für den christlichen Glauben ist und daß das Milieu Jesu ein jüdisches war. Wegen des reichen gemeinsamen Erbes soll das brüderliche Gespräch zwischen Christen und Juden gefördert werden. Die Kirche beklagt die zahlreichen Verfolgungen, die die Juden im Laufe ihrer Geschichte zu erleiden hatten, und verwirft ›auf Antrieb der religiösen Liebe des Evangeliums alle Haßausbrüche, Verfolgungen und Manifestationen

des Antisemitismus, die sich zu irgendeiner Zeit und von irgend jemandem gegen die Juden gerichtet haben‹.

Noch deutlicher sprach in dieser Hinsicht die Wiener Diözesan-Synode. So heißt es z.B. N. 825: ›Existenz und Geschichte des Judentums sind (nach Röm. 9.–11.) für die Christen ein Heilsmysterium, daher müssen die Christen die Existenz auch des heutigen Judentums heilsgeschichtlich verstehen.‹ Oder No. 836: ›Es widerspricht der Lehre Christi (Vaticanum II, ›Nostra Aetate‹, Artikel 4), die den Juden durch Jahrhunderte von Christen und Nichtchristen zugefügten Leiden und Demütigungen als Folge einer Verstoßung durch Gott zu deuten. Daher müssen sich alle Christen von antijüdischen Affekten freihalten und etwaigen antisemitischen Diskriminierungen seitens anderer entgegentreten. Die Kirche von Wien erwartet von den Katholiken, daß sie nichts unversucht lassen, um die zwischen ihnen und den Juden bestehende und durch traditionelle Mißverständnisse genährte Entfremdung zu überwinden.‹ «

ANHANG

Vorbemerkung des Autors

Bibelzitate wurden in den meisten Fällen der Einheitsübersetzung der Heiligen Schrift, Stuttgart 1981, entnommen. Dort, wo es für den Zusammenhang unerläßlich war, wurde eine wörtliche Übersetzung des hebräischen Textes vorgenommen.

Die hebräische Umschrift wurde nicht nach einem einheitlichen System vorgenommen, sondern nur an den Stellen, wo dies zum Verständnis notwendig war, exakt transkribiert. Orts- und Personennamen sind meist in vereinfachter Schreibweise bzw. nach den »Loccumer Richtlinien« (Ökumenisches Verzeichnis der biblischen Eigennamen, Stuttgart 1971) wiedergegeben.

Zitate aus dem Talmud und aus dem Midrasch sind nur dann wörtlich wiedergegeben, wenn das Zitat in Anführungszeichen gesetzt ist. Ansonsten sind die Zitate entweder gekürzt oder der besseren Verständlichkeit wegen nur in Anlehnung an das Original erfolgt. Zitate aus dem Babylonischen Talmud sind der Übersetzung durch Lazarus Goldschmidt, erschienen im Jüdischen Verlag, Berlin 1965, entweder wörtlich oder in leicht geänderter Form entnommen. Zitate aus dem Talmud Jeruschalmi – dem Palästinensischen Talmud – folgen der deutschen Übersetzung, erschienen im Verlag J. C. B. Mohr (Paul Siebeck), Tübingen 1975.

Zitate aus dem Babylonischen Talmud sind erkenntlich durch die Folienbezeichnung »a« und »b«, während die aus dem Talmud Jeruschalmi nach der Kapiteleinteilung vorgenommen wurden (z. B. 6:2.)

Die Zitate aus den Midraschsammlungen folgen der Übersetzung von August Wünsche, erschienen in der Georg Olms Verlagsbuchhandlung, Hildesheim 1967.

Zitate aus Sifre Dtn. wurden dem Buche Sifre Deuteronomium, übersetzt und erklärt von Hans Bietenhard, Verlag Peter Lang, 1904, entnommen.

Zitate aus dem Buch »Das Leben Adam's und Eva's« sind dem Buch »Die Apokryphen« von Erich Weidinger, erschienen im Pattloch Verlag, Augsburg 1988, Zitate aus Maimonides, »Führer der Unschlüssigen«, sind der Übersetzung von Adolf Weiss, erschienen im Felix Meiner Verlag, Hamburg 1972, entnommen. Zitate aus Maimonides Mischne Tora stammen aus »Die Hilchoth Teschubah« und »Die Hilchoth Deoth des Maimonides«, übersetzt von Bernhard S. Jacobson, Verlag Morascha, Zürich 1988.

Anmerkungen

Kapitel I

1 Ein chassidische Legende nach Martin Buber.
2 Abraham Ibn Esra (1089–1164)
3 Gen. 1,1.–5.
4 Jes. 40,8.
5 »Alles im Himmel oben und hier auf Erden, bis hin zu den kleinsten Einzelheiten, existiert nur durch das Wort Gottes, durch das Wort also, welches geschaffen hat, weiter schafft und fortwährend alles Bestehende belebt, ohne Unterlaß in jedem Augenblick.« Schneur Salman von Liadi, 1745–1813; Tanja, sowie Kommentar hierzu.
6 Par. XXI zu 14,16.
7 Jer. 5,22.
8 Ijob 38,8.
9 Ex. 14,27.
10 Spr. 8,27.–30.
11 11,12.
12 Ex. R. Par. XXX zu 22,1.
13 Jes. 48,16.
14 Spr. 8,22.
15 Dtn. 4,29.; Hos. 5,6.; Am. 5,4.; Jes. 55,6.; Ps. 34,5.; 1 Chron. 16,11.
16 Ps. 62,12.
17 Koh. 12,11.

[18] 31,19.
[19] Midr. Schem. R. Par. XXVIII zu 20,1.
[20] Dtn. 30,14. u. 12.
[21] Ex. 23,2.
[22] B. M. 59 b
[23] Jer. 1,11 f.
[24] Am. 8,2.
[25] Qid. 49 a
[26] Ex. 5,19.
[27] Sh. Ex. 14,28.; vgl. Ex. R. Par. V zu 5,2.
[28] Dtn. 1,1.
[29] Dtn. R. Par. I zu 1,1.
[30] Ijob 12,11.
[31] Joh. 1,3.
[32] Jes. 55,11.
[33] »Stern der Erlösung«, Frankfurt am Main 1988, S. 398.
[34] »Stern der Erlösung«, S. 426.
[35] »Das Wesen des Judentums«, Wiesbaden o. J. (6. Auflage), S. 38.
[36] Koh. 5,1.
[37] Koh. 6,11.
[38] Jer. 7,4.–8.
[39] Jes. 42,16.
[40] PRK Pisqa 4.
[41] 6,6 ff.
[42] Gen. 2,4.
[43] Ps. 33,6.
[44] Gen. R. Par. XII zu 2,4.
[45] Gen. 2,2.
[46] Gen. R. Par. X zu 2,2.
[47] Gen. R. Par. XII zu 2,4.
[48] Gen. 1,1.
[49] Dtn. 29,28.; Gen. R. Par. I zu 1,1; Chag 2:21
[50] Ned. 32 a
[51] Gen. 14,14.
[52] Bern, 5. Auflage, S. 188.
[53] Gen. 6,15.
[54] Ex. 2,1 ff.
[55] Ps. 147,19.
[56] Ex. R. Par. XXVIII zu 20,8.

57 Jes. 42,1.–9.; 49,1.–9.; 50, 4.–9.; 52,13.; 53,12.
58 Am. 9,7.
59 Jes. 19,24 f.
60 Gen. 2,23.
61 Gen. R. Par. XVIII zu 2,23.
62 Num. 30,3.
63 Ex. R. Par. XLIII zu 32,11.
64 1 Könige 21,10. u. 13.; 1 Sam. 3,13.
65 Ps. 119,160.
66 Jes. 44,6.
67 Joma 69 b
68 Dtn. 8,3.
69 Jer. 23,29.
70 Spr. 30,5. und Ps. 18,31.
71 Jer. 5,14.
72 6,6. und 11,32.
73 »Stern der Erlösung«, S. 168
74 Spr. 16,29.
75 Mi. 6,8.
76 Dtn. 26,17
77 Sota 14 a.
78 Dtn. 4,24.
79 Gen. 18,1. u. 3.
80 Sota 10 a
81 Gen. 21,33.
82 Hilch. Deot I,6.–7.
83 Ex. 17,4 f.
84 Mi. 7,9.; Ex. R. Par. XXIV zu 17,8.
85 Qid 39 b
86 Sach. 7,9.
87 30,14.
88 Am. 8,11 f.
89 z. B.: Dtn. 31,17.; Ijob 13,24.; Ps. 13,2.; 44,25.; 88,15.
90 Jes. 45,15.
91 Spr. 13,5.
92 Spr. 14,15.
93 Spr. 12,25.
94 Spr. 16,24.
95 Spr. 13,13.
96 Spr. 13,2.

97 Spr. 18,8.
98 Ps. 56,6.
99 PRK Pisqa 10.
100 Spr. 25,21.
101 Ex. R. Par. XXI zu 14,15.
102 Ps. 65,3.
103 Jes. 49,18.
104 Ez. 16,12.
105 Ex. 23,25.
106 Taan. 2 a
107 Hos. 14,3.
108 Ex. 33,19.
109 Dtn. 21,8.
110 Gen. 13,15.
111 Sifre Dtn. § 210.
112 Dtn. 9,9.
113 Jes. 6,2.
114 Ez. 1,25.
115 Dan. 7,16.
116 Dtn. 10,10.
117 Dtn. 5,5.
118 2 Chron. 18,18.
119 Ex. 32,14.
120 Ex. R. Par. XLIII zu 32,11.
121 Dtn. R. Par. V zu 20,10.
122 Num. 14,12.
123 Ps. 33,6.
124 Num. 14,19.
125 Num. 14,20.
126 Gen. 18,24f.
127 Jer. 12,1.
128 Ex. R. Par. XLIII zu 32,11.
129 Ex. 32,11.
130 Ex. 20,1 ff.
131 S. 185, Sefer ha-Bahir, Jerusalem 1983.
132 Dtn. 33,26.
133 M. Abot I, 2.

Kapitel II

[1] *Nostra Aetate 4. Artikel.*
[2] Dtn. 6,4.
[3] Ijob 42,2.; Ijob 28,20.–27.; Ps. 139,7.–10.
[4] Ex. 20,4.
[5] Jes. 40,18.
[6] Dtn. 4,35.
[7] Hilch. Jes. I, 3.
[8] Ex. 9,3.; Ex. 31.18.; Gen. 38,7.; Num. 11,1.
[9] Gen. R. Par. XXVII. zu 6,5., zitiert in: Moses Maimonides, »Führer der Unschlüssigen«, I, 46.
[10] Mt. 13,10.–17.; Mk 4,10.–12.; Lk 6,9 f.
[11] Jes. 6,9.
[12] Führer der Unschlüssigen, I, 1.
[13] Jes. 44,6.
[14] Gen. 2,3.
[15] Dtn. 30,16.; Mi. 6,8.
[16] Dtn. 32,4.
[17] Ijob 11,7.
[18] Dtn. 29,3.
[19] Jes. 60,1.–22.; Zef. 3,9.; Sach. 2,15.; 14,9.; Mal. 1,11.
[20] Gen. 12,3.
[21] Gen. 1,20.
[22] Gen. R. Par. VIII zu 1,26.
[23] Dan. 8,12.
[24] Ps. 85,12.
[25] Nach Gen. R. Par. VIII zu 1,26.
[26] Sanh. 38 a
[27] Sanh. 38 a
[28] Sanh. 38 a
[29] Sanh. 38 a
[30] Gen. 1,28.
[31] Gen. R. Par. VIII zu 1,27. (Auslegung nach August Wünsche, (1839 – 1913))
[32] Gen. 1,29.
[33] Gen. 2,15.–3,24.
[34] Gen. 3,19.
[35] Dtn. 28,8.
[36] Ijob 5,7.; Sanh. 99 b

37 Ps. 128,2.
38 M. Abot I, 10.; M. Abot II, 2.; Ber. 8 a
39 Gen. R. Par. XII zu 2,4.
40 Wie im Kapitel über das Wort im Judentum beschrieben, wird bei der Auslegung der Bibel die Bedeutungsvielfalt des hebräischen Wortes gerne herangezogen. So auch bei den folgenden Bibelstellen, die, abweichend von der üblichen Leseweise, folgendermaßen verstanden werden: »Der Herr hat seine Rüstkammer geöffnet und die Waffen seines Zornes hervorgeholt. Denn das ist eine Arbeit, die der Herr, der Gott der Meere, im Land der Chaldäer vollbringen läßt.« (Jer. 50,25.) Dies ist auf die Fronarbeit bezogen zu verstehen. »Wie groß ist deine Güte, Herr, die du bereithältst für alle, die dich fürchten und ehren: du läßt arbeiten.« (Psalm 31,20.) Damit ist der Lohn der Gerechten gemeint.
41 Pes. 54 a
42 Ber. 7:5
43 Gen. 1,28.
44 Dtn. 15,14.
45 Dtn. 5,14.
46 Gen. 2,16.
47 Sanh. 56 b
48 B. M. 32 b
49 Sanh. 56 b–60 a
50 Joma 67 b
51 Sanh. 59 a
52 Lev. 18,5.
53 Sanh. 105 a
54 Hilch. Tesch. III, 5.
55 Ex. Kap. 20; Dtn. Kap. 5
56 Ex. R. Par. XLVII zu 34,28.
57 Ps. 15,1.–5.
58 Jes. 33,15 f.
59 Mi. 6,8.
60 Jes. 56,1.
61 Am. 5,4.
62 Hab. 2,4; auszugsweise zitiert aus Mak. 24 a (Die Übersetzungen der Bibelverse folgen nicht der Einheitsübersetzung.)

63 Gen. 2,18.; Dtn. 14,26.; Ezech. 44,30.; Lev. 16,6.; 1 Sam. 25,6.; Koh. 9,9.
64 Gen. 1,28.; Gen. 9,6 f.; Gen. R. Par. XVII. zu 2,18.
65 Gen. 2,19.
66 Gen. R. Par. XVII zu 2,19.
67 Kusari IV. 25.
68 Gen. 2,22.
69 Gen. 3,12.
70 Gen. R. Par. XVII zu 2,19.
71 Gen. 2,20.
72 Gen. R. Par. XVIII zu 2,21.
73 Spr. 1,25.
74 Jes. 3,16.
75 Gen. 18,10.
76 Gen. 30,1.
77 Gen. 31,19.
78 Gen. 34,1.
79 Nach Gen. R. Par. XVIII zu 2,22.
80 Dtn. 29,28.
81 Jes. 45.5. u. 7.
82 Kl. 3,38.
83 Dtn. R. Par. IV zu 10,1.
84 1,12.–16.
85 Jes. 222.; Gen. R. Par. VIII zu 1,26.
86 Dtn. 30,15.
87 Jes. 66,3.
88 M. Abot. III, 19.
89 Nidda 16 b; Ber. 33 b
90 Jes. 64,7.
91 Gen. 8,21.
92 Mi. 4,6.; Ex. R. Par. XLVI zu 34,1.
93 Ps. 135,6.
94 Ex. 33,20.
95 Jes. 55,8.; Hilch. Tesch. IV, 4.
96 Ex. R. Par. XXVII, zu 18,1.
97 Est. 9,27.; Schab. 88 a
98 Ex. 13,8.
99 M. Pes. X 5.
100 Dtn. 29.13 f.
101 M. Sanh. IV, 5.
102 Lev. 19,34.

[103] Lev. 19,18.
[104] M.Abot. VI, 2.
[105] Ex. 32,16.
[106] B. B. 16 a
[107] z. B. Ri. 8,23. und 1 Sam. 8,7. im Widerspruch zu 1 Sam. 9,16. und 1 Sam. 16,13.
[108] Ex. 21,2.; Jer. 34,9.; Dtn. 15,2.; Lev. 25,10.
[109] Ex. 22,24.; Ex. 23,6.; Dtn. 24,10.–13.
[110] Lev. 25,35 f.
[111] z. B. Dtn. 10,18.; 14,29.; 24,17 ff.; 26,12.
[112] Ex. 23,9.
[113] Lev. 19,13.
[114] Dtn. 24,15.
[115] B. M. 10 a
[116] Lev. 24,55.
[117] U. a. Qid. 22 b
[118] Dtn. 5,15.
[119] Ps. 104,22 f.
[120] B. M. 83 b
[121] 7,6.
[122] 19,9.; 119, 143.; 16,11.
[123] Koh. 8,15.; Schab. 30 b
[124] Ri. 5,31.; Schab. 88 b
[125] Gen. 3,4 f.
[126] Gen. R. Par. XIX zu 3,1. und 2. sowie Gen. R. XX zu 3,15.
[127] Gen. 3,6.
[128] Ps. 8,6.
[129] Führer der Unschlüssigen, I, 2.
[130] Gen. 4,7.; Gen. 6,5.; Gen. 8,21.
[131] Qid. 30 b
[132] Gen. 4,7.
[133] Koh. 4,4.; Gen. R. Par. IX zu 1,31.
[134] Gen. 1,31.
[135] Gen. R. Par. VIII zu 1,26.
[136] Dtn. 28,6.
[137] Koh. 3,2.
[138] Dtn. R. Par. VII zu 28,6.
[139] Num. 5,6.
[140] Koh. 7,20.
[141] Lev. 18,25.; Lev. 22,31 f.
[142] Lev. 20,23.

143 Koh. 9,18.; Qid, 40 b
144 Lev. 19,17.
145 Schab. 55 a
146 Gen. 3,6.
147 Gen. 2,15 f.
148 B. M. 99 a
149 B. M. 59 a
150 Gen. 12,16.; vgl. B. M. 59 a
151 Schab. 62 b
152 Ijob 5,24.; Jeb. 62 b
153 Jeb. 63 a
154 Gen. 3,6.; Gen. 18,10.; Gen. 30,1.; Gen. 18,6.; Gen. R. Par. XLV zu 6,15.
155 Gen. 3,8.
156 Gen. 3,10.
157 Zu Lev. 19,14.
158 Ber. 28 b.
159 Lev. 25,17.; vgl. B. M. 58 b
160 Dtn. 10,12.
161 Jes. 33 b.; Ber. 33 b
162 Schab. 31 b
163 Gen. 3,12 f.
164 Joma 87 b
165 Gen. 4,13.; 38,26.; Num. 21,7.; Jos. 7,19.–21.
166 Hilch. Tesch. I, 1.
167 Num. 5,6 f.
168 Ez. 18,4.; Mak. 24 a.
169 Schab. 54 b
170 Ex. 23,25.
171 Ex. 20,5.
172 Ez. 18,20.
173 Schab. 55 a
174 Schab. 55 b
175 Dtn. 1,17.
176 Ps. 33; vgl. Suk. 49 b
177 Ps. 119,142.; Jes. 5,16.
178 Ps. 62,13.
179 Lev. 19,15.; Dtn. 1,17.
180 Dtn. 19,21.
181 Gen. R. Par. IX zu 1,31.
182 Mt. 7,2.; Mk. 4,24.; Lk. 6,38.

183 Lev. 19,18.
184 Am. 5,24.
185 B. M. 30 b
186 Dtn. 16,20.
187 Koh. 7,16.
188 Koh. 3,16.
189 Tob. 4,15.
190 Schab. 31 a
191 Spr. 21,21.; Hos. 12,7.; Jes. 30,18.
192 Ps. 145,17.; Ps. 62,13.; Ps. 145,13.; Ps. 62,13.
193 R. H. 17 b
194 Av. Zar. 3 b
195 Ber. 7 a
196 Ex. 33,19.
197 Schab. 151 b
198 Lk. 6,36.
199 Dtn. 16,18.
200 Dtn. 1,17.
201 Gen. 3,11.–19.
202 Dtn. 19,15.
203 Dtn. R. Par. III zu 10,1.
204 Mak. 7 a
205 M. Abot II,5.
206 Ber. 5 a
207 Spr. 6,23.; Gen. R. Par. IX zu 1,31.
208 Spr. 3,12.
209 Mak. 3:17
210 M. B. M. IV, 10.; vgl. auch Qid. 40 b
211 Dtn. 17,13.; vgl. auch 19,20.; 21,21.
212 Führer der Unschlüssigen III, 35.
213 Ps. 104,35.
214 Ber. 10 a
215 B. M. 58 b
216 Joma 87 a
217 Dtn. 13,18.; Schab. 151 b
218 Schab. 133 b; vgl. Lk. 6,36
219 Hilch. Tesch. II, 10.
220 Joma 23 a
221 Ps. 32,5.–7.
222 Jer. 31,19.
223 Jes. 55,7.

224 Joma 87 a
225 Jes. 58,6.–8.
226 Gen. 18,32.; Ex. 34,9 f.; Num. 21,7 f.; Dtn. 9,18 f.; Ez. 13,5.; 22,30.
227 Ber. 5 b
228 Dtn. 22,6 f.
229 Ps. 90,3.
230 Rut 3,13.; Ps. 145,9.; Ruth 3,13.; Chag 2:1
231 Jer. 16,11.
232 PRK Pisqa 15.
233 Schab. 32 a
234 Joma 86 b
235 Schab. 32 a
236 Ez. 33,12.; Qid. 40 b
237 Jes. 22,14.
238 Jes. 53,10.
239 M. Sanh. VI 2.
240 Sanh. 6:3
241 Ber. 32 b
242 Dtn. 5,4.
243 Ex. 20,2.
244 Ps. 65,3.
245 Pes. Rabbati 21.
246 Gen. 3,16.
247 Gen. R. Par. XX zu 3,16.; Deutung nach August Wünsche.
248 OH 240,5.
249 Er. 100 b
250 Ex. 21,10.
251 Spr. 19,2.; Er. 100 b
252 Gen. 3,17 ff.
253 Gen. R. Par. XX zu 3,18.
254 Gen. 48,16.
255 Ps. 145,16.
256 Gen. R. Par. XX zu 3,17.
257 Gen. 3,20 f.
258 Gen. 4,16.
259 Gen. 4,15.
260 Gen. R. Par. XXII zu 4,16.
261 3,24.
262 Gen. R. Par. XXI zu 3,24.; Gen. R. Par. XXI zu 3,22.
263 Gen. 3,21.

264 Ex. 15,26.
265 Jes. 41,10.
266 Ps. 116,5 f.
267 Ps. 118,6.
268 Dtn. 6,11 f.; Dtn. 8,17 f.
269 Dtn. 5,16. und 22,7.
270 1 Sam. 16,2.; Qid 39 b
271 Dtn. 1,31.
272 Jer. 31,9.
273 Jes. 49,15.
274 Ps. 103,13.
275 Spr. 3,12.
276 Dtn. 6,5.
277 Sifre Dtn. § 41.
278 Lev. 19,18.
279 Jes. 50,6.; Jes. 53,11 f.
280 Spr. 24,29.
281 Ri 5.31.; Joma 23 a
282 10,1.
283 Gen. 3,22 f.
284 Ijob 14,20.
285 Gen. R. Par. XXI zu 3,22.
286 Jona 1,3 ff.
287 Gen. 1,27.; Gen. R. Par. XXI zu 3,22.
288 Gen. 3,23.
289 Gen. R. Par. XXI zu 3,23.
290 Chag 12 b
291 Dtn. 10,14.
292 Ez. 48,30.–35.
293 Ps. 122,3.; Taan 5 a
294 Offb. 3,12.; Gal. 4,26.
295 Gen. 15,7.
296 Jes. 46,4.; Ex. R. Par. XXIX zu 20,2.
297 Dtn. 7,8.
298 Gen. R. Par. VII zu 1,26.
299 Dtn. 11,8 f.; vgl. auch 4,40. und 6,2.; Dtn. 4,1.
300 Dtn. 6,5.
301 Sanh. 74 a
302 Ex. 18,7 f.; Midrasch Gadol und Gedola 20.
303 Jes. 64,3.
304 Jes. 60,19.

305 Ez. 47,9.
306 Ez. 47,12.
307 Ez. 16,55.
308 Jes. 54,11.
309 Jes. 60,3.; Jes. 11,7.
310 Hos. 2,20.
311 Jes. 65,19.
312 Jes. 25,8.
313 Jes. 35,10.; Ex. R. Par. XV zu 12,12.
314 Ps. 119,134.; Ps. 107,2; Ps. 49,16.
315 z.B. Chag 13 a
316 Sir. 17,28.
317 Ps. 115,17 f.
318 Koh. 12,14.
319 Jes. 26,19.
320 Dan. 12,2.
321 M. Sanh. X, 1.
322 Midr. Pss. zu Psalm 6,11.
323 R.H. 16 b
324 2,28.
325 2,41.
326 Ps. 130,8.
327 Joma 86 b
328 Jes. 59,20.
329 Gen. 48,16.
330 Jes. 43,1.; Jer. 31,12.
331 Midr. Pss. zu Psalm 31,2.
332 Jes. 45,17.
333 Jes. 63,16.
334 Sanh. 99 a
335 Sanh. 97 b; Sanh. 98 a; Joma 86 b
336 Hld. R. zu 2,2.
337 M. Abot I, 14.
338 M. Abot I, 17
339 Sanh. 98 a
340 Sanh. 97 b
341 Pes. 45 b; Ket. 111 a
342 Gen. 1.
343 Pes. 54 a
344 Ps. 72,17.; Gen. R. Par. I zu 1,1.
345 Gen. 3,24.

[346] Hos. 6,7.
[347] Gen. 2,1.
[348] PRK Pisqa 15, Gen. R. Par. XIX zu 3,9.
[349] Ps. 49,13.
[350] Ps. 49,13; Sanh. 38 b
[351] Mal. 3,19.
[352] Gen. 4,1.; Gen. R. Par. XXI zu 3,24.
[353] Jes. 11,6.–9.
[354] Gen. 4,7.
[355] Schab. 10 b
[356] Ri. 6,24.
[357] Sach. 14,9.
[358] Gen. 6,5.
[359] Gen. 11,4.
[360] Ps. 29,11.
[361] Dtn. R. Par. V zu 20,10.
[362] Jes. 52,7.; Dtn. R. Par. V zu 20,10.
[363] Jes. 60,17.
[364] Jes. 46,10.
[365] Gen. R. Par. IV zu 1,7.
[366] Ex. 2,23 f.
[367] Dtn. 32,7.
[368] M. Pes. X, 5.
[369] Taan. 10 a
[370] Gen. 2,10.; Jer. 64,3.; Ber. 34 b
[371] Ag. Hld. 13,55.
[372] Jer. 12,1.; Hab. 1,2 f.; Hab. 1,13.
[373] Ps. 73,11 ff.
[374] Hab. 1,13.
[375] Jos. 1,8.

Kapitel III

[1] *Altgriechischer Mysterienspruch.*
[2] Ijob. 15,4.; B. B. 16 a
[3] 27,27.
[4] Lev. 19,34.
[5] Ex. 27,27.
[6] 23,15.

[7] Diese waren: Dr. Erhard Busek, Dr. Klothilde Eckbrecht-Dürckhaim-Montmartin, Abg. z. NR Dr. Rupert Gmoser, Prof. Hans Hollein, Dr. Ernst-Gideon Laudon, Abg. z. NR Dr. Helga Rabl-Stadler, Dr. Otto Schulmeister, Karl von Schwarzenberg und Catrin Wesemann.
Der Text des Aufrufes lautet:
Von einer neuen Welle des Antisemitismus in unserem Land ist die Rede. Dummheit, Neid, Bosheit, Haß machen sich in aggressiven Äußerungen und Schmierereien Luft und verpesten das Klima unseres Zusammenlebens und der öffentlichen Auseinandersetzung.
Wir richten an alle unsere Mitbürger den Appell, antisemitischen Äußerungen, wo immer sie auftauchen, mit Entschiedenheit entgegenzutreten, zu Besonnenheit und Gerechtigkeit zu mahnen und auf die tödlichen Folgen dieser unmenschlichen Gesinnung hinzuweisen. Die millionenfachen Opfer des Antisemitismus rufen uns dazu auf, die Schuld und die Schande, mit der auch wir Österreicher behaftet sind, abzutragen, um Versöhnung zu bitten und Versöhnung anzubieten, und in Zukunft für Frieden, Achtung und Menschenwürde in unserem Zusammenleben zu arbeiten.

[8] Nach: Herbert A. Strauss: Der Holocaust. In: Antisemitismus, Hg. Herbert A. Strauss, Norbert Kampe, Frankfurt 1985

[9] Apg. 3,29.

[10] S. 493; siehe Anm. 13

[11] Berechtigterweise wird die Frage gestellt: Wären der Antisemitismus und die Judenverfolgung vielleicht gerechtfertigt, hätten Juden den erwähnten Beitrag nicht erbracht?

[12] Vgl. Kap. III, S. 98

[13] Dieses Kapitel wurde im wesentlichen unter Zuhilfenahme zahlreicher Fachbücher und zu einem geringen Teil durch Mitwirkung bei Meinungsforschungsprojekten erarbeitet. Für Leser, die mehr über dieses Thema wissen wollen, empfehle ich die folgenden Werke, aus denen auch die in diesem Kapitel angeführten Zitate stammen:
Gordon W. Allport, »The Nature of Prejudice«, Reading (Mass.) 1986
Hannah Arendt, »Antisemitism«, San Diego, New York, London 1985

Georges Devereux, »Angst und Methode in den Verhaltenswissenschaften«, Frankfurt am Main 1984
Teun A. van Dijk, »Prejudice in Discourse«, Amsterdam/Philadelphia 1984
Hans-Jochen Gamm, »Pädagogische Studien zum Problem der Judenfeindschaft«, Neuwied 1966
Nathan Glazer, George M. Frederikson, Dale T. Knobel, Thomas F. Pettigrew, Reed Ueda, »Prejudice«, Cambridge (Mss.), London 1982
Anton Grabner-Haider, Ota Weinberger, Kurt Heinke (Hrsg.), »Fanatismus und Massenwahn«, Graz–Wien 1987
Dr. Christian Haerpfer, »Antisemitische Einstellungen in der Gesellschaft«, Institut f. Konfliktforschung, Wien 1989
René König (Hrsg.), »Wahlverhalten, Vorurteile, Kriminalität«, Stuttgart 1987
Rudolph M. Loewenstein, »Psychoanalyse des Antisemitismus«, Frankfurt a. Main 1967
Benedikt Lutz, Ruth Wodak, »Information für Informierte«, Wien 1987
Golo Mann, »Der Antisemitismus«, München 1960
Eva G. Reichmann, »Die Flucht in den Haß«, Frankfurt 1956
Joachim Riedl, »Versunkene Welt«, Wien 1984
Herbert A. Sallen, »Zum Antisemitismus in der Bundesrepublik Deutschland«, Frankfurt 1977
Bernd Schäfer, Bernd Six, »Sozialpsychologie des Vorurteils«, Stuttgart, Berlin, Köln, Mainz 1987
Alphons Silbermann, Julius H. Schoeps, »Antisemitismus nach dem Holocaust«, Köln 1986
Herbert A. Strauss, Norbert Kampe (Hrsg.), »Antisemitismus«, Frankfurt 1985
Ruth Wodak, Rudolf de Cillia, »Sprache und Antisemitismus«, Ausstellungskatalog, Institut f. Wissenschaft und Kunst, Wien 1988, 43. Jahrg., Nummer 3.
Hans Georg Zapotoczky, »Hermann Brochs Massenwahntheorie« in: »Geschichte und Verantwortung«, (Hrsg. Aurelius Freytag u. a.), Wien 1988

Kapitel IV

[1] Papst Johannes Paul II. in seiner Ansprache in der Synagoge zu Rom 1986
[2] Jer. 31,3.
[3] Hos. 11,4.
[4] Meg. 31 a
[5] Mt. 6,4. und 18.
[6] 2,5.–8.
[7] Spr. 13,21.; Ez. 18,4.; Ps. 25,8.; Mak. 2:8. Version A.
[8] PRK Pisqa 16.
[9] Mi. 6,8.
[10] 5,1.
[11] Dtn. 32,35.
[12] Spr. 24,29.
[13] Num. 35,31.; B. Q. 83 b.
[14] Ex. 20,5 f.
[15] Num.27,3.: »Unser Vater ist in der Wüste gestorben. Er gehörte nicht zu den Anhängern Korachs, die sich gegen den Herrn zusammengerottet hatten [und deshalb von der Erde verschlungen wurden]; denn er war bereits wegen seiner *eigenen* Sünde gestorben.« 2 Könige 14,6.: »Die Söhne der Mörder aber schonte er, wie der Herr es geboten hatte und wie es im Gesetzbuch des Mose niedergeschrieben ist. Die Täter sollen nicht für ihre Söhne, und die Söhne sollen nicht für ihre Väter mit dem Tod bestraft werden, sondern jeder soll nur für sein *eigenes* Verbrechen sterben.«
[16] Lev. 19,18.
[17] Mt.22,34.–40.; Mk. 12,28.–31.; Lk. 10,25.–28.
[18] Joh. 3,18.
[19] Mt. 25,31.–46.
[20] Gen. 15,6.
[21] Hab. 2,4.
[22] Hos. 6,6.
[23] Vgl. Jes. 1,10.–17. u. Mi. 6,6.–8.
[24] Av. Zar. 17 b
[25] 2,26.
[26] 1,25.
[27] 1 Kor. 10,1.
[28] Titus 1,1.

29 Am. 9,7. u. Jes. 19,24 f.
30 Jos. 24,22.
31 Jos. 24,18.
32 Ex. 19,6.
33 Sota 31 a
34 Am. 3,2.
35 Jes. 53,5.
36 Jes. 65,9.
37 Gen. 18,19.
38 Lev. 26,43 f.
39 Kap. 15.
40 Hld. 6,1.; Hld. 3,1.
41 Gen. 45,5.
42 Mt. 27,24 f.
43 Apg. 4,27.
44 Apg. 5,28.
45 Mk. 11,18.; Mt. 21,46.; Lk. 19,47 f.
46 Eph. 5,2.
47 Jo. 10,17 f.
48 Luk. 24,21.
49 2 Sam. 7,16.
50 Jes. 53,5.
51 Apg. 3,26.
52 Tos. Av. Zar. 2 a Asur.
53 Chag. 5 a.
54 Lev. 19,33.
55 Lev. 19,18
56 Ex. 11,2.
57 Apg. 15,19.–29.
58 Luk. 5,34. und 23,6.
59 Nach: »Darstellung des Judentums in der Katechese«, in: »Christlich-pädagogische Blätter«, Bd. 81. 1968.
60 Nikodemus in Joh. 3,1.; Gamaliel in Apg. 5,34. und 22,3.; Mk. 12,28.–34.
61 Mt. 22,35.–40.
62 Mk. 12,28.–34.
63 23,1.–39.
64 Lk. 11,37.–54.
65 Ber. 9:5
66 Sota 22 b
67 Luk. 7,36.; 11,37.; 14,1.

[68] Luk. 13,31.
[69] Joh. 4,22.
[70] Im Katalog zur Ausstellung »Judentum im Mittelalter«, 1978.

Die wichtigsten Schriften, aus denen Zitate angeführt werden

Die Bibel, auch Heilige Schrift(en) genannt

Die hebräische Bibel umfaßt 28 Bücher (siehe Auflistung), die auch für die christliche Religion als heilig gelten. Für die Protestanten bilden sie das »Alte Testament«, die Katholiken rechnen noch andere jüdische Schriften wie Jesus Sirach, die Weisheit, Judit, Tobit, Baruch und die Makkabäerbücher hinzu. (Die Einteilung der Bücher kann aus dem anschließenden Verzeichnis entnommen werden.) Sie entstanden zwischen dem 8. und 2. vorchristlichen Jahrhundert, wobei zum Teil auf ältere Überlieferungen zurückgegriffen wurde.
Der Prozeß der Kanonisierung, also die strenge Abgrenzung der als heilig erklärten biblischen Bücher von anderen (außerbiblischen) Schriften, fand im Prinzip im 1. nachchristlichen Jahrhundert seinen Abschluß.

Die Mischna und der Talmud

Die *Mischna* (wörtl. »Wiederholung«, »Studium«) wurde um 200 n. Chr. endredigiert und ungefähr Ende des 3. Jahrhunderts rechtsgültig, nachdem sie viele Hunderte von Jahren bis dahin mündlich überliefert worden war. Nach Auffassung der orthodoxen Juden ist sie die mündliche Tora, die Moses neben der schriftlichen von Gott am Berg Sinai erhielt. Die Mischna ist eine Sammlung von Gesetzen, Bestimmungen und ethischen Maximen, die praktisch alle Aspekte des jüdischen Lebens regulierten. Wie auch die spätere Gemara, enthält sie des öfteren unterschiedliche Rechtsmeinungen und kurze geschichtliche Hinweise.
Die Gemara (wörtl. »Ergänzung«, »Tradition«) gibt die Zusammenfassung der, manchmal auch gegenteiligen, Ansichten über die Bestimmungen der Mischna wieder, wobei auch viele Legenden und Schriftauslegungen in diese Texte Eingang gefunden haben. Die Mischna mit der Gemara gemeinsam wird *Talmud* (wörtl. »Studium«, »Lehre«) genannt. Die Gemara wurde einerseits in den Gelehrtenschulen Babylons, wo es zahlreiche jüdische Gemeinden gab, und andererseits in

Palästina erarbeitet und mündlich überliefert, bis es am Anfang des 5. Jahrhunderts n. Chr. in Palästina und zu Anfang des 6. Jahrhunderts in Babylon zur Niederschrift kam. Die babylonische Gemara mit der Mischna bilden den Babylonischen Talmud, die palästinensische Gemara mit der Mischna den Palästinensischen Talmud (Talmud Jeruschalmi).

Die Midraschliteratur

Midrasch bedeutet »Bibelauslegung«. Das Wort in der Zeitwortform bezeichnet wiederholt in der Bibel die Tätigkeit, Gottes Willen zu erforschen (Ex. 18, 15.;2 Chronik 30,19.). Später wurde Midrasch als Torastudium verstanden, dann als Schriftauslegung, aber auch als Bezeichnung für Gelehrteninterpretation gewisser Schriftstellen. Schließlich wurde Midrasch auch die Sammlung der zuerst mündlich, später auch schriftlich überlieferten Auslegung von Worten der Bibel genannt. Die Redaktion dieser Midraschim erfolgte vom 5. Jahrhundert n. Chr. an, wobei die ältesten Sammlungen die Verse des ersten Buches Mose betreffen. In das 5. Jahrhundert fällt vermutlich auch die Redaktion des Sifre Deuteronomiums. Etwas jünger sind die Sammlungen, die Rab Kahana zugeschrieben werden. Sie sollen in der Zeit zwischen 500 und 650 entstanden sein. Die mittlere Periode der Entstehung von weiteren Midraschsammlungen umfaßt die Jahre 610 bis 1000. Auf diese Zeit gehen, bis auf zwei Ausnahmen, alle weiteren in diesem Buch angeführten Midrasche zurück. Diese Ausnahmen betreffen den Midrasch des Hohenliedes, dessen Entstehungszeit auf das 6. Jahrhundert, mit einigen späteren Zusätzen, angesetzt wird, und den Midrasch ha-Gadol, der im 13. Jahrhundert zusammengestellt wurde.

Die Mischne Tora und der »Führer der Unschlüssigen«

Zwei Hauptwerke des Moses Maimonides (1135–1204). Die Mischne Tora und der »Führer der Unschlüssigen« wurden 1180 bzw. zwischen 1190–1200 vollendet. In dieser Zeit lebte Maimonides als berühmter Arzt und Gelehrter in Fustat bei Kairo.

Die Mischne Tora besteht aus 14 Büchern, in denen die für Juden als verbindlich erachteten Vorschriften und Gesetze, nach Sachgebieten geordnet, zusammengefaßt wurden, da sie bis dahin für Ungelernte, angesichts der Fülle der rabbinischen Literatur, schwer aufzufinden waren. Das erste dieser Bücher, »Buch der Glaubenserkenntnis« *(Sefer ha-Mada)* genannt, enthält fünf Gesetzesgruppen *(hilchot)*. Drei von diesen fünf haben in den Kapiteln unseres Buches Erwähnung gefunden: die Grundgesetze der Tora *(hilchot jesodej)*, die Gesetze über das ethisch-moralische Verhalten *(hilchot deot)* und die Gesetze über die Buße. Der letztere Begriff wird, um der Bedeutung des hebräischen Wortes zu entsprechen, mit »Umkehr« *(hilchot teschubah)* bezeichnet.
Der »Führer der Unschlüssigen« hat auch die christliche Theologie beeinflußt. Im Judentum war diese wegen der von Aristoteles beeinflußten Lehren des Autors stark umkämpft, und so löste das Werk die lang andauernde »Maimonidische Kontroverse« aus.

Die Einheitsübersetzung der Heiligen Schrift, »Die Bibel«

Sie ist 1980 entstanden. Herausgegeben wurde sie im Auftrag der Bischöfe Deutschlands, Österreichs, der Schweiz und der Bischöfe von Luxemburg, Lüttich und Bozen-Brixen; die Psalmen und das Neue Testament auch im Auftrag des Rates der Evangelischen Kirche in Deutschland und der Deutschen Bibelgesellschaft.
Die Übersetzung wurde 1962 in Angriff genommen. Bischöfe erarbeiteten sie gemeinsam mit Fachleuten aus den Gebieten der Exegese, Katechese, Liturgik und der deutschen Sprache.
»Bei dieser Übersetzung sollten nicht nur die Erkenntnisse der Bibelwissenschaft, sondern auch die Regeln der deutschen Sprache in angemessener Weise berücksichtigt werden«, heißt es im Vorwort. Dabei wurde besonderer Wert auf die Urtexte der Bibel gelegt, da bis dahin der Übersetzung die lateinischen Texte (Vulgata) zugrunde gelegt worden waren oder man diese besonders berücksichtigt hatte.

Die Bücher der hebräischen Bibel – auch die Heilige Schrift genannt – und deren Abkürzungen

Gen.	Das Buch Genesis	
Ex.	Das Buch Exodus	
Lev.	Das Buch Leviticus	Die Tora, auch die fünf Bücher Moses genannt
Num.	Das Buch Numeri	
Dtn.	Das Buch Deuteronomium	

Jos.	Das Buch Josua	
Ri.	Das Buch der Richter	
1 Sam.	Das erste Buch Samuel	Die früheren Propheten
2 Sam.	Das zweite Buch Samuel	
1 Kön.	Das erste Buch der Könige	
2 Kön.	Das zweite Buch der Könige	

Jes.	Das Buch Jesaja		
Jer.	Das Buch Jeremia		
Ez.	Das Buch Ezekiel		
Hos.	Das Buch Hosea		
Joel	Das Buch Joel		
Am.	Das Buch Amos		
Ob.	Das Buch Obadja		
Jona	Das Buch Jona	Das Zwölfprophetenbuch	Die späteren Propheten
Mi.	Das Buch Micha		
Nahum	Das Buch Nahum		
Hab.	Das Buch Habakuk		
Zef.	Das Buch Zefania		
Hag.	Das Buch Haggai		
Sach.	Das Buch Sacharja		
Mal.	Das Buch Maleachi		

Ps.	Die Psalmen		Die Hagiographen (Die Heiligen Schriften)
Spr.	Das Buch der Sprichwörter		
Ijob	Das Buch Ijob		
Hld.	Das Hohelied	Die fünf Rollen (Megillot)	
Rut	Das Buch Rut		
Klg.	Die Klagelieder		
Koh.	Das Buch Kohelet		
Est.	Das Buch Ester		
Dan.	Das Buch Daniel		
Esra	Das Buch Esra		
Neh.	Das Buch Nehemia		
1 Chron.	Das erste Buch der Chronik		
2 Chron.	Das zweite Buch der Chronik		

Erst später rechnete man das 12. Prophetenbuch, 1 und 2 Sam., 1 und 2 Kön., 1 und 2 Chron. und Esra und Neh. als Einzelbücher, so daß sich insgesamt 28 Bücher ergaben.

Abkürzungen der Mischna (M.)- und Talmudtraktate

Ber.	Berakhot
Schab.	Schabbath
Er.	Eruvin
Pes.	Pesakim
Suk.	Sukka
R.H.	Rosch ha-Schana
Taan.	Taanit
Meg.	Megilla
Chag.	Chagiga
Jeb.	Jebamot
Ket.	Ketubbot
Ned.	Nedarim
Git.	Gittin
Qid.	Qidduschin
B.Q.	Baba Qamma
B.M.	Baba Metsia
B.B.	Baba Batra
Sanh.	Sanhedrin
Mak.	Makkot
Av.Za.	Avodah Zara
Chul.	Chulin

Abkürzungen rabbinischer Schriften

Führ. d. Unschl.	Führer der Unschlüssigen
Hilch. Jes.	Hilchoth Jesodej
Hilch. Deoth	Hilchot Deoth
Hilch. Tesch.	Hilchoth Teschubah
PRK	Pesikta des-Rab Kahana
Pes.Rabb.	Pesikta Rabbati
Sifre Dtn.	Sifre zum 5. Buch Mose
Tos.	Tosafoth
Gen. R.	Midraschsammlung zum 1. Buch Mose
Ex. R.	Midraschsammlung zum 2. Buch Mose
Dtn. R.	Midraschsammlung zum 5. Buch Mose
Midr. Pss.	Midraschsammlung zu den Psalmen
Hld. R.	Midraschsammlung zum Hohenlied
Ag. Hld.	Aggadot zum Hohenlied

Glossar

Aggada	Bezeichnung für legendäre Überlieferungen in der rabbinischen Literatur.
Aschkenasim, aschkenasisch	Bezeichnung für die Juden Mittel- und Osteuropas, deren Wohnort oder ursprüngliche Herkunft der deutsche oder nordfranzösische Raum ist.
Autodafé	Wörtlich: Glaubenszeugnis; im allgemeinen wird darunter die Hinrichtung von Ketzern durch Verbrennen auf einem Scheiterhaufen nach Verurteilung durch ein geistliches Gericht (= Inquisition) verstanden.
Bibel	Siehe Anhang I
Chassidismus, chassidisch	›Fromme‹, Bezeichnung für mystisch gestimmte religiöse Bewegungen im Judentum, zunächst zur Zeit der Kreuzzüge, dann in Osteuropa vom 18. Jh. an.
Diaspora	griech. Zerstreuung; die unter Andersgläubigen zerstreut lebenden Mitglieder einer Religionsgemeinschaft (also auch die Juden) sowie die Gebiete, in denen sie wohnen.
Ecclesia	Lateinische Bezeichnung für »Kirche«.
Eschatologie	Lehre von den letzten Dingen.
Gemara	Siehe Anhang I
Habdala	Ritual am Ausgang des Schabbat, um zwischen der Heiligkeit des Schabbat und den übrigen Wochentagen zu trennen.
Halakha	Gesetzliche Teile der rabbinischen Tradition.
Heilige Schrift	Siehe Anhang I
Ikonographie	Wörtlich: Bildbeschreibung; die Feststellung des sachlichen Inhalts einer Darstellung sowie die Bestimmung der charakteristischen Eigentümlichkeiten der verschiedenen Bildformulierungen eines Themas.

Kabbala	»Überlieferung«. Terminus technicus für die jüdische Mystik.
Koscher	Rituell rein; zum Genuß erlaubt (Speise).
Maimonides	Siehe Anhang I. »Die Mischne Tora und der Führer der Unschlüssigen«.
Mazza	Ungesäuertes Brot. Wird als Erinnerung an den hastigen Aufbruch beim Auszug aus Ägypten während der Pessachfeiertage gegessen.
Midrasch	Siehe Anhang I
Mischna	Siehe Anhang I
Pessach	Bezeichnung für das jüdische Osterfest.
Pharisäer	Jüdische Religionspartei, die etwa um die Mitte des 2. Jhs. v. Chr. entstand und deren religiöse Vorstellung für das spätere Judentum prägend wurde.
Raschi	Rabbi Schlomo bar Jitzchaq (1040–1105). Bedeutendster Bibel- und Talmuderklärer, geboren in Troyes, studierte in Mainz und wirkte in Worms, kehrte dann nach Troyes zurück.
Sadduzäer	Jüdische Religionspartei in neutestamentlicher Zeit. Die S. glaubten nicht an die Auferstehung und hielten allein die Tora für heilig.
Schechina	(wörtlich: verweilen) Rabbinischer Ausdruck für die Gottesgegenwart.
Schoa	Hebräisches Wort für Vernichtung, Zerstörung, Katastrophe. Bezeichnung für die Massenvernichtung der Juden während der nationalsozialistischen Herrschaft.
Sephardim, sephardisch	Bezeichnung für die Juden Spaniens oder für orientalische Juden spanischer Herkunft.
Synagoge	Bezeichnung für das jüdische Gotteshaus. Als Frauenfigur symbolisiert sie die Glaubensgemeinschaft der Juden.
Talmud	Siehe Anhang I

Teschuba	Buße, Umkehr
Tossaphist, Tossaphot	Bezeichnung für rabbinische Gelehrte, die auf Raschi folgten (12., 13. Jh.), und ihre Lehren.

(Teilweise nach dem Glossar im Anhang des Kataloges »Judentum im Mittelalter«, Ausstellung im Schloß Halbturn, Burgenland 1978.)

Personenregister

Nicht alle Bildrechteinhaber konnten ausfindig gemacht werden, bestehende Ansprüche werden selbstverständlich abgegolten.

Bitte beachten Sie
die folgenden Seiten:

Abba Eban

Das Erbe

Die Geschichte des Judentums

Ullstein Buch 34457

Ullstein Sachbuch

Die brillante Darstellung der viertausendjährigen Geschichte des Judentums – aus der Feder des ehemaligen israelischen Außenministers.

»... Abba Ebans genau recherchierte ... Geschichte des Judentums kulminiert folgerichtig in der Staatsgründung und verrät zugleich die Einschätzung des Autors: Die Juden haben mit Israel ihr rechtmäßiges Erbe angetreten, das sie instand setzt, ›in ihrem eigenen Namen Geschichte‹ zu machen ...«
Süddeutsche Zeitung

Peter Landesmann

Die Juden und ihr Glaube

Ullstein Buch 34660

Ullstein Sachbuch

Ohne Zweifel zählt das Judentum zu den faszinierendsten Phänomenen der Menschheitsgeschichte. Hier liegt der Ursprung aller monotheistischen Religionen. Dieses Buch macht den Leser in fesselnder Weise mit der jüdischen Religion, ihren Glaubenssätzen und Gebräuchen vertraut. Der Vergleich von Juden- und Christentum hilft jedem Menschen, die Wurzeln seines eigenen Glaubens zu erkennen.

Salcia Landmann

Jesus und die Juden oder Die Folgen einer Verstrickung

Ullstein Buch 34597

Auf provokante und verblüffend unorthodoxe Weise geht die Kennerin des osteuropäischen Judentums der Frage nach, weshalb die Juden von Jesus zu Lebzeiten keine Notiz genommen haben. Es gelingt ihr eine atmosphärisch dichte Analyse der damaligen jüdischen Schriftgelehrtenwelt und der Anfänge des Christentums...

»... Sie ist eine Schriftstellerin, die mit der Hingabe ihrer ganzen Subjektivität zu erfüllen weiß, was sie schildern will.«
(Neue Zürcher Zeitung)

Ullstein Sachbuch